GOLDMANN
ESOTERIK

Buch

Thorwald Dethlefsen fordert die modernen Naturwissenschaften heraus, indem er ihnen auf der Grundlage der alten Geheimlehren sein esoterisches Weltbild gegenüberstellt. Sein Buch gibt Auskunft über alle grundsätzlichen Fragen der Astrologie, der Homöopathie und der Reinkarnation. Durch die Konfrontation des modernen Menschen mit diesem Urwissen kann jedem der Weg zu einem verantwortungsvollen Schicksal gewiesen werden – zur Chance, sein Schicksal verstehen zu lernen und es zu nutzen.

Autor

Thorwald Dethlefsen ist Diplompsychologe, Psychotherapeut und einer der bekanntesten Vertreter der esoterischen Psychologie.

Von Thorwald Dethlefsen ist im
Goldmann Verlag außerdem erschienen:

Das Erlebnis der Wiedergeburt
(11749)

Das Leben nach dem Leben (11748)

Ausgewählte Texte (11035)
(Sept. 1988)

Thorwald
DETHLEFSEN
Schicksal
als Chance

*Das Urwissen
zur Vollkommenheit
des Menschen*

GOLDMANN VERLAG

Der Goldmann Verlag
ist ein Unternehmen der Verlagsgruppe Bertelsmann

Made in Germany · 3/89 · 26. Auflage
Genehmigte Taschenbuchausgabe
© der Originalausgabe 1979 by C. Bertelsmann Verlag GmbH, München
Umschlagentwurf: Design Team München
Umschlagfoto: Design Team München
Druck: Elsnerdruck, Berlin
Verlagsnummer: 11953
Lektorat: Michael Görden
Herstellung: Peter Papenbrok/Voi
ISBN 3-442-11953-7

Inhalt

Dieses Buch
widme ich allen Menschen,
die auf der Suche
nach dem Licht sind.

Vorwort

Seit einigen Jahren ist das Interesse der breiten Öffentlichkeit für spirituelle Themen immer stärker gewachsen. Wie ein Lauffeuer greift die Erkenntnis um sich, daß der Sinn des Lebens schwerlich nur in Essen, Trinken, Schlafen, Sex und Besitz sich erschöpfen kann. Wo aber liegt der Sinn? Kann der Mensch ihn je finden? Soll man zurück zur Kirche gehen, die man im ersten Eifer intellektueller Expansion verlassen hat? Oder findet man die Antwort allein in den östlichen Lehren und Religionen? Die vielen offenen Fragen machen die Menschen zu Suchenden. Das Suchen mag fast wichtiger sein als das Finden selbst. Denn Suchen heißt »in Frage stellen«, alle Positionen aufgeben, heißt flexibel werden. Das Suchen öffnet die Menschen.

Seit einigen Jahren hält der Verfasser neben seiner therapeutischen Tätigkeit regelmäßig Abend- und Ferienkurse unter dem Titel »Esoterische Psychologie« ab. Der große Erfolg dieser Kurse zeigt, daß die behandelten Themen zu einer Richtschnur für viele Suchende werden konnten. Sowohl aus dem Kreis der Teilnehmer als besonders von jenen, die aus örtlichen oder zeitlichen Gründen die Kurse nicht besuchen konnten, kam die Anregung, die Themen des Kurses in Buchform zu veröffentlichen. Dieser Idee folgend liegt nun der Themenkreis des ersten Semesters dieser Kurse in Buchform vor Ihnen. Bücher haben den großen Vorteil der Multiplikation und können daher einen recht großen Personenkreis erreichen. Bücher haben jedoch auch einen Nach-

11

teil – daß nämlich viel von der persönlichen Atmosphäre des gesprochenen Wortes verlorengeht. So war auch in alter Zeit wahre Einweihung allein der Übermittlung von Mund zu Ohr vorbehalten.

So wie das erste Kurssemester will auch dieses Buch in das Weltbild der Esoterik einführen. Eine solche Einführung setzt beim Leser keinerlei Sachkenntnis voraus, sondern erwartet lediglich eine innere Offenheit, neue und ungewohnte Gedankengänge vorurteilsfrei auf sich wirken zu lassen. Diese Forderung ist schwerer zu erfüllen, als man allgemein annimmt. Zu leicht erliegen wir alle der Tendenz der Fixierung am Bekannten und des Festhaltens am Gewohnten. Alles Neue löst unbewußt erst einmal Angst aus und mobilisiert Abwehr. So werden auch viele Gedanken und Behauptungen in diesem Buch den Widerstand des Lesers provozieren. Keinem fällt es leicht, liebgewordene Klischees und Einstellungen aufzugeben und durch neue Einsichten zu ersetzen – und doch müssen wir das ständig tun, wollen wir den Stillstand der Entwicklung verhindern. Entwicklung und Erweiterung des Bewußtseins aber ist Anliegen dieses Buches.

Ich wünsche mir, daß dieses Buch möglichst vielen suchenden Menschen eine kleine Hilfestellung leisten kann.

Thorwald Dethlefsen

München, im Oktober 1978

I.
Esoterik –
die unwissenschaftliche Art,
die Wirklichkeit zu betrachten

Der Zufall ist das sanfte Ruhekissen jener,
die das Göttliche, Sinnvolle und den Kreaturen
ein Ziel Zuweisende aus dem Kosmos ausscheiden möchten,
zugunsten der öden Fabel,
das All sei jenseits jeder Sinnverwirklichung ganz nebenher
und absolut von selber zustande gekommen.
HERBERT FRITSCHE

Das Denken unseres Jahrhunderts ist geprägt von einem Weltbild, das man »naturwissenschaftlich« nennt. Dieses Adjektiv »wissenschaftlich« wurde zu einem Kriterium, mit dem man versucht, die Richtigkeit einer Behauptung, einer Theorie oder eines Gedankens zu messen. Wir alle denken in wissenschaftlichen Kategorien, selbst in Bereichen, die im eigentlichen Sinn mit Wissenschaft nichts zu tun haben. So wurden wir in einem hohen Maße »wissenschaftsgläubig«, ohne uns des Widersinns in diesem Wort so recht bewußt zu werden.

Die Wissenschaft verfolgt in ihrer Arbeit das Ziel, die Wirklichkeit gedanklich zu durchdringen und durch das Auffinden von Gesetzen eine Ordnung in die Vielfalt der Erscheinungsformen zu bringen. Hierzu werden Theorien aufgestellt, die die Wirklichkeit möglichst gut erfassen sollen.

Jede Theorie ist zur Zeit ihrer Erstellung jeweils ein Abbild des Bewußtseinszustandes ihrer Erzeuger. Durch das ständige Weiterforschen entwickelt sich auch der Bewußtseinszustand weiter und läßt bald die frühere Theorie als zu eng erscheinen; eine neue, umfassendere Theorie wird notwendig und so fort. So ergibt sich als zwangsläufiges Gesetz, daß durch die immer weiter fortschreitende Ausweitung des Bewußtseins der Menschheit jede Theorie früher oder später überwachsen wird und neuen Erkenntnissen Platz machen muß. Denn die Wahrheit von heute ist der Irrtum von morgen.

Ein Blick auf die Geschichte der Wissenschaft bestätigt in eindrucksvoller Weise diesen Satz. Die Geschichte der Wissenschaft ist die Geschichte menschlicher Irrtümer. Es gibt jedoch keinen Grund, sich dieser Tatsache zu schämen, denn jeder weiß, daß man am besten aus Fehlern lernt. Grotesk ist lediglich, daß jede Generation absolut sicher ist, daß Irrtümer ausschließlich in der Vergangenheit begangen wurden und sich deshalb durch nichts in ihrer tiefen Überzeugung erschüttern läßt, jetzt die absolute und endgültige Wahrheit gefunden zu haben. In diesem Punkt übertrifft die Glaubensstärke der Wissenschaft mit Leichtigkeit jede religiöse Sekte.

Auch das Verhalten jenen gegenüber, die durch neue Anschauungen die »allgemeingültige Wahrheit« der Zeit in Zweifel ziehen, hat eine verblüffende Ähnlichkeit mit religiösem Fanatismus. Allerdings ist es eine der menschlichen Kardinalschwächen, sich gedanklich zu fixieren und diesen eigenen Standpunkt mit aller Kraft bis ans Lebensende zu verteidigen. Hier steht die Wissenschaft lediglich in einer besonders reizvollen Diskrepanz zur (verdächtig) lauten Betonung ihrer Objektivität.

Die Wissenschaft begann ihre Arbeit damit, die sichtbare Außenwelt zu erforschen. Die sichtbare Welt tritt uns als Materie entgegen – dementsprechend paßte die Wissenschaft ihre Arbeitsmethode den Bedingungen der Materie an. Dies war sicher richtig – bleibt aber nur so lange richtig, solange man tatsächlich nur Materie erforscht. Auch gelten die gefundenen Ergebnisse bestenfalls innerhalb der Materie. An dieser Stelle stoßen wir jedoch auf die beiden Grundfehler, die es uns erlauben, Zweifel an dem Alleinvertretungsanspruch der Wissenschaft anzumelden:

1. Die Arbeitsmethode der Wissenschaft wurde bewußt abgestimmt auf die Erfordernisse, die Materie zu erforschen – diese Methode wird heute unbewußt weiterbenutzt und ausgedehnt auf Bereiche, die mit Materie nicht unbedingt etwas zu tun haben müssen.
2. Man schließt aus der sich aus Punkt 1 ergebenden Tatsache, daß man nur mit der Materie umgehen und nur diese messen kann, daß es außerhalb der Materie nichts anderes geben kann.

Dieser Teufelskreis kann nur durchbrochen werden, wenn man die Beschränktheit der eigenen Methoden erkennt oder aber dem nichtmateriellen Bereich mit adäquaten, dem wissenschaftlichen Denken ungewohnten Methoden begegnet. Für einen solchen Schritt scheint die Zeit nun reif geworden zu sein, denn allerorten mehren sich die Stimmen, die den Alleinvertretungsanspruch in Sachen Wirklichkeit nicht länger der Wissenschaft zubilligen wollen. Die Gründe, die einen solchen Schritt gerechtfertigt erscheinen lassen, mögen u.a. in folgenden Fragen liegen:

Hat die Wissenschaft trotz der unbezweifelbaren Erfolge auf technischem Gebiet die Menschheit glücklicher gemacht?

Kann die Wissenschaft dem Menschen bei der Lösung seiner Probleme helfen?

Kann sie ihm seine innersten Fragen, die sein »Mensch sein« an sich betreffen, beantworten?

Hat die Entwicklung des menschlichen Bewußtseins Schritt gehalten mit der äußeren technischen Entwicklung?

Die Antworten auf diese Fragen sind eindeutig und erschütternd – Erfolge sind nicht zu entdecken.

Je mehr Hilfsmittel der Mensch entwickelt, um Zeit einzusparen, um so weniger Zeit hat er. Das Kranksein konnte von der sogenannten modernen Medizin um kein einziges Prozent gesenkt werden. Man lasse sich nicht durch Statistiken täuschen, die den Rückgang der Infektionskrankheiten oder der Säuglingssterblichkeit nachweisen, ohne gleichzeitig aufzuführen, welche Krankheiten in dem gleichen Zeitraum zugenommen haben oder überhaupt erst entstanden sind.

Medizinische Statistiken haben nur dann einen Sinn, wenn sie das »Kranksein« als solches zählen und nicht einzelne Erscheinungsformen gesondert betrachten. So erleben wir eine gewaltige Zunahme der psychischen Erkrankungen, die zu unterdrücken noch nicht so gut gelungen ist wie die so mancher somatischer Symptome.

All diese Anmerkungen verfolgen jedoch weniger den Zweck, große Kritik an der Wissenschaft zu üben, sondern sollen vielmehr die Notwendigkeit und Berechtigung verdeutlichen, daß wir uns im weiteren einer anderen, der wissenschaftlichen Denkweise mitunter polar entgegengesetzten Methode zuwenden wollen, die wir mit dem Begriff Esoterik bezeichnen. Dieser Begriff ist weitgehend identisch mit anderen Bezeichnungen, wie etwa Geheimlehre, Weisheitslehre, Okkultismus usw. Die meisten Assoziationen, die seit jeher an diese Begriffe geknüpft werden, sind jedoch falsch, und es soll die Aufgabe dieses Buches sein, schrittweise in das Denksystem der Esoterik einzuführen.

Das esoterische Weltbild

Die Wissenschaft denkt ausschließlich funktional. Dies ist für uns so selbstverständlich, daß man zuerst erstaunt fragt, wie man denn sonst noch denken könne, ohne der ungezügelten Phantasie Tür und Tor zu öffnen. Die Esoterik denkt inhaltlich, das heißt sie fragt nicht nur nach dem »Wie« der Wirklichkeit, sondern vor allem nach dem »Warum«. Dieses Warum ist die Frage nach der Sinnhaftigkeit, die das eigentliche Bindeglied zwischen der Welt der Erscheinungsformen und dem Menschen darstellt.

Diese Sinnhaftigkeit kann sich jedoch immer nur dem einzelnen Menschen als Wahrheit offenbaren und meidet deshalb jede Öffentlichkeit. Die Esoterik ist somit unsozial. Die Wissenschaft stellt an sich die Anforderung, für jeden zugänglich zu sein. Jeder soll bei ausreichender Begabung die Möglichkeit haben, sich durch die Investition von Fleiß die Wissenschaft aneignen zu können. Wissenschaft ist übertragbar. Wissen jedoch nicht. Wir verwechseln leider oft Wissen mit völlig unwichtigen und ungerichteten Wissenskomplexen. Letztere sind übertragbar, Wissen jedoch ist niemals das Resultat von Fleiß, sondern das Ergebnis eines ganz persönlichen, individuellen Erkenntnisaktes, der metaphysischer Natur ist und alle Forderungen der Masse nach »Wissen für alle« großzügig ignoriert. Wissen kann immer nur das Ergebnis eigener Erfahrung sein, kann weder übernommen noch weitergegeben werden.

Alles, was ich von anderen übernehme, kann ich lediglich glauben, niemals wissen. Dabei ist es unwichtig, ob man gute Gründe hat, etwas zu glauben oder nicht. Glauben heißt: nicht wissen. Daran ändern auch Wahrscheinlichkeitsrechnungen nichts. Unter diesem Gesichtspunkt offenbart sich die Naturwissenschaft als eine große Glaubensgemeinde, die die Brosamen einiger wahrhaft Wissender bis zur Unkenntlichkeit beständig wiederkäut.

Das Glauben soll damit keinesfalls abgewertet werden, denn der Glaube ist die wichtigste Voraussetzung, um Wissen erlangen zu können. Glauben heißt grundsätzlich: für möglich halten; ohne ein für möglich halten ist die Erfahrung niemals erreichbar. Glaube und Wissen sind verschiedene Schritte, sie bedingen sich gegenseitig und haben beide ihre Berechtigung, nur sollte man sie nicht verwechseln.

So, wie Wissen immer Sache eines einzelnen ist, so war auch Esoterik immer die Sache weniger. Diese wenigen, die den schmalen Pfad der Erkenntnis gingen, um Wissende zu werden, bilden den sogenannten esoterischen, den inneren Kreis (griechisch: esoteros = der Innere). Dieser kleine innere Kreis ist umgeben von dem wesentlich größeren exoterischen, dem äußeren Kreis (griechisch: exoteros = der Äußere). Uns wird später bei der Betrachtung des Polaritätsgesetzes klarer werden, daß sich diese beiden Kreise gegenseitig bedingen, und jeder der beiden Kreise seine Existenz dem anderen Pol verdankt.

Aus diesem Wissen folgt, daß es niemals Ziel des esoterischen Kreises ist, die Welt zu missionieren. Die wahre Esoterik wirkt im Verborgenen und unternimmt mehr Mühen, die eigene Existenz nach außen hin zu verschleiern, als auf Mitgliederjagd zu gehen. So ist es auch ein untrügliches Zeichen jeder Vereinigung oder Gesellschaft, die um Wachstum und Mitglieder bemüht ist, daß es sich hierbei nicht um eine wahrhaft esoterische Vereinigung handelt, auch wenn Namen und Werbung dies behaupten.

Die Geheimhaltung der Esoterik hat nichts mit Geheimnistuerei zu tun, sondern ergibt sich zwangsläufig von selbst. Die esoterischen Lehren halten sich selbst ohne äußeres Dazutun geheim. Ein Mensch kann nur dann irgendein Wissen erkennen und für sich nutzbar machen, wenn sein eigener Bewußtseinsstand in etwa dem Niveau des Wissens adäquat ist. Ein physikalisch ungebildeter Mensch kann die Bedeutung einer physikalischen Formel nicht erkennen, sie ist für ihn nichtssagend, auch dann, wenn die Formel für die Physik von epochaler Bedeutung ist. Die Formel hält sich für den physikalisch Uneingeweihten geheim. Man braucht sie deshalb nicht zu verstecken. Erst wenn der Betrachter sich selbst ein hohes Maß an physikalischem Wissen angeeignet hat, kann ihn diese Formel einen gewaltigen Schritt in seiner Erkenntnis weiterbringen. Genauso verhält es sich mit dem esoterischen Wissen oder den sogenannten Geheimlehren.

Das Wissen der Esoterik ist in verschlüsselter Form jedem zugänglich, doch es kann von dem Unwissenden nicht erkannt werden. Die Menge erkennt den Wert der Symbole nicht und hält sie deshalb für nutzlosen Unsinn. Man muß deshalb erst sehen lernen, um sehen zu können (»Das Licht kam in die Finsternis, doch die Finsternis erkannte es nicht«, Joh. 1).

Wenn ich keine Noten lesen kann, so berechtigt mich dies nicht von der Musik zu fordern, sie möge gefälligst zur Niederschrift der Musik Buchstaben oder Zahlen verwenden, die ich lesen kann. Vielmehr muß ich mich entscheiden, mir entweder die Mühe zu machen, Noten lesen zu lernen, oder aber für immer auf das tiefere Verständnis der Musik zu verzichten. Ebenso verhält es sich mit der Esoterik. Es ist nicht Aufgabe der Wissenden, sich dem Verständnis der Unwissenden anzupassen, sondern sie können lediglich bereit sein, denen beim Lernen zu helfen, die um eine solche Hilfe bitten – »Bittet, so wird Euch gegeben, klopfet an, so wird Euch aufgetan werden«.

Die angeführten Vergleiche sollen zeigen, daß die Esoterik kein Wissensgebiet wie viele andere ist, das man sich durch Fleiß aneignen kann. Esoterik ist kein Sammelbegriff für irgendwelche Daten, Fakten und Formeln, die man lediglich lernen muß, um Bescheid zu wissen.

Esoterik ist ein Weg oder ein Pfad. Ein Weg führt zu einem Zielort hin. Nehmen wir als konkretes Beispiel den Weg, der von München nach Wien führt. Wir können uns diesen Weg auf der Straßenkarte genau betrachten, die Kilometerzahl errechnen, wir können in einschlägigen Büchern über die einzelnen Orte, die auf diesem Weg liegen, nachlesen, Bilder anschauen, mit anderen, die den Weg bereits gereist sind, alle Einzelheiten besprechen und so weiter.

Alle diese Beschäftigungen mit diesem Weg »München–Wien« mögen sehr reizvoll und interessant sein, eins erreichen wir jedoch dadurch nicht: den Zielort Wien. Wollen wir jemals Wien erreichen, müssen wir uns auf den Weg begeben, ihn begehen, uns in Bewegung setzen. Alle vorangegangenen Betrachtungen und Informationen mögen sich nun als nützlich erweisen, aber alle Theorien können das Begehen des Weges nicht ersetzen. Dieses Beispiel sollte den Unterschied zwischen der Esoterik als Weg und einer bloßen Faktensammlung klären. Die Esoterik führt zu einem Ziel hin, das man nur dann erreichen kann, wenn man sich auf den Weg macht.

Hier liegt die häufigste Fehlerquelle derer, die sich zwar lautstark für das Weltbild der Esoterik einsetzen, aber versäumen, jemals einen Fuß auf diesen Weg zu setzen. Den Weg gehen, heißt, alle, auch noch so kleine Erkenntnisse sofort in die Wirklichkeit umsetzen, heißt, ständig sein eigenes Leben und Erleben, sein Verhalten zu ändern, immer anders werden, immer neu sein, kurzum, Esoterik heißt Entwicklung.

Diese notwendige Umsetzung nenne ich die Verbindlichkeit der esoterischen Lehre. Alle funktionalen Wissenschaften sind für den Betrachter unverbindlich. Ein Chemiker kann heute eine sensationelle Entdeckung machen und gleichzeitig weiterhin seine Frau schlagen, den Prozeß gegen seinen Bruder weiterführen, auf die Gesellschaft schimpfen und so weiter. Sein Leben und Verhalten bleibt von seiner chemischen Entdeckung völlig unberührt.

Vollkommen anders verhält es sich mit der kleinsten esoterischen »Entdeckung«. Sie hat direkte Auswirkungen auf alle Bereiche des Seins, erzwingt eine andere Einstellung zur Welt, macht bisherige Gewohnheiten ab sofort unmöglich. Hat jemand beispielsweise die Astrologie begriffen, so kann er niemals mehr Schuldige in der Außenwelt suchen, keinen Prozess mehr führen und so weiter. (Hier sei betont, daß Astrologie betreiben und Astrologie begreifen zwei sehr unterschiedliche Dinge sind. Sie treffen sich leider nur selten.)

Diese Verbindlichkeit ist seit je der Grund, warum die exoterische Außenwelt das Durchsickern esoterischer Wahrheiten so leidenschaftlich bekämpft, denn man spürt unbewußt sehr genau die erdrückende Verbindlichkeit. Man ist gerne bereit, jede neue Entdekkung zu akzeptieren, solange sie funktional ist und daher keine verbindlichen Auswirkungen hat.

Seit einiger Zeit versucht man, diesen Konflikt mit einem Trick zu umgehen; dieser Trick heißt Parapsychologie. Hier versucht man, die Herausforderung durch das esoterische Weltbild durch die sterile Methodik der Wissenschaft zu entschärfen. Signifikanzberechnungen füllen die Archive, aber verändern – Gott sei Dank – den Menschen nicht. Die Parapsychologie ist verlogen und feige, denn sie hat weder den Mut der rein materialistischen Wissenschaft, alle nichtmateriellen Phänomene schlicht zu negieren, noch die Bereitschaft, sich der eigenen Erkenntnis zu stellen und die Konsequenzen einzulösen. Die Parapsychologie schnuppert ständig und diskutiert über das »Erschnupperte«, traut sich aber niemals reinzubeißen. Die Ironie des Schicksals sorgt dafür, daß es jeden sich selbst das Urteil sprechen läßt: der selbstgewählte Begriff Parapsychologie (griechisch: para = neben) besagt, daß man an der Psyche vorbei geht.

Esoterik als Weg

Nachdem wir uns mit genügender Deutlichkeit sowohl von der Wissenschaft als auch von der Parapsychologie abgegrenzt haben, können wir uns nun dem esoterischen Weg zuwenden. Das Ziel dieses Weges ist die Vollkommenheit des Menschen, ist die Weisheit, die Überwindung der Polarität, die Vereinigung mit Gott, die Unio mystica, die chymische Hochzeit, das kosmische Bewußtsein. Alle diese Begriffe sind Versuche, dieses Endziel des menschlichen Weges zu umschreiben. An dieser Stelle müssen solche Begriffe noch sehr phrasenhaft klingen, aber ich hoffe, daß unsere weiteren Betrachtungen diese Begriffe mit immer mehr Inhalt anfüllen werden.

Um das Ziel zu erreichen, ist es notwendig, die esoterischen Gesetze dieses Universums zu erkennen und sie auch verstehen zu lernen. Hand in Hand mit der fortschreitenden Erkenntnis muß der Mensch sich wandeln, muß bewußter werden, um seine wahre Aufgabe und sein Ziel immer deutlicher verstehen zu können. Auf einem solchen Weg sind Orientierungshilfen sehr nützlich, Wegweiser und Tafeln, die eine Auskunft geben, wo an einer bestimmten Kreuzung der rechte Weg weiterführt. Solche Hilfsmittel sind die esoterischen Techniken und Disziplinen, von denen es viele gibt. Als Beispiele seien hier nur die wichtigsten erwähnt: Astrologie, Kabbalah, Tarot, Alchemie, Magie, Yoga, Meditation, I Ging. All diese Disziplinen sind kein Selbstzweck, sondern Hilfsmittel zur Orientierung, Wegweiser auf dem Weg.

Eine häufige Gefahr ist es, daß der Mensch den Wegweiser mit dem Weg verwechselt. So finden wir die Nurastrologen, die Nurpendler und eine Menge weiterer Spezialisten, die glauben, in ihrem Spezialgebiet den Schlüssel zur Welt gefunden zu haben. Diese Menschen bleiben leider an einem liebgewonnenen Wegweiser stehen und hindern sich selbst, den Weg weiterzugehen. Esoterische Disziplinen sollen den Menschen von seinen alten Fixierungen befreien, nur zu häufig werden jedoch gerade sie dazu benützt, sich neuerlich zu fixieren. So glaubt man, man sei weitergekommen, ohne zu bemerken, daß nur der Gegenstand der Fixierung ausgetauscht worden ist.

An dieser Stelle noch ein Wort zu den östlichen und westlichen Techniken. Am Ende jeder esoterischen Entwicklung steht die Erkenntnis der Wahrheit. Es gibt nur eine Wahrheit. Sie ist unabhängig von Zeit, Kultur und Religion. Die Methoden, diese Wahrheit zu erreichen, haben sich in den verschiedenen Zeiten und Kulturen individuell gestaltet, und alle diese Methoden sind als Hilfsmittel gleich gut und brauchbar. Allerdings steht ein Mensch den Systemen und Symbolen seiner eigenen Kultur näher. Es ist wesentlich schwieriger und in der Regel langwieriger, als westlicher Mensch mit den Hilfsmitteln des Ostens den Weg zu gehen.

Dies erwähne ich deshalb, weil zur Zeit die Beschäftigung mit den östlichen esoterischen Systemen und Religionen zu einem Modetrend geworden ist, der viele übersehen läßt, daß wir im Westen ebenfalls ein reiches Angebot esoterischer Systeme besitzen, die den Vorteil haben, unserem Denken und unseren Lebensgewohnheiten besser angepaßt zu sein.

Dies ist der einzige Grund, warum ich mich bei allen Arbeiten fast ausschließlich auf die vier großen Säulen der westlichen Esoterik beziehe, welche sind: die Astrologie, die Kabbalah, die Alchemie und die Magie. Diese Systeme werden auch häufig als Wissenschaften ersten Ranges bezeichnet, aus denen erst im Lauf der Zeit die Wissenschaften zweiten Ranges (Astronomie, Chemie und so weiter) sich entwickelten.

Die Esoterik ist so alt wie die Menschheit. Sie hat es immer gegeben und wird es immer geben. Sie bewahrt von Anfang an die Summe des Wissens, das dem Menschen über dieses Universum zugänglich ist. Ihre Lehren sind zeitunabhängig, sie wurden niemals korrigiert, niemals modernisiert, veralten nie.

Unsere moderne Wissenschaft versteht nicht, daß alles Wissen immer da ist. Sie lebt vielmehr in dem Wahn, daß man durch jede neue Entdeckung der Wahrheit näher käme und es daher eine Frage der Zeit sei, bis man »Alles« weiß.

Aus esoterischer Sicht verhält es sich gerade umgekehrt. Das Wissen ist immer da, nur der einzelne muß sich zu ihm hin entwickeln, um es erkennen zu können. In einem Beispiel gesagt heißt das: Die Dichtungen des Homer gibt es schon seit langer Zeit, obwohl sich jedes Kind erst langsam durch das Lernen in der Schule dahin entwickeln muß, bis es Homers Dichtungen lesen und verstehen kann. Für ein solches Kind ist es unwichtig, ob und wie viele andere Homer schon jemals gelesen haben, es liest Homer, der seit vielen tausend Jahren gelesen werden kann, zum allerersten Mal.

Die hermetische Philosophie

Vergleichen wir die Wirklichkeit mit einem Kreis, so teilt die Wissenschaft den Kreis von der Peripherie her in viele Segmente, in Spezialdisziplinen ein (Medizin, Physik, Chemie, Biologie, und so weiter). Durch die Erforschung all dieser Spezialgebiete hofft man, sich irgendwann einmal im Zentrum des Kreises zu treffen. Dieses Ziel rückt aber leider in immer unerreichbarere Ferne, da die hohe Spezialisierung die interdisziplinäre Verständigung immer schwieriger werden läßt.

Die esoterische Beschäftigung beginnt nicht an der

Peripherie, sondern im Zentrum des Kreises. Die Esoterik erforscht die universalen Gesetzmäßigkeiten – haben wir diese erkannt, müssen wir sie lediglich auf die verschiedenen Segmente des Kreises, auf die verschiedenen Spezialgebiete projezieren. Ein solches Wissen ist dem des Spezialisten überlegen, da es den Bezug zu allen anderen Gebieten hat und jedes Spezialgebiet adäquat in die Wirklichkeit einordnen kann.

Das esoterische Denken folgt einem Grundprinzip, dessen sprachliche Formulierung zurückgeht auf den Stammvater der Esoterik, die nach ihm ja auch die »hermetische Philosophie« genannt wird: Hermes Trismegistos. Dieser »dreimal große Hermes« war Priester und Eingeweihter in Ägypten, seine genaue Biographie verliert sich im Dunkel der Geschichte. Er schrieb die Quintessenz aller Weisheit in fünfzehn Thesen auf eine Tafel aus grünem orientalischem Korund nieder. Die Tafel, die seit langer Zeit verschollen ist, ging in die Geschichte unter dem Namen »Tabula smaragdina« ein. Der Text dieser Smaragdtafel sei hier in deutscher Sprache wiedergegeben.

Die Tabula smaragdina des Hermes Trismegistos.

1. Wahr ist es ohne Lügen, gewiß und aufs allerwahrhaftigste.
2. Dasjenige, welches Unten ist, ist gleich demjenigen, welches Oben ist: Und dasjenige, welches Oben ist, ist gleich demjenigen, welches Unten ist, um zu vollbringen die Wunderwerke eines einzigen Dinges.
3. Und gleich wie von dem einigen GOTT erschaffen

sind alle Dinge, in der Ausdenkung eines einigen Dinges. Also sind von diesem einigen Dinge geboren alle Dinge, in der Nachahmung.

4. Dieses Dinges Vater ist die Sonne, dieses Dinges Mutter ist der Mond.

5. Der Wind hat es in seinem Bauche getragen.

6. Dieses Dinges Säugamme ist die Erde.

7. Allhier bei diesem einigen Dinge ist der Vater aller Vollkommenheit der ganzen Welt.

8. Desselben Dinges Kraft ist ganz beisammen, wenn es in Erde verkehret worden.

9. Die Erde mußt du scheiden vom Feuer, das Subtile vom Dicken, lieblicherweise, mit einem großen Verstand.

10. Es steiget von der Erden gen Himmel, und wiederum herunter zur Erden, und empfänget die Kraft der Oberen- und der Unteren-Dinge.

11. Also wirst du haben die Herrlichkeit der ganzen Welt. Derohalben wird von dir weichen aller Unverstand. Dieses einige Ding ist von aller Stärke die stärkeste Stärke, weil es alle Subtilitäten überwinden und alle Festigkeiten durchdringen wird.

12. Auf diese Weise ist die Welt erschaffen.

13. Daher werden wunderliche Nachahmungen sein, die Art und Weise derselben ist hierin beschrieben.

14. Und also bin ich genannt Hermes Trismegistos, der ich besitze die drei Teile der Weisheit der ganzen Welt.

15. Was ich gesagt habe von dem Werk der Sonnen, daran fehlet Nichts, es ist ganz vollkommen.

Ich weiß, wie nichtssagend dieser Text anfangs auf den modernen Menschen wirkt. Dies liegt jedoch nicht am

Text, sondern an unserem Verständnis. In diesen fünfzehn Thesen ist alles Wissen zusammengefaßt, das dem Menschen jemals zugänglich ist. Der Text beschreibt die Schöpfung dieses Universums und gleichzeitig die Herstellung des alchemistischen Steins der Weisen. Für den, der diesen Text ganz versteht, werden alle Bibliotheken überflüssig, denn er besitzt die ganze Weisheit, »daran fehlet nichts, es ist ganz vollkommen«.

Solche Behauptungen mögen sich wie phantastische Schwärmerei anhören und für manchen Grund genug sein, an dieser Stelle sein Interesse für Esoterik engültig wieder aufzugeben. Wer sich jedoch die Mühe macht, durch Studien in die hermetische Sprache und Symbolik immer tiefer einzudringen, wird irgendwann einmal die Bedeutung dieses Textes selbst erleben können.

Das Analogiegesetz: wie oben, so unten

Uns interessiert an dieser Stelle vorläufig nur die These 2: »Dasjenige, welches Unten ist, ist gleich demjenigen, welches Oben ist: Und dasjenige, welches Oben ist, ist gleich demjenigen, welches Unten ist, um zu vollbringen die Wunderwerke eines einzigen Dinges.« Diese Aussage, die meist verkürzt mit den Worten »wie oben, so unten« wiedergegeben wird, ist der Schlüssel zur hermetischen Philosophie. Dahinter steht die Annahme, daß überall in diesem Universum, oben und unten, »im Himmel und auf Erden«, im makrokosmischen wie im mikrokosmischen Bereich, auf allen Ebenen der Erscheinungsformen die gleichen Gesetze herrschen.

Wir können beispielsweise im Bereich unserer Wahrnehmungen immer nur Ausschnitte aus einem Kontinuum erkennen, wir sehen nur einen kleinen Teil des Lichtsprektrums, hören nur die Frequenzen, die innerhalb eines bestimmten Bereiches liegen. Manche Tiere können Töne und Farben wahrnehmen, die dem Menschen ohne Hilfsmittel unzugänglich sind. Ebenso verhält es sich mit der Vorstellungskraft. Wir können uns nur mittlere Größendimensionen vorstellen – ist jedoch etwas sehr klein oder sehr groß, so können wir es zwar häufig noch in Formeln fassen, können uns aber nichts mehr darunter vorstellen.

So wissen wir heute beispielsweise, daß ein Eisenblock fast nur aus Zwischenräumen besteht, die von den atomaren Teilchen umkreist werden. In der Relation entsprechen die Entfernungen zwischen den festen Teilchen den Entfernungen zwischen den Planeten unseres Sonnensystems. Auch wenn wir dies alles noch so genau wissen, können wir es uns beim Anblick eines massiv wirkenden Eisenblocks nur schwer vorstellen.

Ähnlich wie ein Virus als eigenständiger Organismus für unser Vorstellungsvermögen zu klein ist, ist die Entfernung von 10 Millionen Lichtjahren für unsere Vorstellung zu groß. Wir sind in unserer Erkenntnis immer auf eine »mittlere«, uns als Mensch angemessene Größenordnung angewiesen. Alles was darunter und darüber liegt, ist entweder uns nur noch durch Hilfsmittel oder meist überhaupt nicht mehr zugänglich.

Hier hilft der geniale Schlüssel »wie oben, so unten« weiter. Denn dieser Satz erlaubt es, unsere Betrachtungen und Erforschungen der Gesetze auf den uns zugänglichen Bereich zu beschränken, um dann die gemachten Erfahrungen auf die anderen, uns unzugänglichen Ebenen analog zu übertragen. Dieses Analogiedenken gestattet es dem Menschen, das gesamte Universum ohne Grenzen begreifen zu lernen. Das Denken in Analogien ist nicht kausal und wirkt deshalb in unserer Zeit ungewohnt. An einer späteren Stelle werden wir die Anwendung dieser Methode am Beispiel der Astrologie nochmals konkret behandeln.

Die Analogie »wie oben, so unten« hat nur dann eine Berechtigung, wenn wir bereit sind, dieses Universum in seiner Gesamtheit als einen Kosmos (griechisch: Kosmos = Ordnung) anzuerkennen. Ein Kosmos aber wird von Gesetzen beherrscht und hat keinen Platz für einen Zufall.

Der Zufall als ein nicht berechenbares und nicht gesetzmäßiges Geschehen würde jeden Kosmos in ein Chaos verwandeln. Bauen wir einen Computer, so stellt dieser in sich einen kleinen Kosmos dar: Er ist gesetzmäßig konstruiert, sein Funktionieren ist von der Einhaltung dieser Gesetze abhängig. Lötet man in dessen Schaltkreise willkürlich ein paar Transistoren, Kondensatoren und Widerstände ein, die nicht zum gesetzmäßigen Schaltplan gehören, so verwandeln diese eingebauten Repräsentanten des Zufalls den gesamten Kosmos in ein Chaos, und der Computer arbeitet nicht mehr sinnvoll. Das gleiche gilt auch für unsere Welt. Bereits beim ersten zufälligen Ereignis würde unsere Welt aufhören zu existieren.

Auch die Wissenschaft verläßt sich meistens auf die Gesetzmäßigkeit der Natur, scheut sich aber nicht, gleichzeitig den Zufallsbegriff zu bemühen. Läßt man einen Stein aus einer gewissen Höhe fallen, so fällt dieser nicht zufällig, sondern gesetzmäßig nach unten. Trifft dieser Stein dabei Herrn X auf den Kopf, so wird Herr

X nicht zufällig, sondern ebenso gesetzmäßig von einem Stein getroffen. Weder die Tatsache, daß Herrn X ein Stein auf den Kopf fällt, noch der Zeitpunkt, an dem dies geschieht, ist zufällig. Man wird nicht zufällig krank, nicht zufällig von einem Auto angefahren, nicht zufällig von armen oder reichen Eltern geboren und so weiter.

Nochmals: Es gibt keinen Zufall. Hinter jedem Ereignis steht ein Gesetz. Nicht immer können wir dieses Gesetz auf Anhieb erkennen. Dies berechtigt uns jedoch nicht, seine Existenz zu leugnen. Die Steine fielen auch zu jenen Zeiten gesetzmäßig nach unten, als die Menschen das Fallgesetz noch nicht entdeckt hatten.

Es ist wohl wieder die Ironie des Schicksals, daß jene professionellen Verfechter des Zufalls, die Statistiker, es sich nicht nehmen lassen, eigenhändig die Unhaltbarkeit ihres Zufallsbegriffs mit methodischer Akribie zu beweisen. Ein Statistiker glaubt nämlich, daß beim Werfen eines Würfels dieser nur zufällig die 3, die 5 oder eine andere Ziffer zeigen kann. Würfelt man jedoch lange genug, so ergibt die Summe aller Zahlen eine gesetzmäßige Kurve, genannt Normalverteilung. Welch Wunder offenbart sich hier! Die Summierung nichtgesetzmäßiger Einzelereignisse ergibt eine Gesetzmäßigkeit. Die gesetzmäßige Flugbahn eines Körpers setzt sich schließlich ja auch nicht aus zufälligen Einzelstrecken zusammen. Hätten die Statistiker recht, so müßte auch der Satz gelten: Je öfter man sich bei einer Rechnung verrechnet, um so richtiger wird das Ergebnis. Von ähnlicher Logik ist die Meinung der Darwinisten, die die Evolution aus der Summierung von Genunfällen(!) erklären wollen.

Selbstredend zeigt die gesetzmäßige Normalverteilung der großen Zahl an, daß sie aus gesetzmäßigen Einzelereignissen aufgebaut ist. Man kann bestenfalls sagen, daß das Einzelereignis eines fallenden Würfels zu klein ist, um sofort dessen gesetzmäßige Determiniertheit wahrnehmen zu können, und daß wir Menschen deshalb noch auf eine gewisse Mindestgröße des Geschehens angewiesen sind.

Die Beobachtung dieser Welt zwingt uns, von einem Kosmos zu sprechen und jegliche Zufälligkeit auszuschließen. Übrigens erkennt man bereits an dem Wort »Zufall«, daß dieses ursprünglich wohl eine andere Bedeutung hatte. Denn es bezeichnet das, was dem Menschen gesetzmäßig zufällt. Wenn der Kosmos aber eine geordnete Einheit darstellt, dann muß auch überall die gleiche Gesetzmäßigkeit herrschen, im Großen wie im Kleinen, wie oben, so unten.

Diese Analogie berechtigte Paracelsus, den Menschen als Mikrokosmos dem Makrokosmos gleichzustellen. Der Mensch ist das getreue Abbild des makrokosmischen Universums – wir können außen nichts finden, was nicht auch in der Analogie im Menschen zu finden ist und umgekehrt. Deshalb stand über dem Tempel zu Delphi: »Erkenne Dich selbst, damit Du Gott erkennst.«

Körper, Seele und Geist

Betrachten wir diesen Mikrokosmos Mensch etwas genauer, so sehen wir zuerst dessen Körper. Dieser Körper unterscheidet sich beim lebenden Menschen von der bloßen Summe der entsprechenden Chemikalien, aus denen der Körper zusammengesetzt ist, dadurch, daß sie alle einer gemeinsamen Idee unterstehen und dem Gesamtkonzept »Mensch« dienen.

Das ist keine Selbstverständlichkeit. Viel selbstverständlicher ist das Geschehen, das wir bei der Verwesung einer Leiche beobachten können: Alle chemischen Einzelbestandteile gehen ihrer eigenen Gesetzmäßigkeit (»ihrem eigenen Willen«) nach und unterwerfen sich keinem zusammenfassenden Konzept. Wenn dies beim lebenden Menschen jedoch der Fall ist, so muß in ihm eine Instanz tätig sein, welche die Autorität besitzt, die materielle Verschiedenartigkeit zu koordinieren. Diese Instanz muß typisch für den lebenden Menschen sein, da wir ihr Wirken im Toten nicht mehr finden.

Auf der materiellen Ebene verschwindet beim Sterben eines Menschen bekanntlich nichts. Folglich kann unsere gesuchte Instanz niemals materieller Natur sein – was auch gar nicht zu erwarten war, denn wenn das wesentliche Kriterium dieser Instanz die Fähigkeit ist, Materie zu koordinieren, kann sie schwerlich selbst ebenfalls aus Materie sein.

Jeder Mensch weiß aus Erfahrung, daß beim Tod eines Menschen dessen Bewußtsein und dessen Leben schwinden. Es liegt also nahe, daß unsere gesuchte Instanz mit einem dieser beiden Begriffe identisch ist. Was aber ist Bewußtsein? Der Mensch ist sich seiner selbst bewußt. Er erlebt sich als seiendes, wahrnehmendes Individuum, von der Geburt bis zum Tod. Dieses Bewußtsein bildet eine Kontinuität, die der Körper, der ständig Zellen ab- und aufbaut, nicht besitzt.

Ein anderer, älterer Begriff heißt Seele. Seele ist Bewußtsein, Individualität, ist jene Instanz, welche die verschiedenartigen materiellen Bausteine des Körpers zu einer Einheit zusammenfaßt und koordiniert. Seele ist eine eigenständige Instanz, die sich qualitativ von dem materiellen Körper unterscheidet.

Unsere moderne Psychologie kennt leider keine Seele. Zwar brüstet sie sich lautstark mit einer Fachterminologie, die den Anschein erweckt, als besäße man ein Wissen über die Seele, ja, sogar noch über deren Tiefen und Schichten, doch in Wirklichkeit ist der Psychologie bis heute noch nicht einmal eine entfernte Berührung mit der Seele des Menschen gelungen.

Die Psychologie erforscht »das Psychische« im Menschen. Dies ist aber nicht die Seele, sondern ein Produkt dieser Wissenschaft, ein Eliminat. Durch die Verwechslung beider Begriffe kommt die Psychologie zu der Behauptung, die seelische Funktion des Menschen sei ein Produkt des Gehirns und eines intakten Nervensystems, und folgert daraus, daß mit dem Verlust dieser materiellen Voraussetzungen auch die »Seele« aufhöre zu existieren. Die begriffliche und gedankliche Schlamperei unserer Wissenschaft macht es oft fast unmöglich, die Dinge wieder einigermaßen zurechtzurücken.

1. Wenn wir von Seele oder Bewußtsein sprechen, so meinen wir eine eigenständige, nichtmaterielle Instanz, die weder ein Produkt der Materie (wie Gehirn, Zentralnervensystem oder ähnliches) noch von dieser irgendwie abhängig ist. Religionen, Eingeweihte und Okkultisten wußten seit allen Zeiten von dieser Seele und deren Überdauern des körperlichen Todes. Doch unsere Öffentlichkeit und unsere Wissenschaft empfinden es offensichtlich als eine sensationelle Überraschung, wenn heute Forscher wie der Amerikaner Dr. Moody und andere, die Berichte von klinisch toten

und wieder reanimierten Menschen veröffentlichen, in denen einstimmig erzählt wird, wie »sie selbst lediglich den Körper verlassen haben, weiterhin sich für die Anderen unsichtbar im Raum aufhielten, alles sehen, hören und wahrnehmen konnten«.

2. Die Psyche oder Seele der Psychologie (einschließlich der sogenannten Tiefenpsychologie) ist mit dem oben beschriebenen Begriff nicht identisch, sondern lediglich dessen Eliminat. Die Seele der Psychologie ist der Ort der Triebe, Ängste, Konflikte und Komplexe, ein Sammelbegriff für die Auswirkungen der Seele, der sich aber niemals dem Wirkenden selbst nähert. Das Wirkende vermutet man wohl im Hirn und Zentralnervensystem. An dieser Stelle beißt sich jedoch die Katze in den Schwanz. Wer veranlaßt denn das Gehirn und das Nervensystem zu arbeiten? Bekanntlich bedarf Materie immer einer Information, um tätig zu werden – die Information aber ist immer nichtmateriell. In einem späteren Kapitel werden wir den Unterschied zwischen Information und Informationsträger genauer darstellen. Hier wird nur vorab davon gesprochen, um zu verhindern, daß jemand die Information in den Genen sucht.

Abschließend sei noch erwähnt, daß überall, wo in der Natur Gestaltprozesse ablaufen, immer Information, das heißt Bewußtsein oder Seele vorhanden sein muß. Jedes Tier, jede Pflanze, jeder Mensch hat eine Seele. Innerhalb des irdischen Bereiches braucht auch die Seele einen materiellen Träger, der jedoch feinstofflicher Natur ist. Deshalb spricht man in okkulten Kreisen auch von dem sogenannten Astralkörper.

In diesem Zusammenhang sind jüngste Forschungsergebnisse erwähnenswert, die von dem Amerikaner Harold Saxon Burr, Professor an der Yale University, stammen. Burr erforschte mit großem technischen Aufwand die elektrischen Felder, die einen lebenden Organismus umgeben. So fand er beispielsweise um ein Samenkorn ein Feld in Form der reifen, ausgewachsenen Pflanze und um ein Froschei konnte er ein Feld in Form des Körpers eines ausgewachsenen Frosches nachweisen.

Er schloß daraus, daß alle Lebewesen solche elektromagnetischen Felder besitzen. In diesen unsichtbaren, aber meßbaren Raumbildern erhält jede neue Zelle ihren Platz. Diese experimentellen Ergebnisse bestätigen die esoterische Behauptung, daß sich alle Lebewesen in eine vorgegebene Form hineinentwickeln.

Man hüte sich allerdings davor, diese elektromagnetischen Felder für die Seele zu halten. Sie sind vielmehr das materielle Korrelat des Astralkörpers. Eine ähnliche Verwechslung führte zu der Ansicht, daß auf der sogenannten Kirlian-Photographie der Astralkörper sichtbar werde. Die Kirlian-Photographie zeigt jedoch lediglich die Wechselwirkung zwischen energetischen Emanationen des Organismus und einem Hochspannungsfeld.

Nachdem wir versucht haben, die Begriffe des Körpers und der Seele etwas zu klären, bleibt noch ein sehr wichtiger Begriff übrig, nämlich »das Leben«. Leben kann unmöglich mit Bewußtsein identisch sein. Denn bereits die Sprache unterscheidet zwischen Bewußtlosigkeit und Tod. Leben kann auch nicht aus Materie bestehen, denn lediglich die Auswirkungen des Lebens werden innerhalb der Materie sichtbar. Leben ist wohl das größte Geheimnis für den Menschen.

Ist schon die Seele der Wissenschaft unbekannt, so ist sie vom Verständnis des Lebens noch weiter entfernt. Sie hat es immer nur mit deren materiellen Auswirkungen zu tun, kennt aber das Leben selbst nicht. Der Mensch kann es nicht erzeugen und nicht zerstören. Leben ist eine Qualität, die sich seinem Zugriff völlig entzieht.

Jeder kennt wohl vom Hören und Sagen die klassische Dreiteilung: Körper, Seele und Geist. Die hermetische Philosophie lehrt nun, daß der Geist das Leben ist. Leben (Geist) ist im Gegensatz zur Seele unpersönlich, anonym. Es gibt nur einen Geist, ein Leben. Man kann an ihm teilhaben, den Geist durch sich wirken lassen – dann lebt man. Beendet man das »irdische Leben«, so wird lediglich diese Verbindung aufgegeben, keinesfalls etwas vom Leben an sich zerstört. Es gibt nur einen Geist, und somit repräsentiert auch das Leben in uns die Einheit - es ist der »göttliche Funke«, der in jedem Lebewesen zu finden ist.

So besteht der Mensch, wie jedes Produkt der Natur, aus der Dreiheit Körper, Seele und Geist. Er empfindet sich als Einheit und nennt diese Einheit »ich«. Bei genauem Hinsehen entdecken wir, daß bereits die körperliche Einheit »Mensch« sich in weitere »Einheiten« untergliedern läßt. Wie zum Beispiel in die Organe. Auch ein Organ ist eine individuelle Einheit. Sonst könnte man ein Herz nicht von einer Leber unterscheiden. Diese funktionale Individualität setzt jedoch voraus, daß jedes Organ ein individuelles Bewußtsein hat. Dieser Gedanke mag ungewohnt wirken, da wir immer nur uns selbst ein Bewußtsein zuschreiben. Die meisten Menschen sind wohl noch bereit, ihrem Hund ein Bewußtsein zuzubilligen, obwohl das Bewußtsein des Hundes zweifellos ein ganz anderes ist als das eines Menschen. Einer Fliege Bewußtsein zuzubilligen, stößt jedoch meist schon auf mehr Widerstände, obwohl die Frage auftaucht, welche Berechtigung für eine solche Trennlinie herangezogen werden kann. Alles was lebend sich entwickelt und Individualität zeigt, hat Bewußtsein, auch dann, wenn wir Schwierigkeiten haben, uns mit unserem Bewußtsein in das Bewußtsein ganz anderer Lebensformen hineinzuversetzen.

Wir müssen wohl oder übel auch unseren Organen dieses Bewußtsein zubilligen. Die Leber empfindet sich ebenfalls als in sich geschlossene Einheit und Individualität. Ihre Aufgabe ist es einzig und allein, ihre gesetzmäßige Funktion als Leber auszuführen, da sich sonst ihre übergeordnete Individualität Mensch, in die sie integriert ist, unwohl fühlt.

Analysieren wir das Individuum Leber weiter, so stoßen wir auf neue Einheiten, genannt Zellen. Auch jede Zelle ist eine Individualität. Sie lebt, sie kann sich fortpflanzen, besitzt also zweiffellos auch Bewußtsein, empfindet sich als »ich bin«. Ihre Aufgabe ist es, ganz »Leberzelle« zu sein.

Empfindet sie hierzu keine Lust und entdeckt einen persönlichen Drang zur Freiheit, so wird sie zur Krebszelle, da sie die größere Ordnung verläßt. Der Mensch als Besitzer solcher, die Ordnung verlassender Zellen gratuliert ihnen meist nicht zu ihrer neuentdeckten Freiheit, sondern versucht vielmehr, sie zu eliminieren, um seine eigene Existenz zu erhalten.

So wie die Zelle als Individuum Teil des größeren Individuums Organ, das Organ auch nur Teil des Individuums Mensch ist, so ist auch der Mensch nur Teil einer größeren Einheit. Der Mensch ist nur Zelle in einem

Organismus, den wir Planet Erde nennen. Wie alle Planeten, so ist auch die Erde eine individuelle Intelligenz und besitzt nicht nur einen Körper, sondern auch Bewußtsein. Wäre dies nicht der Fall, würden wir keinen intakten Planetenkörper vorfinden, sondern eine Planetenleiche. Gleichwie ein toter menschlicher Körper zerfällt, zerfällt auch der Körper eines toten Planeten, wie wir es beispielsweise im Asteroidengürtel vorfinden.

Wir müssen uns endlich angewöhnen, nicht nur die korporalen Erscheinungsformen allein zu betrachten. Jeder Körper, ob Stein, Pflanze oder Tier, besitzt auch noch Seele und Geist, oder wir haben eine Leiche vor uns, die sehr schnell ihre Form verliert. Auch ein Planet ist nur Organ eines größeren Lebewesens, des Sonnensystems, und so weiter. Überdenkt der Mensch ein wenig diese Ordnung, so wird ihm bald bewußt werden, daß er als Zelle ebenfalls nur die Aufgabe hat, seinen ihm zugeteilten Dienst am Ganzen zu erfüllen. Er hat sich zu bemühen, eine möglichst nützliche Zelle zu sein, so wie er es von seinen Körperzellen erwartet, damit er nicht zum Krebsgeschwür dieser Welt wird. Verläßt er dennoch die Ordnung mutwillig, um seine mißverstandene Freiheit auszukosten, so sollte er sich nicht wundern, wenn er eliminiert wird. Denn:
Wie oben, so unten.

II.
Hypnose –
eine Karikatur der Wirklichkeit

Nur der, der die Schwierigkeit des Erwachens voll begreift,
kann verstehen, daß zum Erwachen
lange und harte Arbeit notwendig ist.
G. GURDJIEFF

Das Thema Hypnose gehört nicht unbedingt zur Esoterik. Wenn wir es dennoch an dieser Stelle abhandeln, so gibt es hierfür mehrere Gründe:

1. Hypnose übt auf alle am Okkultismus interessierten Menschen einen besonders faszinierenden Reiz aus;
2. in der Öffentlichkeit wird zur Zeit Hypnose wieder als besonders wirksames »Heilmittel« gepriesen, wobei man sich häufig nicht scheut, der Hypnosetherapie ein esoterisches Mäntelchen umzuhängen;
3. benutzt man die Phänomene der Hypnose als »Gleichnis«, so lassen sich analog tatsächlich wichtige Schlüsse zur Wirklichkeit ziehen;
4. last not least habe ich meine ersten Erfahrungen mit der Reinkarnation mit Hilfe der hypnotisch induzierten Regression gemacht. Die Tatsache, daß ich lediglich im ersten experimentellen Stadium mit Hypnose gearbeitet habe und bereits seit Jahren in der Reinkarnationstherapie niemals mehr das Hilfsmittel Hypnose verwende, hat sich so schlecht herumgesprochen, daß in der Öffentlichkeit mein Name teilweise noch stark mit dem Thema Hypnose verknüpft ist.

Es existiert eine umfangreiche Literatur über die sogenannte »wissenschaftlich-ärztliche Hypnose«, in der wir ohne Ausnahme bereits in den ersten Kapiteln davon erfahren, daß die Geschichte der Hypnose um das Jahr 1775 beginnt. Zu dieser Zeit lebte in Wien ein Arzt mit Namen Friedrich Anton Mesmer. Dieser Arzt versuchte

Krankheiten und Schmerzen durch das Auflegen von Eisenmagneten zu heilen. Diese Idee ist jedoch uralt, wir finden sie bei Paracelsus und sogar schon in der Bibel (vergleiche »Mahrah« von Dr. Stark).

Mesmer, der mit dieser Magnetmethode gute Erfolge hatte, versuchte eines Tages, den Eisenmagnet durch die menschliche Hand zu ersetzen. Da auch diese Behand-lung durch die Hand erfolgreich war, schloß Mesmer, daß auch dem Menschen eine Kraft innewohne, die der des Magnetismus ähnlich sei. Er nannte diese Eigenschaft »animalischen Magnetismus«. Animalisch meint in diesem Zusammenhang »lebendig-beseelt«. Hiermit wollte er lediglich den Unterschied zwischen dem Ferromagnetismus des Eisens und der analogen Kraft der menschlichen Hand ausdrücken. Es zeugt von einiger Dummheit, daß man »animalischen Magnetismus« mit »tierischem Magnetismus« übersetzte.

Mesmer schrieb ein umfangreiches Werk, in dem die theoretischen Grundlagen des animalischen Magnetismus dargestellt werden. Dank seiner großen Heilerfolge wurde er zum Wunderarzt seiner Zeit, der gleichermaßen verehrt wie gehaßt wurde. Er mußte Wien verlassen und lebte anschließend in Paris, wo er die Prominenz der Welt mit seiner Methode, die nach ihm auch als »Mesmerismus« bezeichnet wurde, behandelte.

Die französische Akademie der Wissenschaften begann schließlich, diesen umstrittenen animalischen Magnetismus wissenschaftlich zu untersuchen, um die öffentliche Diskussion über diese neue Heilmethode endgültig zu entscheiden. Nach sorgfältiger Prüfung kam das wissenschaftliche Gremium zu dem Schluß, daß die von Mesmer behauptete magnetische Kraft nicht nachweisbar sei. Damit war das wissenschaftliche

Todesurteil über Mesmer gesprochen, der seinen Aufenthaltsort noch einmal wechseln mußte und schließlich einsam und arm starb.

Wohl aus einem nicht unberechtigten Schuldgefühl heraus versucht nun unsere heutige Wissenschaft, Mesmer nachträglich zu rehabilitieren. So wird er heute in allen Lehrbüchern als »der eigentliche Vater der Hypnose gefeiert, dessen Tragik es war, zwar die Wunderkräfte der Hypnose entdeckt zu haben, sie aber völlig falsch als Magnetismus interpretiert zu haben«. Hier wird Mesmer zum zweiten Mal wissenschaftlich gekreuzigt. Dieser arme Mann hatte mit Hypnose aber auch gar nichts zu tun. Man kann nicht einen Verstorbenen zum Stammvater einer Sache machen, um die er sich ein Leben lang nie kümmerte.

Die Wissenschaft verstand damals den Magnetismus nicht und sie versteht ihn heute immer noch nicht. Magnetismus ist eine eigenständige Behandlungsmethode, die nach wie vor von Magnetiseuren ausgeübt wird. Magnetismus hat mit Hypnose nichts zu tun. Die Medizin täte gut daran, Mesmers Werk über den Magnetismus gründlich zu studieren, um endlich eine alte, schon zu alte Wissenslücke zu schließen. Auch dieser Tag wird kommen, nachdem man zur Zeit fleißig die Heilwirkungen von Magnetfeldern erforscht und somit langsam wenigstens auf einem Teilgebiet den Entwicklungsstand eines Paracelsus erreicht.

Die Entdeckung der Hypnose und der Psychoanalyse

Nachdem wir Mesmer von der Entdeckung der Hypnose freigesprochen haben, können wir uns einem anderen Mann zuwenden, dem englischen Augenarzt Braid, der 1843 folgende Entdeckung machte: Läßt man eine Person einige Minuten lang einen glänzenden Gegenstand fixieren, der leicht oberhalb der Augen in etwa 20 cm Abstand gehalten wird, so kommt es automatisch zu einem Lidschlußreflex, mit dem ein eigentümlicher, schlafähnlicher Zustand eingeleitet wird. Wegen der Ähnlichkeit des durch Fixation erzeugten Zustandes mit dem Schlaf, nannte Braid dieses Phänomen »Hypnose« (griechisch: hypnos = der Schlaf). Wenn wir also einen Stammvater für die Hypnose brauchen, deren Geschichte letztlich weit, bis zum Heiligen Tempelschlaf zurückreicht, so käme Braid dafür noch am ehesten in Frage.

Die nächsten wichtigsten Stationen in der neuzeitlichen Geschichte der Hypnose sind Nancy und Paris. In Nancy arbeiteten Liébeault und Bernheim an der Weiterentwicklung und der Erforschung der Hypnose (1866–1884). Sie versuchten erfolgreich, einen hypnotischen Schlaf durch verbale Suggestion einzuleiten. Im Mittelpunkt ihrer theoretischen Überlegungen steht die Suggestion als der wesentliche Faktor der Hypnose. In der heutigen Terminologie würde man von einem motivationspsychologischen Ansatz sprechen.

Etwa zur gleichen Zeit experimentierte der berühmte

Nervenarzt und Gehirnphysiologe Charcot an der Pariser Nervenklinik Salpêtrière mit der Hypnose. Da, der Zeit entsprechend, seine Patienten fast ausschließlich aus Hysterikern bestanden, fiel ihm die Ähnlichkeit zwischen den in Hypnose auftretenden Phänomenen und der Symptomatik der Hysterie auf. Damals wurde wie alle Psychosen so auch die Hysterie als unbekannte Gehirnerkrankung gedeutet, und so lag es für Charcot nahe, die theoretische Erklärung der Hypnose ebenfalls in bestimmten physiologischen Prozessen des Gehirns zu suchen.

Sigmund Freud besuchte als junger erfolgloser Arzt sowohl Bernstein in Nancy als auch Charcot in Paris, um selbst die Technik der Hypnose zu erlernen. Zurückgekehrt nach Wien, hatte Freud in der eigenen Praxis keine sonderlichen Erfolge mit der neu erlernten Hypnosetherapie, da sie ihm nicht lag. Zwar benötigt ein guter Hypnotiseur keine angeborenen übernatürlichen Fähigkeiten, aber man braucht, wie zum Musizieren, auch zum Hypnotisieren eine gewisse Begabung. Die Technik der Hypnose ist erlernbar wie die Technik des Klavierspielens – doch die Technik allein macht noch keinen Meister.

Freud hatte allerdings bei Bernheim ein Experiment kennengelernt, das für ihn zum Ausgangspunkt weiterer grundsätzlicher Überlegungen wurde. Bernheim ließ seine Versuchspersonen in Hypnose bestimmte suggerierte Handlungen durchführen und versuchte, durch posthypnotische Suggestion zu erreichen, daß sich die Versuchspersonen nach der Hypnose nicht mehr an die Handlungen und Ereignisse während der Hypnose erinnern konnten (posthypnotische Amnesie). Den nach der Hypnose im Wachzustand befragten Personen fehlte tatsächlich jegliche Erinnerung an die Zeitspanne der Hypnose.

Bernheim versuchte daraufhin immer stärkeren psychologischen Druck auf die Patienten auszuüben; sie sollten sich anstrengen und sich wieder an den vergessenen Zeitraum erinnern.

Schließlich tauchten erste Erinnerungsfetzen auf, und schrittweise konnten die Versuchspersonen sich schließlich wieder an alle Ereignisse während der Hypnose erinnern. Freud übertrug diese Erfahrung aus Nancy auf die Krankheitsgeschichte des Neurotikers. Er vermutete, daß es in der Lebensgeschichte eines seelisch Kranken ebenfalls ein oder mehrere Ereignisse geben könne, an die er sich nicht erinnern will, die er aus seinem Gedächtnis verdrängt hat. Gleichwie man aber eine hypnotisch erzeugte Erinnerungslosigkeit durch psychologische Maßnahmen aufheben kann, so muß es analog auch möglich sein, die vergessenen beziehungsweise verdrängten Ereignisse aus dem Leben eines Patienten wieder ins Bewußtsein zurückzuholen. Diese Technik, vergessenes Material wieder bewußt zu machen, wurde von Freud weiterentwickelt und ist uns heute als die »psychoanalytische Methode« gut bekannt.

Da sich Freud in seinen späteren Schriften über die Hypnose negativ äußerte, schränkte die Ausbreitung der Psychoanalyse die Hypnotherapie immer mehr ein. Eine Ausnahme bilden die Ostblockstaaten, in denen die Psychoanalyse nicht Fuß fassen konnte und daher die Hypnose als psychotherapeutisches Verfahren einen unumstrittenen Platz einnimmt.

Hypnose als Phänomen

Eine Hypnose gliedert sich meist in drei oder vier Phasen:

1. die Induktion des hypnotischen Schlafes,
2. die Experimente im hypnotischen Zustand,
3. das Aufwecken aus der Hypnose und
4. eventuell das Einlösen posthypnotischer Befehle.

Die Induktion des hypnotischen Schlafes geschieht meist durch verbale Suggestion von Müdigkeit und Schläfrigkeit, häufig werden diese Suggestionen noch unterstützt durch das Fixieren eines glänzenden Gegenstandes, eines Stiftes, von Farbplättchen, Spiralen oder ähnlichem. Die Dauer dieser ersten Phase ist unterschiedlich lang und abhängig von der Versuchsperson und der Frage, ob es sich um die allererste Hypnose handelt. Wurde einmal eine tiefe Hypnose erreicht, so dauert eine spätere Wiederholung der Induktion oft weniger als eine Minute. Dagegen kann sich die Induktion der ersten Hypnose auf etwa fünfzehn Minuten erstrecken. Ist der hypnotische Zustand erreicht, folgt die Versuchsperson jedem suggerierten Befehl des Hypnotiseurs und dieser kann alle gewünschten Halluzinationen auslösen. Hierzu einige Beispiele: Suggeriert der Hypnotiseur, es sei unterträglich kalt, so beginnt die Versuchsperson am ganzen Körper zu frieren. Sagt er nun, daß es immer wärmer und immer heißer werde, beginnt die Versuchsperson zu schwitzen, bis ihr der Schweiß von der Stirne tropft. Körperteile können durch einfache Suggestion steif, lahm oder empfindungslos gemacht werden.

Noch erstaunlicher wirkt es auf einen Beobachter, wenn man die hypnotisierte Versuchsperson die Augen öffnen läßt, wodurch die Hypnose in keiner Weise unterbrochen oder gestört wird. Man kann nun die Versuchsperson das sehen lassen, was man will. Es ist möglich, Versuchspersonen einen menschenleeren Wald sehen zu lassen, obwohl sie mit offenen Augen in einen vollbesetzten Hörsaal schauten. Hypnotischen Experimenten sind keine Grenzen gesetzt, und jeder, der einmal einer hypnotischen Bühnenshow beigewohnt hat, kennt diese Vielfalt der Möglichkeiten.

Anschließend seien noch zwei physiologische Experimente erwähnt: Legt man einer Versuchsperson eine Geldmünze auf die Hand, verbunden mit der Suggestion, dies sei ein glühendes Stück Eisen, so entwickelt sich nach kurzer Zeit eine Brandblase. Injiziert man einem Diabetiker, der Insulinspritzen gewohnt ist, in Hypnose lediglich eine indifferente physiologische Kochsalzlösung mit der Suggestion, es sei Insulin, senkt sich in der üblichen Zeit der Blutzuckerspiegel um den selben Wert, wie es bei einer Insulinspritze der Fall gewesen wäre. Mit diesen Beispielen berühren wir bereits die therapeutischen Möglichkeiten, deren Wert und Unwert wir später noch besprechen werden.

Hier sei noch der Begriff der »Posthypnose« kurz erläutert. Es ist möglich, eine in der Hypnose gegebene Suggestion entweder über das Aufwecken hinaus weiter wirken zu lassen oder aber in der Hypnose einen Befehl an ein Signal zu koppeln, das erst nach der Hypnose im Wachzustand gegeben wird. Auf diese Weise lassen sich alle Phänomene der Hypnose auch im Wachzustand abrufen, falls diese während der Hypnose eingegeben und an ein Signal gekoppelt werden. Einfache Beispiele dieser Art von Posthypnose und Signalhypnose sind beispielsweise:

In der Hypnose wird die Steifheit und Bewegungsunfähigkeit des rechten Armes suggeriert. Gleichzeitig suggeriert man, daß die Versuchsperson den Arm erst wieder bewegen kann, wenn man dreimal in die Hände klatscht. Dann wird die Versuchsperson aufgeweckt. Obwohl sie nun völlig wach ist, kann sie den rechten Arm nicht bewegen. Dieser Bann kann nur durch das vereinbarte Händeklatschen gelöst werden.

Eine andere komplexere posthypnotische Suggestion wäre folgende: »Wenn ich Sie nun aufwecken werde, fühlen Sie sich völlig frisch und ausgeschlafen. Sie sind dann hellwach. In dem Moment, in dem Sie jedoch sehen, daß ich mir eine Zigarette anzünde, hören Sie, daß es an der Tür klopft. Sie werden zur Tür gehen, sie öffnen und zu Ihrem großen Erstaunen sehen, daß vor der Tür ein Weihnachtsmann mit einem Engel steht. Dies wird Ihnen sehr eigenartig vorkommen, da es ja Sommer ist. Sie werden vermuten, daß sich jemand einen Spaß erlaubt und sich verkleidet hat. Deshalb fassen Sie den Weihnachtsmann an und ziehen ihn am Bart, um dessen Echtheit zu prüfen. Was Sie auch machen, Sie müssen zu Ihrem Erstaunen feststellen, daß er und der Engel absolut echt sind. Sie können mit ihm sprechen, und er wird Ihnen ein Geschenk überreichen. Nach kurzer Zeit werden der Weihnachtsmann und der Engel wieder den Raum verlassen. Ich werde Sie nun aufwekken, und alles wird sich so abspielen, wie ich es Ihnen gesagt habe. Doch können Sie sich im Wachzustand an nichts mehr erinnern, was wir jetzt gesprochen haben.«

Nun kann man die Versuchsperson aufwecken und sie kann sich an nichts erinnern. Zündet man sich jedoch nach einiger Zeit eine Zigarette an, wird die oben suggerierte Geschichte in allen Einzelheiten ablaufen, obwohl in Wirklichkeit weder etwas zu sehen noch zu hören ist.

Die geschilderte Suggestion ist sehr komplex, denn sie enthält sowohl akustische (Klopfen, Sprechen), optische (Weihnachtsmann, Engel, Geschenk) als auch taktile (Berührung, Bart) Halluzinationen. Hinzu kommt noch ein suggerierter Zweifel und eine Kritik an der Erscheinung, die man jedoch durch Prüfungen aus der Welt räumen kann (. . . Sie werden vermuten, jemand hat sich einen Spaß erlaubt!).

Ein weiteres wichtiges Phänomen läßt sich meist bei posthypnotischen Suggestionen beobachten: die Tendenz zur Rationalisierung. Jeder in Hypnose eingepflanzte Auftrag setzt sich auch nach der Hypnose im Wachzustand durch: Die Versuchsperson tut etwas, weil sie es einfach tun muß, weiß aber nicht, warum. Handelt es sich dabei um einen eher unlogischen Auftrag, so wird sie bei der Ausführung ihr eigenes Handeln mit Erstaunen beobachten.

Nun ist im Menschen die Meinung tief verwurzelt, daß er alles, was er tut, nur deshalb tut, weil er es selbst will. Aus diesem Grunde wird jede Versuchsperson auf die Frage, warum sie jetzt gerade dieses oder jenes getan habe, niemals auf die Idee kommen, daß sie lediglich einen Befehl ausgeführt habe. Vielmehr wird sie krampfhaft versuchen, einen einleuchtenden plausiblen »Grund« zu finden, warum sie aus freien Stücken gerade diese Handlung vollzogen hat.

Ein Modell der Hypnose

Welche Bedeutung all diese Phänomene für unsere weiteren Betrachtungen haben, werden wir noch ausführlich besprechen. Zuvor wollen wir jedoch versuchen zu erklären, was eigentlich Hypnose ist und wodurch diese oft unglaublichen Phänomene zustande kommen. In der Wissenschaft gibt es keine allgemeingültige Hypnosetheorie, und ich möchte die Vielzahl der Theorien nicht auch noch durch eine eigene bereichern. Vielmehr sollen ein paar bildhafte Beispiele uns den Vorgang der Hypnose verdeutlichen.

Man stelle sich vor, man säße im Theater. Die Vorstellung hat noch nicht begonnen, und so beobachtet man das Leben und Treiben rundherum. Die eigene Aufmerksamkeit ist noch nicht auf einen Punkt gerichtet, so daß man sehr viel wahrnehmen kann. Die vielen Menschen, die Ausstattung des Theaters, die Garderobe der Nachbarn, ein paar Blicke ins Programmheft, gleichzeitig das Stimmen der Instrumente. Man weiß, es ist Samstagabend, morgen früh kann man ausschlafen. Vielleicht geht man nach der Vorstellung noch etwas essen. Eine Vielzahl von Gedanken und Beobachtungen, Eindrücken.

Das Licht verdunkelt sich, der Vorhang hebt sich, das Stück beginnt, die Handlung fesselt uns. So konzentriert sich die eben noch umherschweifende Aufmerksamkeit immer mehr auf die Handlung auf der Bühne, wobei gleichzeitig alles andere rundherum in absolute Gleichgültigkeit und Unwichtigkeit versinkt. Während man mit dem Helden auf der Bühne leidet und hofft, denkt man nicht mehr an den Wochentag, nicht an das Essen nach der Vorstellung. Man vergißt buchstäblich, daß noch andere Menschen da sind, ja man vergißt zeitweise überhaupt, im Theater zu sein. Erst wenn der Vorhang fällt und der Zuschauerraum hell wird, findet man sich im »Hier und Jetzt« wieder.

Was in einer solchen Situation geschieht, ist lediglich die Konzentration des Bewußtseins auf einen Punkt. Bei der Konzentration wird das Bewußtsein eingeengt auf den Gegenstand des Interesses, wobei alles andere gleichzeitig aus dem Bewußtsein und Wahrnehmungsfeld verschwindet (Außenreizverarmung). Dieser Vorgang ist alltäglich und vollzieht sich andauernd in unterschiedlicher Stärke. Alle kennen das Phänomen, das man beim Lesen eines spannenden Buches gar nicht hört, wenn jemand ruft oder einen anspricht. Den gleichen Effekt benutzen wir, wenn wir ein Kind, das sich weh getan hat und weint, abzulenken versuchen, indem wir ihm etwas Interessantes zeigen. Es vergißt buchstäblich in Sekunden den Schmerz, weil der Schmerz außerhalb der Wahrnehmungszone gerät.

In all diesen Beispielen geschieht das gleiche, das Bewußtsein wird auf einen Punkt eingeengt. Diese Einengung des Bewußtseins könnte man vergleichen mit einer Lichtquelle, die durch eine Streulinse hindurch eine relativ große Fläche beleuchtet. Ersetzt man aber nun die Streulinse durch eine Sammellinse, so konzentriert sich das Licht, und ein immer enger werdender Lichtstrahl beleuchtet wie bei einem Suchspot nur noch einen winzigen Punkt, während die übrige Fläche nun in Dunkel getaucht ist. Die Lichtintensität in diesem einen Punkt ist ungleich größer als vorher bei der flächigen Beleuchtung. Dieses gebündelte Licht beleuchtet nicht nur den Punkt übermäßig hell, sondern kann sogar ein Loch brennen und so in eine neue Tiefendimension eindringen (vergleiche Brennglas beziehungsweise Laser-strahl).

Das Licht steht in diesem Vergleich für das Bewußt-sein – unser Tagesbewußtsein gleicht einem Streulicht. Konzentrieren wir uns, so wird es gebündelt und macht einen Punkt überdeutlich. Hierbei kann es passieren, daß unser Bewußtsein eine Schicht weiter nach unten dringt und sich eine neue, vorher unbewußte Dimension erschließt. Dieser Durchbruch in eine neue Ebene ist der Umschlagspunkt, wo sich die anfängliche Bewußtseins-einengung in eine Bewußtseinserweiterung transfor-miert.

Menschen aller Zeiten versuchten nun, diesen Vor-gang willentlich bei sich und anderen einzuleiten und entwickelten hierzu die verschiedensten Techniken: Konzentrations- und Meditationsübungen, Hypnose, autogenes Training, gestufte Aktivhypnose, Biofeed-back und so weiter. Hypnose ist somit lediglich *eine* mögliche Technik, den Zugang zu einer unbewußten Schicht des Psychischen zu bahnen.

In dieser Schicht des Unterbewußten finden wir unter anderem alle jene »Programme«, die für die Steuerung aller autonomen Körpervorgänge verantwortlich sind. Niemand von uns steuert die Körpertemperatur, die Ausscheidung der Hormone, den Blutzuckerspiegel, den Herzschlag und so weiter bewußt. All diesen Funk-tionen liegen Programme im Unterbewußten zugrunde, durch die sie gesteuert werden. Im Zustand der Hypnose erhalten wir plötzlich Zutritt zu jener sonst meist unzu-gänglichen »Programmzentrale« und können einzelne Programme gegen andere austauschen. Sofort wird sich das neu eingepflanzte Programm in seinen Auswirkun-gen beobachten lassen.

Wir können uns ein großes Hotel vorstellen, dessen Räume mit Musik berieselt werden. Verschafft sich jemand Zugang zu jenem Raum, in dem die Tonanlage steht, und tauscht die gerade laufende Cassette gegen eine andere aus, so ändert sich schlagartig im ganzen Haus die Musik. Nichts anderes geschieht in der Hypnose. Wird das »Programm Hitze« eingelegt, so beginnt der ganze Körper zu schwitzen. Das »Programm Insulinspritze« läßt den Blutzuckerspiegel sinken.

Die Hypnosetherapie

Hier drängt sich die Möglichkeit der therapeutischen Nutzung der Hypnose geradezu auf. Die Überlegung geht davon aus, daß jedem Krankheitssymptom ein fehlerhaftes Programm zugrunde liegt. Ist es in der Hypnose möglich, dieses durch Suggestion gegen ein neues erwünschtes Programm auszutauschen, verschwindet das Symptom. Ich sage hier absichtlich »Symptom«, obwohl der Hypnosetherapeut an dieser Stelle eher »Krankheit« sagen würde.

Hier liegt nämlich der schwache Punkt der Hypnosetherapie, daß sie ebenso wie alle anderen Methoden der Schulmedizin Symptome zum Verschwinden bringen kann, damit aber noch lange nicht den »kranken Menschen« heilt. Worin der entscheidende Unterschied besteht, wird vielleicht erst am Ende dieses Buches klar sein. Hier soll nur einer verfrühten Euphorie vorgebeugt werden, die in der Hypnose den Schlüssel zur Krankheitsheilung entdeckt haben will.

Aus esoterischer Sicht ist eine »Heilung durch Hypnose« niemals zu rechtfertigen, da die suggestive Hypnosetherapie niemals »Heilung« im wirklichen Sinn bringen kann. Sie ist in der Lage, Schmerzen und Symptome zu beseitigen und steht damit auf der gleichen Ebene wie etwa die Chirurgie. Genausowenig wie ich den Erfolg einer Blinddarmoperation bestreite, genausowenig bestreite ich die Erfolge der Hypnosetherapie. Beide können in bestimmten Fällen notwendig und hilfreich sein. Doch beide Methoden berühren den Bereich des Krankseins niemals und können deshalb auch nicht heilen.

Aus der Erfahrung der Hypnosetherapie entwickelten sich die Methoden der Autosuggestion, des positiven Denkens und des Finaldenkens. Diese Systeme lehren, wie der Mensch durch die Wiederholung und bildhafte Vorstellung positiver Gedanken Krankheiten heilt, ewige Gesundheit erhält, Geld, Besitz und Reichtum erwirbt und so weiter.

Einer der großen Pioniere der Autosuggestion war der Nichtmediziner Emile Coué aus Nancy, dessen Lehren und Formeln (»Es geht mir von Tag zu Tag in jeder Hinsicht besser und immer besser«) eine ganze Bewegung in Europa auslösten, die unter dem Namen Couéismus bekannt wurde. Das Grundaxiom Coués lautet, »daß es nur unsere Einbildungskraft ist, die den Menschen gesund oder krank macht. Kann man also diese lenken, so hat man es in der Gewalt, den Menschen gesund oder krank zu machen. Denn der Mensch ist, was er denkt.« Da dieses Grundaxiom nicht stimmt, stimmt auch die darauf aufgebaute Methode nicht. Richtig ist vielmehr: »Der Mensch ist nicht, was er denkt, sondern er ist, wie er gedacht wurde« (Hans Blüher).

Coué ging an dem metaphysischen Aspekt der

Krankheit mit derselben Sicherheit vorbei wie unsere heutige Medizin. Beide glauben fest daran, daß man ihre Methode in der Welt nur immer mehr verbreiten müsse, um das Kranksein aus der Welt zu schaffen. Dieses Denken ist zwar liebenswert, aber dem Problem des Krankseins nicht adäquat. Suggestionen können niemals heilen, da sie immer gelogen sind. Heilung kann allein aus der Begegnung mit der Wahrheit entstehen. Das Gesagte gilt für alle suggestiven Verfahren und Systeme, mit denen man sich Gesundheit, Glück und Reichtum herbeidenken kann.

Die Möglichkeit, mit diesen Praktiken die versprochenen Effekte zu erreichen, wird nicht bestritten, wohl aber die sich immer mehr ausbreitende Meinung, daß solche Praktiken mit den Lehren der Esoterik übereinstimmten. Allein aus der Wirksamkeit einer Handlung läßt sich noch lange nicht die Berechtigung einer solchen Handlung ableiten.

Konsequenzen

Die Bedeutung der Hypnose liegt nicht in der Anwendung, weder in der therapeutischen noch in der experimentellen. Für einen esoterischen Weg ist die Hypnose eher gefährlich, weil sie einen starken Machtaspekt beinhaltet, der unseren Absichten entgegensteht. Doch ermöglicht uns die genaue Betrachtung der hypnotischen Phänomene, wenn wir sie als Gleichnis verstehen, einige Erkenntnisse.

Die Hypnose bringt nichts grundsätzlich Neues hervor, sondern überzeichnet lediglich die wirklichen Verhältnisse. Sie liefert uns eine Karikatur der Wirklichkeit. Karikaturen haben bei aller Überzeichnung den Vorteil, daß man das Wesentliche schneller und besser erkennen kann. So zeigt uns die Hypnose die Relativität der sinnlichen Wahrnehmung. Die Wahrnehmung des Menschen ist nicht so sehr von der Außenwelt abhängig wie vielmehr von seinen eigenen Programmen.

Man kann einem Menschen die posthypnotische Suggestion geben, daß er alle Menschen ohne Haare sieht. Ein solcher Mensch hat im Wachzustand die gleiche Wahrnehmung der Außenwelt wie jeder andere Mensch, aber mit dem Unterschied, daß er alle Menschen kahlköpfig sieht. Diese Wahrnehmung ist für ihn absolut real. Befindet er sich in Gesellschaft mit zehn anderen Menschen, so wird er mit seiner Meinung über die Kahlköpfigkeit auf die Gegenmeinung der anderen stoßen, die davon überzeugt sind, daß alle Anwesenden Haare auf dem Kopf haben. In unserem Beispiel sind die zehn Personen in der besseren Situation, da sie in der absoluten Mehrheit sind. Die Meinung, daß der eine nicht ganz normal ist, liegt für sie nahe.

Nun suggerieren wir dieses Programm zehn Personen und bringen diese mit nur zwei weiteren Menschen zusammen, so sehen nun zehn die Haarlosigkeit der Anwesenden, aber zwei behaupten, auf allen Köpfen Haare sehen zu können. Wer hat nun recht? Da wir gewohnt sind, die Meinung der Mehrzahl als Kriterium für die Wirklichkeit zu nehmen, kommen diesmal die beiden »Normalen« in den Verdacht, nicht ganz normal zu sein.

Man lasse sich dieses Beispiel lange genug durch den Kopf gehen, um zu erkennen, wie vorsichtig man mit Wahrnehmung, Objektivität und Wirklichkeit umgehen muß, und wie wenig die Meinung der Mehrheit eine Aussagekraft über die Wahrheit hat. So müssen wir als erstes lernen, unserer Wahrnehmung der Welt der Formen keinen zu hohen Wirklichkeitscharakter zuzubilligen.

Die Inder bezeichnen deshalb diese Welt als »Maja«, als Welt der Täuschung, die alten Ägypter sprachen vom Schleier der Isis, Platon versuchte durch sein Höhlengleichnis den Menschen zu erklären, daß sie nichts Wirkliches sehen, sondern nur Schatten. Solange sie diese Schatten für die Wirklichkeit halten, bleiben sie Opfer der Täuschung. Erst wenn man die Höhle verläßt, kann man die Wirklichkeit entdecken, die aber im ersten Moment so blendend ist, daß man sie nicht aushalten kann. Hält der Mensch die Konfrontation mit der Wirklichkeit aus, wird er sehend. Erträgt er das Licht jedoch nicht, so verfällt er dem Irrtum, der nun nicht mehr dem alten Irrtum gleich ist, da er kurz das wahre Licht erblickte.

Diesen Irrtum, der der Begegnung mit der Wahrheit folgt, nennen wir heute Neurose. Neurotiker haben mehr erlebt als jene, die sich noch nicht aus der Höhle der Schatten herauswagten. Aber sie konnten die Wahrheit nicht ertragen.

Weiter lehren uns die Experimente mit der Hypnose, daß der Mensch ein Produkt seiner Programme ist. Die Tatsache, daß jede Wahrnehmung, Meinung, Anschauung einschließlich der Kritikfähigkeit beliebig austauschbar ist, zeigt, daß all dies Programme sind. Der Mensch ist ein Produkt von Programmen, und ein Spezialprogramm sorgt zusätzlich dafür, daß er allen Auswirkungen der Programme noch hinzufügt: »Das mache ich nur, weil ich es will.«

Ich habe absichtlich das Beispiel mit dem suggerierten Weihnachtsmann so ausführlich dargestellt, um zu zeigen, daß selbst kritische Überlegungen, Zweifel und Kontrollen immer noch Auswirkungen von Programmen sind, aber das Programm der Rationalisierung macht es dem Menschen so schwer, dies einzusehen. Der Mensch glaubt zu tun, während er getan wird. Oder, wie es Pascal formulierte: »Wenn der geworfene Stein Bewußtsein hätte, so würde er sagen, ich fliege, weil ich will.« Die Programme der hypnotisierten Personen fallen nur deshalb auf, weil sie unüblich sind.

Der nichthypnotisierte Mensch gehorcht gleichfalls nur Programmen, aber auf Grund der Gewohnheit sind sie unauffälliger. Alle Menschen sind in Wahrheit hypnotisiert und »schlafen«. Solange man aber schläft, kann man unmöglich feststellen, daß man schläft. Solange man schläft, kann man auch nicht feststellen, daß alle anderen schlafen. Solange man schläft, kann man die Wachen nicht erkennen. Man muß aufwachen – dann erst erkennt man schlagartig, daß man selbst geschlafen hat, daß fast alle anderen schlafen und daß es einige gibt, die wach sind.

»Erwachet!« ist deshalb die Forderung der Stunde. Löst Euch aus dem liebgewonnenen hypnotischen Tiefschlaf, in dem Ihr nur wie Maschinen die Suggestionen ausführt. Mensch sein ist ein Entwurf, der durch jeden einzelnen erst erfüllt werden muß. Daher ist es notwendig, die platonische Höhle der Schatten zu verlassen und das Wagnis einzugehen, die blendende Wirklichkeit anzusehen. Ihr Anblick ist ungewohnt und fremd, und doch ist es die Wirklichkeit, von der alle Menschen immer heimlich träumen. Der hypnotisierte ist ein unfreier Mensch, ist eine Marionette an unsichtbaren Fäden, er zeigt uns nur unsere eigene armselige Wirklichkeit, ist ein Spiegel des Menschen, der noch nicht bewußt geworden ist. In dieser Spiegelfunktion liegt die einzig wahre Bedeutung der Hypnose.

Der esoterische Weg will aus dem kollektiven Dämmerschlaf herausführen zum wachen Bewußtsein des wahren Menschentums. Die Esoterik rüttelt diejenigen wach, die nicht mehr so tief schlafen und bereit sind, ihre Augen zu öffnen. Wie könnte sich demnach die Esoterik der Hypnose bedienen? Wie es verantworten, den Menschen noch mehr Schläfrigkeit zu suggerieren? Wer den esoterischen Weg gehen will, braucht nichts zu glauben, nach nichts zu suchen – er braucht lediglich aufzuwachen und sehen zu lernen, denn die Wirklichkeit ist überall.

III.
Die Polarität
der Wirklichkeit

Alles ist zwiefach, alles hat zwei Pole,
alles hat sein Paar von Gegensätzlichkeiten,
gleich und ungleich ist dasselbe;
Gegensätze sind identisch in der Natur,
nur verschieden im Grad; Extreme berühren sich;
alle Wahrheiten sind nur halbe Wahrheiten;
alle Widersprüche können miteinander in Einklang gebracht werden.
»KYBALION«

Das Polaritätsgesetz ist die Grundlage der hermetischen Philosophie. Viele menschliche Irrtümer könnten vermieden werden, würde das Polaritätsgesetz besser verstanden. Der Weg des Menschen führt über die Auseinandersetzung mit der Polarität. Das Ziel des Weges ist die Überwindung der Polarität.

»Was ist das? Am Morgen geht es auf vier, am Mittag auf zwei und am Abend auf drei Beinen«, lautete das Rätsel der Sphinx. Tod und Vernichtung warteten auf die Menschen, die das Rätsel nicht lösen konnten. Ödipus wußte die Antwort. Es ist der Mensch. Er krabbelt in der Kindheit auf allen vieren, am Mittag des Lebens geht er auf zwei Beinen und im Alter wird sein Stock zum dritten Bein.

Doch dies ist lediglich die exoterische Bedeutung der Frage. Es wäre auch kaum angemessen, auf das Versagen vor einer Scherzfrage die Todesstrafe anzusetzen. Vielmehr wird hier nach den Hauptstationen des Menschenweges gefragt, deren Nichtbewältigung buchstäblich tödlich ist. Die Zahl Vier ist seit alten Zeiten ein Symbol für die Materie, die das Kreuz des Menschen darstellt. Über die Auseinandersetzung mit dem Stofflichen und Materiellen, welche der Anfang des Evolutionsweges ist (Morgen), soll der Mensch die Polarität begreifen lernen, welche durch die Zahl Zwei symbolisiert ist. Doch erst die (Er-)lösung der Polarität in einem Dritten bringt ihn an den Abend der Vollkommenheit. Nur wer diese Aufgabe löst, erringt das ewige Leben.

Das Polaritätsgesetz wirkt anfänglich zu einfach, zu selbstverständlich, als daß es lohnend erschiene, sich damit näher zu beschäftigen. Alles, was der Mensch in der Welt der Erscheinungsformen vorfindet, und alles, was der Mensch sich vorstellen kann, offenbart sich ihm immer in zwei Polen. Es ist dem Menschen unmöglich, sich eine Einheit außerhalb der Polarität vorzustellen. Zahlensymbolisch heißt dies, daß die Zahl Eins nicht denkbar ist, solange die Zwei noch nicht erschaffen ist, die Eins setzt die Zwei voraus.

Auf der geometrischen Ebene ist dies leichter nachvollziehbar. Das geometrische Symbol der Eins ist der Punkt – ein Punkt besitzt weder räumliche noch flächige Ausdehnung, sonst wäre er eine Kugel oder eine Scheibe. Der Punkt besitzt keine Dimension. Einen solchen Punkt können sich Menschen aber gar nicht vorstellen, denn jede Vorstellung eines Punktes besitzt immer eine Ausdehnung, auch wenn er noch so klein ist. Diese Einheit ist also für den Menschen unbegreiflich.

Sein Bewußtsein gehorcht dem Gesetz der Polarität. Es untersteht der Zwei. So gibt es Plus und Minus, Mann und Frau, Elektrisch und Magnetisch, Sauer und Alkalisch, Dur und Moll, Gut und Böse, Licht und Finsternis. Die Reihe ließe sich unendlich verlängern, da es zu jedem Begriff einen Gegenpol gibt. Solche Begriffspaare nennen wir Gegensätze, und wir sind gewohnt, im konkreten Fall die Frage »Entweder-Oder« zu stellen. Wir versuchen ständig alle Phänomene Begriffspaaren zuzuordnen. Etwas ist entweder groß oder klein, hell oder dunkel, gut oder böse. Wir sind der Meinung, daß diese Gegensätze einander ausschließen – hier liegt unser Denkfehler.

Die Wirklichkeit besteht aus Einheiten, die sich jedoch dem menschlichen Bewußtsein nur polar offenbaren. Wir können die Einheit als Einheit nicht wahrnehmen. Woraus wir nicht folgern dürfen, daß diese nicht existiert. Die Wahrnehmung der Polarität setzt zwangsläufig die Existenz einer Einheit voraus. Die Zwei kann immer nur Folge der Eins sein. Wir sehen die Einheit immer nur in zwei Aspekten, die uns gegensätzlich erscheinen. Doch gerade Gegensätze bilden zusammen eine Einheit und sind in ihrer Existenz voneinander abhängig.

Leben ist Rhythmus

Die menschliche Grunderfahrung der Polarität ist der Atem. An ihm können wir die Gesetze der Polarität studieren, sie lassen sich auf das gesamte Universum übertragen. Denn wie Unten, so Oben. Wenn wir einatmen, so folgt ohne weiteres Dazutun mit absoluter Gewißheit als Gegenpol das Ausatmen. Diesem Ausatemstrom folgt mit gleicher Gewißheit wieder der Einatemstrom. Der ständige Wechsel beider Pole ergibt den Rhythmus.

Rhythmus ist das Grundmuster allen Lebens. Zerstört man den Rhythmus, zerstört man Leben. Rhythmus besteht immer aus beiden Polen, ist also ein »Sowohl als auch«, niemals ein »Entweder-Oder«. Wer sich weigert auszuatmen, kann auch nicht mehr einatmen und umgekehrt. Denn ein Pol lebt von der Existenz des anderen Poles. Beseitige ich einen Pol, so verschwindet der andere ebenfalls. Ein Pol erzwingt den anderen Pol. Was beim Atmen auch allen als Selbstverständlichkeit einleuchtet, wird jedoch auf fast allen anderen Gebieten mißachtet.

Solange der Mensch in seiner Haltung und Einstellung »für Etwas« und »gegen Etwas« ist, zerstört er Einheiten. Der Mensch ist für Gesundheit und gegen Krankheit. Er will nicht begreifen, daß Gesundheit und Krankheit als Polarität sich gegenseitig bedingen und voneinander leben. Die Gesundheit erhält erst durch die Krankheit ihre Existenz. Gesundheit kann erst aus der Krankheit heraus entstehen. Deshalb ist jede Präventivmedizin eine Illusion.

Wer das Gesetz der Polarität verstanden hat, weiß, daß man jedes Ziel nur über den Gegenpol erreichen kann und nicht auf dem direkten Weg, wie die meisten Menschen es erfolglos versuchen. Wer einen Stein möglichst weit werfen will, streckt sich ja auch nicht beim Wurf möglichst weit nach vorne dem Ziel entgegen, sondern holt vielmehr möglichst weit nach hinten in die Gegenrichtung aus. Der Gärtner düngt seine Rosen im Garten auch nicht mit duftendem Parfüm, damit die Rosen im nächsten Jahr besonders gut riechen, vielmehr düngt er mit stinkender Jauche, und dennoch wachsen daraus die duftenden Blumen. So lehrt das tibetanische Totenbuch: »Wer nicht das Sterben gelernt hat, kann nicht das Leben lernen.« So lehrt uns Christus, daß man erst durch den Tod das Leben erringt. So lehren alle Weisheitssysteme, daß man erst durch die Unterordnung unter das Gesetz frei wird. Doch der Mensch will dieses Gesetz nicht begreifen. Auf allen Gebieten sucht man den direkten Weg, und läßt sich kaum durch Mißerfolge belehren.

Jede Haltung für oder gegen etwas ist eine Fixierung. Leben ist Rhythmus und somit Bewegung. »Alles fließt«, sprach Heraklit. Fixierung aber verhindert Bewegung und ist somit lebensfeindlich. Mit jeder fixierten Meinung oder Ansicht, die ein Mensch auf irgendeinem

Gebiet hat, verhindert er die Entwicklung. Würden wir uns ehrlich analysieren, so würden wir feststellen, daß wir fast ausschließlich aus solchen Fixierungen bestehen. Nichts scheint dem Menschen so schwer zu fallen, als seine Meinung zu ändern.

Es gibt eine alte Technik in der esoterischen Schulung, die in der konsequenten Umpolung aller Meinungen und Anschauungen besteht. Diese Technik habe ich ausführlich in meinem Buch »Das Erlebnis der Wiedergeburt« beschrieben. Sie besteht darin, daß man zu jeder bisherigen Meinung konsequent den Gegenpol vertritt, und zwar solange, bis beide Pole gleich stark gewichtet sind. In diesem Moment löst man sich automatisch aus der Polarität und beginnt von einem höheren dritten Punkt aus die Polarität als Gesamtheit zu begreifen.

Jede menschliche Aussage kann immer nur einen Aspekt der Wahrheit ausdrücken. Um die ganze Wahrheit zu beschreiben, braucht man immer auch noch den Gegenpol. Somit ist jede Aussage über die Wirklichkeit eine Paradoxie. Eindeutige Aussagen über die Wirklichkeit kann es in der menschlichen Sprache nicht geben. Fehlt einer Formulierung die Paradoxie, so ist sie auf jeden Fall unvollständig und erfaßt nur einen Teilaspekt. Dies wurde dem wissenschaftlichen Bemühen nach eindeutigen und widerspruchsfreien Aussagen zum Verhängnis. Zu voreilig belächelte man die widersprüchlichen Formulierungen der alten Weisheitslehren, wie beispielsweise des Tao Te King oder der Alchemisten.

Den Wendepunkt in der Wissenschaft brachte die Erforschung des Lichtes. Es gab zwei widerstreitende Meinungen über die Natur der Lichtstrahlen. Die eine formulierte die Wellentheorie, die andere die Korpuskeltheorie, beide Theorien schließen anscheinend einander aus. Wenn das Licht aus Wellen besteht, besteht es nicht aus Teilchen. Besteht es aber aus Teilchen, so ist Licht eben keine Welle. Entweder – Oder. In der Zwischenzeit weiß man, daß das Entweder–Oder eine falsche Fragestellung war. Das Licht ist sowohl Welle als auch Korpuskel. Diese Gleichzeitigkeit beider uns gegensätzlich erscheinenden Naturen ist zwar für den Menschen nicht vorstellbar, aber dennoch wahr. So kann die Wellen- und Korpuskelnatur des Lichtes auch nur in jeweils unterschiedlichen Versuchsanordnungen bewiesen werden. Denn der Mensch kann Polarität zeitlich nur nacheinander, nicht gleichzeitig wahrnehmen. An die Doppelnatur des Lichtes sollte man immer denken, wenn man mit philosophischen Problemen umgeht.

So wird zu allen Zeiten die Frage, ob der Mensch frei oder determiniert ist, leidenschaftlich diskutiert. Dabei bemerkt man nicht, daß die Frage falsch gestellt ist. Erst wenn man das Entweder–Oder umwandelt in die Erkenntnis, daß der Mensch sowohl völlig determiniert als auch völlig frei ist, kann man sich der Wahrheit nähern. Aus dem Polaritätsgesetz folgt, daß alles, was existiert, die Berechtigung hat zu existieren.

Innerhalb eines gesetzmäßig funktionierenden Kosmos kann es nie etwas geben, »was eigentlich nicht sein sollte«. Nur die Menschen haben es sich zur Gewohnheit gemacht, die Welt einzuteilen in die Dinge, die sein dürfen, und in die Dinge, die es eigentlich nicht geben sollte. Mit einer solchen Haltung stemmt man sich jedoch gegen die Wirklichkeit. Jede Manifestation hat ihre Sinnhaftigkeit, sonst könnte sie gar nicht erst entstehen. Wer dies nicht akzeptieren will, muß wieder den Zufallsbegriff einführen.

Wenn der Mensch gegen etwas ist, so heißt dies meist gleichzeitig, daß er »für« das Gegenteil ist. So ist man für den Frieden und gegen den Krieg, für Gesundheit und gegen Krankheit, für Glück und gegen Leid, für das Gute und gegen das Schlechte. Hierbei übersieht man, daß alle diese Begriffe Paare sind und eine untrennbare Einheit bilden, die der Mensch nicht zerreißen kann. Weigere ich mich auszuatmen, so kann ich auch nicht mehr einatmen. Nehme ich den negativen Pol des elektrischen Stromes weg, so verschwindet auch der positive Pol. Genauso bedingt der Friede den Krieg, das Gute erzwingt das Böse, und das Böse ist der Dünger des Guten. So spricht Goethes Mephisto in Faust: »Ich bin ein Teil von jener Kraft, die stets das Böse will, und stets das Gute schafft.«

Diese Überlegungen sind keinesfalls Legitimationen für ein willkürliches Verhalten des Menschen, sondern sollen den Menschen bei der Betrachtung der Manifestationen vor Widerständen bewahren. Man unterscheide wohl zwischen etwas, was sich bereits manifestiert hat, und etwas, was noch nicht Wirklichkeit geworden ist. Geschieht ein Mord, so ist er Teil der Wirklichkeit und hat seinen Sinn und seinen Grund, sonst wäre er nicht geschehen. Es hat keinen Sinn, den geschehenen Mord nicht zu akzeptieren, wollen wir uns nicht gegen die Gesamtordnung stellen. Daraus folgt aber nicht, daß wir diesen Mord als gut oder richtig bezeichnen sollten oder sogar selbst einen begehen dürften.

Wirklichkeit anerkennen heißt lediglich, die Daseinsberechtigung aller Dinge anzuerkennen. Stellen wir uns gegen die Wirklichkeit, so ändern wir nichts an den objektiven Tatsachen, doch wir fühlen uns subjektiv schlechter. Denn jeder Druck gegen die Wirklichkeit erzeugt einen scheinbaren Gegendruck, den wir zu spüren bekommen. Der größte Teil des menschlichen Leidens besteht aus dem selbstausgeübten Widerstand gegen die manifestierten Umstände.

Alle Dinge sind an sich völlig wertfrei und neutral. Die Einstellung des Menschen macht aus ihnen erst Gegensätze der Freude oder des Leides. So ist Einsamkeit weder gut noch schlecht, weder angenehm noch unangenehm. Der eine erlebt die Einsamkeit als Qual, der andere als willkommene Voraussetzung der Selbstbesinnung und der Meditation. Für den einen ist Besitz das höchste Ziel seiner Bestrebungen, für den anderen störender Ballast. Es sind niemals die Umstände selbst, die unser Gemüt tangieren, sondern lediglich unsere Einstellungen zu den Umständen.

Die Aussöhnung

Lernt der Mensch die erste wichtige Regel, daß alles, was ist, gut ist, weil es ist, so kehrt immer mehr Ruhe und Frieden in ihm ein. Erst in dieser Ruhe lernt er die Dinge zu betrachten, und sie werden ihm ihren Sinn offenbaren. Man löst sich allmählich von den fixen Ideen, für oder gegen etwas kämpfen zu müssen, ohne dadurch untätig zu werden. Der Mensch nämlich, der glaubt, durch seine Aktivität die Welt verändern zu können, merkt meist nicht, daß er in Wirklichkeit Sklave der Verhältnisse geworden ist, die ihn verändern.

Wahre Aktivität entsteht aus der Ruhe. Es ist ein Zeichen der Reife, wenn ein Mensch etwas geschehen lassen kann, ohne sofort eingreifen zu wollen. An dieser Stelle beginnen die meisten Menschen schon wieder zu rebellieren. Man glaubt bei der Befolgung dieser Regel seine »Cleverness« einzubüßen, der Spielball der anderen zu werden, hoffnungslos unterzugehen. Man möchte nicht verzichten auf die liebgewordenen Kämpfe und sich wehren, man möchte es weiterhin den anderen zeigen, »wer man ist«, möchte Macht ausüben. Auch Petrus konnte es nicht lassen, bei der Gefangennahme im Garten Gethsemane das Schwert zu ziehen, und bewies nur, daß er die Lehren seines Meisters noch nicht vollständig begriffen hatte. Wer nicht bereit ist, mit den Dingen der Wirklichkeit in Harmonie zu leben, dem bleibt das Tor zum esoterischen Pfad verschlossen.

Die meisten Menschen schleppen aus der Vergangenheit eine große Last mit sich herum, bestehend aus Ereignissen und Personen der zurückliegenden Jahre, mit denen man in Fehde lag und liegt. Diesen Ballast abzubauen dient folgende Übung: Man setze oder lege sich in einer stillen Stunde entspannt hin, schließe die Augen und lasse vor dem inneren Auge vergangene Situationen auftauchen, von denen man der Meinung ist, es wäre besser gewesen, diese Situationen nicht erlebt zu haben. Diese »negativen« Situationen des Schicksals schaue man sich samt den Personen an, von denen man glaubt, sie hätten einem Unrecht getan und es wäre besser gewesen, man wäre ihnen niemals begegnet. Während man ein solches Ereignis und die dazugehörenden Menschen innerlich wieder betrachtet, mache man sich bewußt, daß all dies eine gesetzmäßige Stufe auf dem ganz persönlichen Schicksalsweg war und man ohne dieses

Ereignis heute nicht da wäre, wo man ist. Man versuche die Sinnhaftigkeit des Geschehens zu begreifen, um so langsam dafür dankbar zu werden, daß alles so war, wie es war.

Erst wenn es gelingt, von innen heraus dem Ereignis und den beteiligten Personen zuzulächeln und ihnen zu danken, daß sie bereit waren, bei der Schicksalsverwirklichung mitzuhelfen, erst dann gehe man auf ein weiteres Ereignis über, um damit ebenso zu verfahren. Die einzelnen Ereignisse lasse man einfach von selbst aufsteigen, man braucht nicht mit dem Intellekt danach zu suchen. Man nehme auch alle Ereignisse an, die sich bei dem Gedanken »Ereignisse, mit denen ich auf Kriegsfuß stehe« auftauchen, ohne etwas zurückzudrängen, weil man glaubt, »damit doch schon längst ausgesöhnt zu sein«.

Man braucht diese Übung, die anfänglich manchem recht schwer fallen mag, nur immer zu wiederholen, um selbst zu erleben, daß etwas in einem leichter wird, daß ein innerlicher Druck verschwindet. Solange man sich nämlich mit aller Kraft gegen eine Wand stemmt, spürt man, wie die Wand mit gleicher Intensität zurückdrückt. Verstärkt man den eigenen Druck, drückt auch die Wand stärker. Die Lösung besteht darin, die Hände von der Wand wegzunehmen. Der Druck der Wand wird dann ganz von selbst verschwinden. Der Vergleich mag banal klingen, und dennoch stehen fast alle Menschen an irgendeiner Wand, drücken mit allen Kräften und beschweren sich gleichzeitig lautstark über den Druck der Wand. Eigene Widerstände aufzugeben, ist theoretisch so einfach, fällt aber dem Menschen unglaublich schwer. Denn alle Menschen sind zutiefst davon überzeugt, daß sie, um im Bilde zu bleiben, gegen diese Wand drücken müssen, weil »die Wand gegen sie drückt«, und daß beim Nachlassen des eigenen Widerstandes die Wand unweigerlich über sie stürzen müsse. Hier liegt aber die Täuschung. Man probiere bitte selbst das Beispiel mit der Wand aus, um das Problem gänzlich zu verstehen. Tatsächlich hat man den Eindruck, die Wand würde gegen einen drücken, weshalb man sich gezwungen fühlt, den eigenen Druck zu erhöhen. Um die Täuschung zu durchschauen, muß man den Mut haben, loszulassen. Wer die Existenzberechtigung der Wand anerkennt, braucht nicht gegen sie zu drücken und wird auch nicht von ihr belästigt.

Die Projektion der Schuld

Dieses Problem ist von unübersehbarer Tragweite. Die Menschheit hat es sich zur Angewohnheit gemacht, für alles, was nicht sein dürfte, Entschuldigungen in der Außenwelt zu suchen. Von den Familienmitgliedern bis zur Regierung, von den Zeitumständen bis zur Gesellschaft reicht die Skala der Schuldigen, denen der einzelne die Verantwortung für sein Schicksal aufbürden will. Diese Projektion der Schuld wurde sogar zu Wissenschaften erhoben, die unter dem Titel Psychologie und Soziologie den kollektiven Irrtum sanktionieren.

Alle sprechen davon, wie die Umweltfaktoren den Menschen beeinflussen und prägen. Psychoanalyse und Urschrei suchen die Ursachen einer neurotischen Störung in der Kindheit, in Erziehungsstil und traumatischen Eltern-Kind-Situationen. Es wird nicht mehr lange dauern, daß man offiziell in der Psychotherapie die Regressionsmethoden übernimmt, und man wird dann auf einmal die Ursachen in den pränatalen Erlebnissen zu finden glauben.

So unterschiedlich die vielen Behandlungsmethoden und Theorien auch sein mögen, alle zeigen doch eine Gemeinsamkeit: Man sucht nach den Ursachen einer Situation oder einer Störung immer in der Außenwelt. Läßt man sich von einem einzelnen sein Schicksal berichten, so wird er zu jeder Situation gleichzeitig angeben, welche Personen oder welcher Umstand daran schuld sind.

Es wird sehr schwer sein, im Zeitalter der Soziologenschwemme das Märchen von der Umweltbeeinflussung aus der Welt zu schaffen. Denn jede Theorie, welche die Schuldprojektion erlaubt, findet mit Gewißheit stets die absolute Mehrheit. Was die Esoterik zu diesem Thema anzubieten hat, ist weit weniger schmackhaft und praktisch, doch als Gegenleistung zeigt sie dem einzelnen, wie er sein Schicksal tatsächlich verändern kann, zeigt sie ihm einen Weg aus der Krankheit und hält somit das, was alle anderen nur versprechen können.

Es gibt keine Umwelteinflüsse, die den Menschen formen, es ist nicht die Erziehung, die den späteren Menschen prägt, es gibt keine Schuldigen für das Schicksal des einzelnen. Es gibt keine Bakterien oder Viren, die Krankheit erzeugen. Alle, die nun glauben, sie hätten exakte Beweise für die soeben abgestrittenen Behauptungen, irren in einem Punkt: Alles, was man für Beweise hält, stützt sich auf Beobachtungen von Zusammenhängen, sind lediglich Korrelationen. Diese Korrelationen sagen aus, daß beim Auftreten einer bestimmten Infektionskrankheit immer ein bestimmter Virus vorzufinden ist, daß bei einem kriminellen Jugendlichen die Familienverhältnisse bestimmte Züge aufweisen, daß bei einer bestimmten neurotischen Störung immer Mutterprobleme vorzufinden sind. Diese Korrelationen stimmen noch, denn sie sagen nur aus, daß immer, wenn das eine auftritt, das andere auch zu finden ist.

Hier folgt nun der beliebte nächste Schritt in der Wissenschaft, der völlig unwissenschaftlich ist: die Interpretation als Kausalität. Aus dem beobachteten »immer wenn, dann auch« macht man unterderhand ein »deswegen-weil«. Doch genau diese Transformation der Ergebnisse stimmt nicht mehr. Daß bei einer bestimmten Krankheit bestimmte Viren anwesend sind, sei unbestritten, aber über den daraus abgeleiteten Glauben, diese Viren seien die Ursachen der Krankheit, werden spätere Generationen genauso herzhaft lachen wie wir über die Scheibentheorie der Erde. Es ist also doch nicht so leicht, unsere Behauptung, es gäbe keine Beeinflussung durch die Umwelt, zu widerlegen.

Das Resonanzgesetz

Wir alle kennen aus der Physik den Begriff der Resonanz (lateinisch: resonare = zurückklingen). Eine Stimmgabel schwingt bei einem Ton nur dann mit, wenn der Ton ihrer Eigenfrequenz entspricht. Ist dies nicht der Fall, dann ist der Ton für die Stimmgabel gar nicht vorhanden, denn sie kann ihn nicht wahrnehmen. Ein Radioempfänger, der auf Mittelwelle abgestimmt ist, wird auf Grund seiner Resonanz nur Mittelwelle empfangen. UKW und Langwelle kann er nicht kennenlernen, sie gehören deshalb auch nicht zu seinem »Weltbild«. Ebenso braucht der Mensch für jede Wahrnehmung in sich selbst eine Entsprechung, die in der Lage ist, »mitzuschwingen« und ihm durch diese Resonanz erst die Wahrnehmung ermöglicht. Goethe formuliert dies in dem Satz: »Wär nicht das Auge sonnenhaft, die Sonne könnt es nie erblicken; läg nicht in uns des Gottes eigene Kraft, wie könnt uns Göttliches entzücken?«

Diese Formulierung Goethes verläßt bereits die rein physikalische Ebene der Resonanzfähigkeit und überträgt damit das Gesetz der Resonanz analog auf das Gebiet, welches uns hier interessiert. Jeder Mensch kann immer nur jene Bereiche der Wirklichkeit wahrnehmen, für die er eine Resonanzfähigkeit besitzt. Dies gilt nicht nur für den Bereich der rein sinnlichen Wahrnehmung, sondern für die gesamte Erfassung der Wirklichkeit. Da alles, was außerhalb der eigenen Resonanzfähigkeit liegt, nicht wahrgenommen werden kann, existiert es auch für den betreffenden Menschen nicht. Deshalb glaubt jeder Mensch, daß er die Gesamtheit der Wirklichkeit kennt und es außerhalb dessen nichts mehr gebe. Wenn jemand ein Buch liest, glaubt er, das Buch ganz zu verstehen, obwohl er nur jeweils von dem Gelesenen das aufnehmen kann, was sich mit seinem derzeitigen Bewußtseinsstand in Einklang befindet. Daß dies so ist, erkennt man am besten, wenn man bestimmte Bücher nach Jahren noch einmal liest. Das Bewußtsein hat sich in diesen Jahren erweitert, weshalb man nun das Buch »noch besser« versteht.

All die geschilderten Zusammenhänge sind wohl jedem einigermaßen geläufig und einsichtig und sollen deshalb auch nur zur Verdeutlichung des Prinzips dienen, das wir nun ebenfalls auf das Schicksal im Allgemeinen anwenden wollen. Man kann immer nur mit den Ideen, Menschen und Situationen in Berührung kommen, für die wir eine Eigenresonanz oder, wie wir es in Zukunft nennen wollen, eine Affinität mitbringen. Ohne die entsprechende Affinität kann es niemals zu einer Manifestation kommen. Gerät jemand in einen Streit oder in eine Schlägerei, so geschieht dies niemals zufällig, sondern immer nur auf Grund der eigenen Affinität zu einem solchen Erlebnis. Die Schuld für die etwaigen Folgen einer solchen Schlägerei trägt demnach auch der, der von sich annimmt, daß er ganz unschuldig in diese Rauferei verwickelt worden sei. Ohne die entsprechende Affinität hätte er aber gar nicht verwickelt werden können. Wird jemand auf der Straße angefahren, so ändert auch die rein rechtliche und funktionale Schuld des anderen nichts an der Tatsache, daß der Angefahrene für dieses Erlebnis reif war, sonst hätte dieses Ereignis nicht in seinen Erfahrungsbereich treten können.

Die Umwelt als Spiegel

Ich weiß, daß diese Betrachtung anfänglich sehr ungewohnt ist, doch sollte die Gewohnheit einer Aussage nicht unbedingt als Kriterium für Richtigkeit angesehen werden. Die sogenannte Umwelt ist in Wirklichkeit ein Spiegel, in dem jeder Mensch lediglich sich selbst erlebt. Er kann niemals etwas anderes als sich selbst erblicken, weil er aus der wahren, objektiven, für alle Menschen gleichen Gesamtwirklichkeit nur jenes herausfiltert, für was er selbst eine Affinität hat. Wer sich dieser Tatsache nicht bewußt ist, verfällt zwangsläufig in irrtümliche Verhaltensweisen.

Wenn ich am Morgen in den Spiegel schaue und in diesem Spiegel ein Gesicht erblicke, das mich unfreundlich anblickt, so kann ich dieses Gesicht wegen seiner Unfreundlichkeit kräftig beschimpfen. Davon läßt sich das Gesicht im Spiegel jedoch keinesfalls beeindrucken, sondern schimpft vielmehr kräftig mit. Auf diese Weise ist es eine Leichtigkeit, sich weiterhin gegenseitig zu eskalieren, bis ich schließlich in das verbissene Gesicht schlage und den Spiegel zertrümmere. Mit dem Badezimmerspiegel wird jedoch niemand dieses Spiel treiben, weil wir uns seiner Spiegelfunktion bewußt sind. Doch fast alle Menschen zelebrieren im täglichen Leben den beschriebenen Vorgang mit Verbissenheit. Sie kämpfen gegen ihre Feinde in der Umwelt, gegen die bösen Nachbarn und Verwandten, gegen die Ungerechtigkeiten ihrer Vorgesetzten, gegen die Gesellschaft und vieles mehr.

Alle kämpfen in Wirklichkeit nur gegen sich selbst. Deshalb gibt es auch überall nur Verlierer, keine Gewinner, denn gegen wen sollte man bei einer Spiegelfechterei gewinnen? Das Gesetz der Resonanz und der Spiegelung gilt natürlich im Positiven wie im Negativen.

Wenn wir bei unseren Betrachtungen fast ausschließlich negative Beispiele zitieren, so deshalb, weil das Leiden des Menschen aus diesen Bereichen erwächst. Mit den positiven Seiten des Schicksals werden die meisten ohnehin recht gut fertig. Wird sich der Mensch der Spiegelfunktion seiner Umwelt bewußt, so erwächst ihm hieraus eine ungeahnte Informationsquelle. Auch wenn man im Spiegel immer nur sich selbst sehen kann, so benutzen wir doch einen Spiegel deshalb, weil er uns Teile von uns selbst zeigen kann, deren Anblick für uns ohne dieses Hilfsmittel unmöglich wäre.

So ist auch die Beobachtung der eigenen Umwelt und der Ereignisse, mit denen man konfrontiert wird, eine der besten Methoden zur Selbsterkenntnis, denn alles, was in der Außenwelt stört, zeigt lediglich an, daß man selbst mit dem analogen Prinzip in sich selbst noch nicht ausgesöhnt ist. Dies will der Mensch ungern wahrhaben. Doch die Tatsache, daß sich jemand über den Geiz eines anderen aufregt, zeigt mit Gewißheit an, daß er selbst geizig ist. Sonst könnte es ihn doch nicht stören. Wenn er selbst großzügig ist, was kümmert ihn dann der Geiz anderer? Er könnte ihn als Tatsache hinnehmen, ohne sich darüber aufzuregen und sich gestört zu fühlen.

Bei nüchterner Betrachtung sind alle Dinge so, wie sie sind. Gras ist eben grün – natürlich wäre es denkbar, daß es rot wäre, aber es ist eben grün, und dies wird schon seinen Sinn haben. Über das Grün des Grases regt sich auch niemand auf, da es keine Problematik im Menschen anspricht. Daß es in der Welt Krieg gibt, ist ebenso wie das Grün der Wiese eine Tatsache. Doch darüber erregen sich bereits die Gemüter; und so beginnt man, für den Frieden zu kämpfen. Für alles »kämpft« man: für Frieden, Gerechtigkeit, Gesundheit, Menschlichkeit.

Doch wäre es viel einfacher und erfolgreicher, den Frieden in sich selbst herzustellen. Hier liegt wieder einer der mächtigsten Schlüssel für den, der ihn anzuwenden weiß. Jeder Mensch ist in der Lage, die gesamte Welt nach seiner Vorstellung zu verändern und zu gestalten, ganz ohne Kampf und äußere Macht. Der Mensch braucht nur sich selbst zu ändern, und siehe, die ganze

Welt verändert sich mit ihm. Wenn ich im Spiegel das unfreundliche Gesicht sehe, brauche ich nur zu lächeln – und es wird zurücklächeln, mit Sicherheit! Alle wollen immer die Welt verändern, doch keiner wendet die Mittel an, die allein zum Erfolg führen. Wer seine Affinität ändert, empfängt ein neues Programm, sieht eine andere Welt.

Jeder Mensch lebt in seiner »Welt«. Von diesen Welten gibt es genauso viele, wie es Menschen gibt. All diese Welten sind nur Ausschnitte, Aspekte der wirklichen Welt, die ehernen Gesetzen folgt und sich nicht von den Veränderungsrufen der Menschen beeindrucken läßt. Die Außenwelt ist die zuverlässigste Informationsquelle über die eigene Situation, in der man sich gerade befindet. Wenn der Mensch lernt, alles, was ihm geschieht, nach seiner Sinnhaftigkeit zu hinterfragen, so wird er nicht nur sich und seine Probleme immer besser kennenlernen, sondern auch die Möglichkeiten für Veränderungen entdecken.

Bei allem, was dem Menschen widerfährt, sollte er sich sofort fragen: »Warum geschieht gerade mir, gerade jetzt, gerade dies?« Solange man diese Fragestellung nicht gewohnt ist, mag auch das Auffinden der Antwort schwierig erscheinen. Doch auch hier macht Übung den Meister, und schon bald lernt man, die Sinnhaftigkeit der Ereignisse zu erkennen und zu sich selbst in Beziehung zu setzen.

Es gibt in der Psychopathologie den Begriff des »sensitiven Beziehungswahns«, der die Eigenart der meist an Schizophrenie erkrankten Menschen beschreibt, alles Geschehen der Welt wahnhaft auf die eigene Person zu beziehen. Zu diesem krankhaften Pol des sensitiven Beziehungswahns gibt es jedoch einen positiven Pol, den wir das »sensitive Beziehungsdenken« nennen wollen. Alles, was geschieht, hat für den Erlebenden eine Bedeutung.

Je bewußter der Mensch wird, um so mehr lernt er die Dinge einzuordnen, nach ihrer Information zu hinterfragen. So bleibt die wichtigste Forderung, mit allem, was ist, in Harmonie zu gehen. Gelingt dies einmal nicht, so suche man in sich selbst den Grund. Der Mensch ist der Mikrokosmos und daher ein genaues Abbild des Makrokosmos. Alles, was ich außen wahrnehme, finde ich auch in mir.

Bin ich in mir mit den verschiedenen Bereichen der Wirklichkeit in Harmonie, so können mich auch deren Repräsentanten in der Außenwelt nicht stören. Geschieht etwas für mich Unangenehmes, so ist dies lediglich eine Aufforderung, mich auch noch diesem Bereich in meinem Inneren zuzuwenden.

All die bösen Menschen und die unliebsamen Ereignisse sind in Wirklichkeit nur Boten, sind Medien, das Unsichtbare sichtbar zu machen. Wer dies begreift und bereit ist, die Verantwortung für sein Schicksal selbst zu übernehmen, verliert alle Angst vor dem bedrohenden Zufall.

Die Hauptbeschäftigung unserer Zeit ist die Vorsorge und Absicherung gegen die Eventualitäten des Schicksals. Von der Versicherung bis zum Sozialismus reichen die Absicherungssysteme, die nur ein Ziel haben: durch äußere Maßnahmen Eingriffe des Schicksals zu verhindern oder zu verändern. Hinter all diesen Bestrebungen steht die Angst. Doch erst wenn der Mensch bereit ist, sich selbstverantwortlich dem Schicksal zu stellen, verliert er die Angst. Man kann nicht versehentlich ermordet werden, nicht versehentlich reich werden.

Beides kann sich nur dann manifestieren, wenn man dazu reif ist und die entsprechende Affinität besitzt. Die Menschen streben nach Reichtum und versäumen dabei, sich für den Reichtum reif zu machen. Die esoterisch Interessierten suchen in aller Welt nach dem richtigen Guru und den besten Systemen und vergessen, daß der Guru von selbst zu dem kommt, der dazu reif ist.

Es genügt, daß man etwas wirklich braucht, und man wird es bekommen. Im Kleinen werden viele dieses Gesetz schon häufig erlebt haben. Irgendwann im Leben wird man plötzlich mit irgendeinem Thema konfrontiert, dessen Existenz man bisher gar nicht beachtete, ja kaum vermutete. So lernt man beispielsweise einen Spezialisten über das »Liebesleben der Ameisen« kennen. Man wundert sich noch darüber, daß es überhaupt einen Menschen gibt, der sich für ein so ausgefallenes Thema interessiert, da bekommt man von anderer Seite »zufällig« ein Buch über genau dieses Thema geschenkt. In einer Illustrierten liest man ebenfalls über dieses Thema und stellt beim nächsten Besuch fest, daß ein guter Bekannter, den man schon Jahre kennt, sich ebenfalls mit diesem Thema beschäftigt – aber früher noch nie darüber sprach.

Hinter dieser »Zufallskette«, die die meisten schon einmal in irgendeiner Form erlebten, steckt nichts anderes als das Affinitäts- oder Resonanzgesetz. Auf diese Weise bekommt man mit Sicherheit jedes Buch, jede Information, jeden Kontakt, den man braucht – wenn man ihn wirklich braucht und reif für diese Begegnung ist. Ohne diese notwendige Reife nützt alles Suchen und Streben im Außenraum nichts.

Wer sich selbst verändert, ändert die Welt. Es gibt in dieser Welt nichts zu verbessern, aber sehr viel an sich selbst. Der esoterische Weg ist ein Weg der steten Wandlung, der Veredelung von Blei zu Gold. Der Weise ist mit allen Bereichen des Seins in Harmonie und lebt deshalb in der besten aller möglichen Welten. Er sieht die Wirklichkeit und erkennt, daß alles, was ist, gut ist. Er sucht nicht mehr nach dem Glück, er hat es gefunden – in sich selbst.

IV.
Astrologie –
ein Abbildungssystem
der Wirklichkeit

Wie an dem Tag, der dich der Welt verliehen,
Die Sonne stand zum Gruße der Planeten,
Bist alsobald und fort und fort gediehen
Nach dem Gesetz, wonach du angetreten.
So mußt du sein, du kannst dir nicht entfliehen,
So sagten schon Sybillen, so Propheten,
Und keine Zeit und keine Macht zerstückelt
Geprägte Form, die lebend sich entwickelt.
J. W. v. GOETHE, ORPHISCHE URWORTE

Wenn wir uns jetzt etwas ausführlicher über die Astrologie unterhalten, so hat dies mehrere Gründe:

1. Die Astrologie ist die in der Öffentlichkeit bekannteste esoterische Disziplin. Die Diskussionen zwischen Anhängern und Gegnern der Astrologie flammen immer wieder mit neuer Leidenschaft auf.
2. Die meisten Vorstellungen der Laien über Astrologie sind grundfalsch, was einem Verständnis bei Anhängern wie bei Gegnern im Wege steht.
3. Dem Zeitgeist folgend, versuchten immer mehr Astrologen, die Astrologie von ihrem esoterischen Ursprung loszulösen und dem funktionalen Denkstil der Wissenschaft schrittweise anzupassen. Man hoffte, durch dieses Verhalten von der offiziellen Wissenschaft anerkannt zu werden. Durch diesen Prozeß wurde die ursprüngliche Astrologie zu einer reinen Technik degradiert.
4. Die ursprüngliche Astrologie ist in ihrer inneren Struktur und Denkweise typisch für eine esoterische Disziplin. Wir behandeln sie deshalb stellvertretend für alle anderen mantischen Techniken. Anhand der Philosophie, die der Astrologie zugrunde liegt, wollen wir die weiteren Überlegungen zum Thema Schicksal und Krankheit entwickeln.

Bevor wir nun zum Verständnis unseres Themas einige abstrakte Überlegungen anstellen, bitte ich den Leser, die Lösung der folgenden beiden Aufgaben zu versuchen:

Suchen Sie die jeweilige Gemeinsamkeit (den Oberbegriff) folgender Begriffe:

a) Hund, Star, Ameise, Krokodil, Bär, Elefant, Fo-
relle.

Lösung: . . .

b) Blei, Steinbock, Zähne, Efeu, Klosterzelle, schwarz,
Bergarbeiter.

Lösung: . . .

Mit Sicherheit bereitet die Lösung der Aufgabe a keinerlei Schwierigkeiten. Denn der Oberbegriff »Tier« ist
auf Anhieb jedem erkennbar. Wesentlich mehr Probleme wird Aufgabe b bereiten, da die aufgeführten Begriffe sehr unhomogen erscheinen. Sinn und Aufklä-
rung dieser beiden Fragen werden sich nun im
Folgenden schrittweise ergeben.

Wenn der Mensch der Vielfalt der Erscheinungsformen gegenübersteht, hat er das Bedürfnis, diese Vielfalt
zu ordnen. Alle Philosophien und Wissenschaften entsprechen diesem fundamentalen menschlichen Wunsch.
Doch beschritt man schon immer zwei grundsätzlich
verschiedene Wege, die anfänglich unüberschaubare
Vielfalt zu ordnen:

1. indem man für verschiedene Individualitäten mit
   charakteristischen Gemeinsamkeiten Oberbegriffe
   schafft (zum Beispiel Pflanzen, Tiere, Steine). So entsteht eine Einteilung der Wirklichkeit in Ebenen
   (Tierreich, Pflanzenreich, Mineralreich usw.);

2. man sucht nach Einheiten, aus denen die Vielfalt
   durch verschiedene Mischungsverhältnisse zusammengesetzt ist. Sowohl die Elementenlehre als auch
   das Atommodell der vorsokratischen Philosophen
   bauen auf diesem Denkmodell auf. Das eindrucks-

vollste neuzeitliche Dokument dieser Ordnung ist das periodische System der Elemente. Ein solches System ermöglicht es, die Vielfalt der Erscheinungsformen auf wenige Urqualitäten zu reduzieren. Die verschiedenen Zusammensetzungen und Mischungsverhältnisse ergeben die vielfältige Wirklichkeit, deren Struktur nun besser verstehbar wird.

Urprinzipien der Wirklichkeit

Dieses zweite Verfahren, das im Beispiel des periodischen Systems lediglich für die Ebene der Materie gültig ist, wollen wir nun auf die Gesamtwirklichkeit übertragen. Dabei gehen wir wieder von der Überlegung aus, daß der Vielfalt lediglich eine beschränkte Zahl von Einheiten zugrunde liegt. Da mit unserem System aber die Gesamtwirklichkeit erfaßt werden soll, müssen wir Einheiten suchen, die in allen Ebenen – gleichgültig ob im Tierreich, Pflanzenreich, auf der materiellen oder auf der psychischen Ebene – Gültigkeit haben. Wir sprachen bereits im Anfangskapitel darüber, daß die Materie immer Information braucht, um gestaltet zu werden. Somit ist die Idee das ursprünglichere und wirklichere.

Leider hat sich in unserem materialistischen Zeitalter die gegenteilige Anschauung durchgesetzt. So meint man, daß zuerst der Stein da ist und daraufhin der Mensch bei der Betrachtung des Steines Wort und Idee des Steines entwickelt hat. In Wirklichkeit ist es aber genau umgekehrt. Ohne die Idee des Steines kann sich niemals ein konkreter Stein manifestieren. Idee und Sprache sind immer viel früher vorhanden als ihre materiellen Repräsentanten (»Am Anfang war das Wort . . .«).

Will ein Maler ein Bild malen, braucht er zuerst eine Idee, erst dann kann er diese Idee materiell verwirklichen. Nicht das Bild schafft die Idee, sondern die Idee verdichtet sich zum Bild. Wollen wir also ein »periodisches System der Wirklichkeit« entwerfen, so müßten unsere hypothetischen Einheiten archetypische Ideen sein.

Solche Urbilder als Urbausteine der Wirklichkeit muß es geben, aber der Zugang zur reinen Ideenwelt ist für Menschen sehr schwierig, weshalb wir vorläufig rein hypothetisch Einheiten formulieren und diese mit abstrakten Symbolen kennzeichnen. Welche Symbole wir wählen, ist vorläufig gleichgültig. Möglich und unserer Zeit entsprechend wäre beispielsweise x, y, z und so weiter. Somit steht x für eine bestimmte Uridee im Bereich der Ideenwelt. Da diese Ideenwelt aber das Urbild unserer sichtbaren und wahrnehmbaren Wirklichkeit ist, muß sich die Uridee x auch in der manifestierten Welt vorfinden lassen.

Noch genauer heißt dies, daß zu unserer Uridee x in jeder Ebene der Wirklichkeit ein bestimmter Repräsentant von x gefunden werden kann. Wir werden also sowohl im Tierreich als auch bei den Pflanzen, im Mineralreich wie auf der Ebene des Menschen etwas Konkretes finden, das auf dieser Ebene der Wirklichkeit die Uridee x repräsentiert. Läßt sich das x nicht auf jeder beliebigen Ebene entdecken, so würde unser x nicht den Titel »Uridee« verdienen. Diese Überlegung führt uns zu einer Matrix, bestehend aus den verschiedenen Ebenen, die senkrecht durchzogen werden von den bestimmten Urideen oder Urprinzipien:

Urprinzip Idee	x	y
Definition des Prinzips	Struktur, Hemmung Widerstand, Zeit	Energie, Impuls
Himmel	(?)	(?)
Mineral	Blei, Kalk	Eisen
Pflanze	Efeu, Distel Stechpalme, Zinnkraut	Brennessel
Tier	Rabe, Steinbock	Raubtiere, Nagetiere
Körper	Skelett, Zähne	Muskeln arterielles Blut
Krankheiten	Degenerationskrankh. Verkalkung, Steinbildung	Entzündungen Verletzungen
Ort	Gefängnis, Kloster Altersheim, Friedhof	Schmiede Schlachtfeld
Gegend	Gebirge kalte Wüste	vulkanische Gegend
Sozial	Bergarbeiter alte Menschen	Soldat
Farbe	schwarz, dunkelblau	rot

In dieser Matrix finden wir bereits einige Repräsentanten von x und y auf verschiedenen Ebenen der Wirklichkeit, deren Sinnhaftigkeit oder Berechtigung jetzt wohl noch nicht nachvollziehbar ist. Es genügt, die Zuordnungen vorläufig hinzunehmen, weil deren Richtigkeit momentan noch nicht Gegenstand unserer Betrachtung ist.

Vielmehr soll klarwerden, daß ein Urprinzip *senkrecht* alle Ebenen der Erscheinungsformen durchzieht. Die Anzahl der Ebenen ist hierbei unbegrenzt; die aufgeführten Ebenen sind ein winziger Ausschnitt und können durch beliebige Ebenen erweitert werden (zum Beispiel Gemüsesorten, Brauereiaktien, Musikinstrumente, Baustile und so weiter). Mancher wird unter x die Begriffe der eingangs gestellten Frage b wiederentdeckt haben. Hier wird nun bereits verständlich, worin sich Aufgabe a und Aufgabe b voneinander unterschieden:

Aufgabe a enthielt verschiedene Begriffe einer einzigen Ebene, nämlich des Tierreiches. Dies zu erkennen, sind wir alle geschult. Aufgabe b hingegen enthielt Begriffe einer senkrechten Prinzipienkette, deren Gemeinsamkeit in jenem bisher undefinierten Urprinzip liegt, das wir vorläufig x nennen. Am konkreten Versuch, Aufgabe b zu lösen, sollten wir erkennen, daß wir nicht gewohnt sind, senkrecht zu denken, und deshalb keine Gemeinsamkeit entdecken, obwohl diese vorhanden ist, wie nun langsam klarer werden wird.

Wichtig ist zu begreifen, daß es sowohl eine waagerechte Einteilung der Wirklichkeit in Ebenen als auch eine senkrechte Einteilung in Prinzipienketten gibt. Erstere wird fast ausschließlich in der Wissenschaft benutzt, letztere mit fast gleicher Ausschließlichkeit in der

Esoterik. Denn der Grundsatz »Wie oben, so unten« führt zwangsläufig zu einem senkrechten Denken. So unterscheiden sich das wissenschaftliche und das esoterische Denksystem äußerlich bereits um genau neunzig Grad, weshalb uns das sattsam bekannte »Aneinandervorbeireden« beider Parteien nicht weiter verwundern muß.

Die skizzierte Matrix läßt noch weitere Schlußfolgerungen zu. Zum Beispiel: Sollte sich aus irgendwelchen Gründen eine Uridee an sich ändern, so müßte diese Veränderung gleichzeitig an allen ihren Repräsentanten auf sämtlichen Ebenen der Wirklichkeit sichtbar werden. Ebenso müßte sich jede Interaktion und gegenseitige Beeinflussung der Urprinzipien auf allen Ebenen der sichtbaren Welt analog auswirken. Dieser notwendige Zusammenhang müßte es aber auch möglich machen, umgekehrt von der Beobachtung der Repräsentanten auf einer beliebigen konkreten Ebene Rückschlüsse auf die uns sonst unzugänglichen Urideen zu ziehen.

Noch konkreter heißt dies: Jedem Urprinzip muß auf der Ebene der Tierwelt eine bestimmtes Tier entsprechen. Ist mir diese Entsprechung bekannt, so kann ich von jedem Prinzip ein Tier nehmen und diese zusammen in einem Zoo vereinigen. Aus der Beobachtung, wie sich diese Tiere gegenseitig verhalten, müßte man Rückschlüsse sowohl auf die Ebene der Urprinzipien als auch auf alle anderen konkreten Ebenen machen können, das heißt, man schließt in der Analogie aus der Beobachtung einer Ebene auf eine andere Ebene.

Voraussetzung für ein solches Vorgehen ist die genaue Kenntnis der senkrechten Entsprechungen und die Fähigkeit, konkrete Beobachtungen auf einer Ebene auf die Verhältnisse einer anderen Ebene analog zu übersetzen. So könnte man rein theoretisch von der Beobachtung der Tiere auf Pflanzen, die sozialen Parallelen der Menschen oder das Verhalten der Brauereiaktien schließen. Ein solches Denken nennt man Analogieschluß, es hat mit Kausalität nicht das geringste zu tun.

In ein banales Beispiel umgesetzt, würde das etwa bedeuten: Wenn ich aus Erfahrung weiß, daß ich jeden Sonntag in die Kirche gehen muß und daß es jeden Sonntag zum Mittagessen Schweinebraten gibt, so kann ich aus der Tatsache, daß ich heute zur Kirche gehen muß, schließen, daß es heute Schweinebraten gibt. Dieser Schluß führt zu richtigen Ergebnissen, obwohl das »in die Kirche gehen« nicht das geringste mit dem »Mittagessen« zu tun hat und zwischen beiden keinerlei Kausalzusammenhang besteht. Die Richtigkeit des gezogenen Schlusses liegt vielmehr an einem dritten gemeinsamen Punkt, nämlich daß beide Ereignisse an den Sonntag gebunden sind. Dieser dritte gemeinsame Punkt kann aber bei dem Schluß selbst völlig außer acht gelassen werden.

Kehren wir zu unserer »Wirklichkeitsmatrix« zurück. Grundsätzlich ist es völlig gleichgültig, welche Ebene ich als Ausgangsbasis für eine Beobachtung benutze und auf welche Ebenen ich die Analogieschlüsse beziehe. In der Praxis aber eignen sich nicht alle Ebenen gleich gut. So würde ich jedem von dem als Beispiel skizzierten »Urprinzipienzoo« für den täglichen Gebrauch abraten. Dennoch werden wir später sehen, daß in der Geschichte kaum eine Ebene für diese Zwecke unversucht blieb.

Auf der Suche nach einer idealen Beobachtungsebene

bot sich jedoch der Sternenhimmel als besonders ergiebig an. Die Ebene des Himmels vermischt sich nicht mit anderen, und das mathematisch faßbare Verhalten der Himmelskörper macht eine Interpolation für Vergangenheit und für Zukunft möglich, ohne daß wir auf eine ständige Beobachtung angewiesen sind. Da der Himmel mit seinen Körpern genauso eine Wirklichkeitsebene wie jede andere ist, mußten auch in ihr Repräsentanten für alle Urprinzipien zu finden sein.

Deshalb gab man den einzelnen Himmelskörpern die Namen der einzelnen Prinzipien, welche sie jeweils am Himmel vertreten.

So müssen wir uns endlich den Namen für diese Urprinzipien zuwenden, denn in der Geschichte der Menschheit wurden diese nicht mit x, y, z bezeichnet, wie wir dies vorläufig taten. Vielmehr nahm man andere Zeichen als Symbole, die nicht beliebig gewählt wurden, sondern bereits lesbare Hieroglyphen der Prinzipien waren.

Wir erinnern uns an die eingangs behandelte Behauptung, daß alles, was die Natur hervorbringt, aus der Dreiheit Körper, Seele und Geist besteht.

Für den Geist setzte man in alten Zeiten das Symbol des Kreises, der die Einheit und Vollkommenheit des Geistprinzips versinnbildlichen sollte. Für die Seele den Halbkreis beziehungsweise eine Schale, welche die Empfänglichkeit, Aufnahmefähigkeit und Beeindruckbarkeit des seelischen Prinzips darstellen sollte, und schließlich für den Körper das Symbol des Kreuzes, das analog zur Zahl 4 das Wesen der Materie repräsentierte. Aus diesen 3 Grundsymbolen ○ ◡ + bildete man durch Zusammensetzung die Symbolbezeichnungen der einzelnen Urprinzipien.

Bestimmte Überlegungen veranlaßten die Weisen des Altertums, 7 Urprinzipien anzunehmen. Es würde jedoch den Gedankengang sprengen, wollten wir die Berechtigung der 7 hier ableiten. Es sei lediglich daran erinnert, daß auch der Regenbogen 7 Farben hat, eine Woche 7 Tage, das Vaterunser 7 Bitten und so weiter. So kannte man im Altertum auch 7 Himmelskörper; zwar haben sie sich in unserer Zeit um 3 weitere Planeten auf 10 erweitert, doch setzt dies noch nicht die klassische 7 außer Kraft.

So wurde die Sonne Repräsentant des Geistprinzips und erhielt das Symbol eines Kreises mit einem Zentrum: ☉. Der Mond repräsentiert das Seelische und Empfängliche: ☽. Das Kreuz(+)als Symbol der Materie kommt alleine nicht vor, da Materie ohne eine der beiden anderen Prinzipien nicht lebensfähig ist. Das Symbol des Merkur ☿ zeigt uns, daß alle drei Prinzipien im harmonischen Ausgleich vereinigt sind. Das Marssymbol ♂ (dies ist die ursprüngliche Schreibweise, wegen der Verwechslungsgefahr wird heute meist das Kreuz durch einen Pfeil ersetzt:♂) zeigt uns, wie die Materie über den Geist dominiert, aber der Geist die Materie von unten in Bewegung setzt. Dazu als Gegenpol die Venus ♀, bei der eindeutig der Geist über der Materie dominiert. Beim Jupiterprinzip ♃ dominiert das Seelische über das Materielle, aber das Saturnprinzip ♄ zeigt deutlich, wie die Materie auf der Seele lastet.

Somit wissen wir, daß man in alten Zeiten die 7 Urprinzipien mit Sonne, Mond, Merkur, Mars, Venus, Jupiter und Saturn bezeichnete. Diesen 7 Urprinzipien ordnete man jeweils einen Himmelskörper zu, der den gleichen Namen bekam; außerdem wurden sie personifiziert und als Gottheiten bezeichnet. Wir müssen demnach unsere Matrix wie folgt ergänzen:

Urprinzip Idee	(x) ♄	(y) ♂
Definition des Prinzips	Struktur, Hemmung Widerstand, Zeit	Energie, Impuls
Himmel	Saturn	Mars

Die Gestirne als Repräsentanten

Jenes System, das die 7 Urprinzipien lehrt und deren Auswirkung auf die verschiedenen Ebenen der Wirklichkeit untersucht, heißt Astrologie. Wenn die Astrologie vom Saturn spricht, meint sie in Wirklichkeit das Urprinzip Saturn. Erst bei der rein praktischen Arbeit benützt die Astrologie zur Beobachtung dessen Repräsentanten, den Himmelskörper Saturn. Die Astrologie ist und bleibt die Lehre von den Urprinzipien, nicht von den Sternen. Die Planeten sind eine praktikable, jedoch ersetzbare Ebene. Wer Astrologie wirklich kann, braucht mit der Zeit diese Ebene kaum noch, weil er gelernt hat, die Prinzipien in allen Ebenen zu erkennen.

Es sollten sich nun die meisten Mißverständnisse und Irrtümer über die Astrologie ausräumen lassen. So streiten die Gegner der Astrologie meist die Möglichkeit eines konkreten Einflusses der Gestirne auf die Menschen ab. Es wird nun klar, daß dieser Vorwurf die

Astrologie gar nicht trifft, da sie selbst ebenfalls Einflüsse der Gestirne auf die Menschen nicht annimmt.

Doch die Verwirrung kommt dadurch zustande, daß es wohl immer noch Astrologen gibt, die selbst an einen solchen Einfluß glauben. Manche von ihnen halten sich sogar für besonders fortschrittlich und wissenschaftlich und berufen sich auf Forschungsergebnisse, die Korrelationen zwischen Gestirnstandsveränderungen, Sonnenfleckeneruptionen und den elektromagnetischen Feldern einer lebenden Zelle konstatieren. Diese Korrelation bezweifelt niemand. Doch sagt sie gar nichts über eine Einwirkung der kosmischen Faktoren auf die irdischen Zellen aus. Sie bestätigen lediglich das beschriebene Phänomen der analogen Verhaltensweise der verschiedenen Ebenen. Korrelieren kann man alles, aber Kausalwirkungen sind dadurch noch lange nicht bewiesen.

Man lasse sich nicht durch solche Forschungsergebnisse die Meinung aufzwingen, Astrologie untersuche die Einflüsse der Himmelskörper auf unser Leben. Jeder Astrologe macht Horoskope auf Staatsgründungen, Vertragsabschlüsse, Grundsteinlegungen und so weiter. Was soll in einem solchen Fall das gescheite Gerede über die elektromagnetischen Einflüsse auf unsere Zellen? Jeder Astrologe rechnet in der Mehrzahl aller Horoskope mit Gestirnstandspositionen, die realiter zu der Zeit, auf die ihre Deutung bezogen ist, gar nicht am Himmel stehen (Transite, Direktionen, Solare und so weiter).

Fassen wir zusammen:
1. Die Astrologie beschäftigt sich mit den archetypischen Urprinzipien, die auf der Ebene der Ideen die

Urbausteine darstellen, aus denen die Wirklichkeit in allen ihren Erscheinungsformen zusammengesetzt ist.

2. Diese Urprinzipien durchziehen senkrecht alle Ebenen der Erscheinungsformen. So entstehen Analogieketten, deren einzelne Glieder zwar verschiedenen Ebenen angehören, aber alle ein gemeinsames Prinzip repräsentieren.

3. Die Beobachtung einer beliebigen Ebene läßt sich mit Hilfe der Analogie auf jede andere Ebene übertragen. Die Bezugsebene der Astrologie ist der Himmel.

4. Die Urprinzipien der Astrologie heißen Sonne, Mond, Merkur, Mars, Venus, Jupiter und Saturn. Die Himmelskörper gleichen Namens sind lediglich die Repräsentanten dieser Prinzipien.
   In neuerer Zeit arbeitet man noch mit drei weiteren Prinzipien, nämlich Neptun, Uranus und Pluto.

5. Es gibt keine kausalen Wirkzusammenhänge zwischen den Gestirnen und den verschiedenen Ebenen der Wirklichkeit.

6. Die Astrologie ist somit ein Meßinstrument der Wirklichkeit, das mit beliebiger Genauigkeit etwas anzeigt, ohne es zu erzeugen. Auch ein Thermometer mißt Temperatur, ohne Temperatur zu erzeugen.

7. Astrologie denkt grundsätzlich senkrecht, gemäß des esoterischen Axioms: wie oben, so unten.

Dieses senkrechte Denken ist typisch für alle esoterischen Systeme und auch der Hauptgrund, warum dieses Denken dem Außenstehenden so unsinnig erscheint. Außerhalb der Esoterik kennt man ausschließlich horizontale Denksysteme. Doch erst mit den vertikalen Analogieketten werden schlagartig viele sonst unbegreifbare Zusammenhänge verständlich. Dazu einige Beispiele:

Es ist eine beliebte Spielerei der Innenarchitekten, Wohnräume ganz in schwarz, kombiniert mit Chrom, zu gestalten. Man blättere einige Wohnjournale durch und betrachte solche Vorschläge. Dabei wird man ohne Ausnahme feststellen, daß in allen diesen Räumen als Pflanze eine Stechpalme gewählt wurde. Der Grund liegt natürlich in dem sicheren stilistischen Instinkt der Innenarchitekten. Unbewußt folgen sie damit jedoch der Symbolkette des Saturnprinzips. Ein schwarzer Raum verkörpert das Prinzip des Saturn, für den nur eine Pflanze, die ebenfalls dieses Prinzip vertritt, als passend empfunden wird.

Für den Außenstehenden noch deutlicher mögen bestimmte Sprachgewohnheiten sein. So gebraucht man in der Umgangssprache auch statt des Wortes »Glück« das Wort »Schwein«: Jemand hat Schwein gehabt. Ohne Wissen um die senkrechte Analogiekette wird die Erklärung für diese Ausdrucksweise schwerfallen. Für den astrologisch Geschulten ist jedoch der Zusammenhang klar. Das Schwein repräsentiert auf der Tierebene das Prinzip des Jupiters, das allgemein auch als das »große Glück« bezeichnet wird, weil es das Prinzip der Fülle und der Expansion ist. Man ersetzt den Begriff Glück durch einen Begriff aus der gleichen senkrechten Kette.

Ähnlich steht es um die Redensart: »Er hat einen Vogel.« Der Vogel stammt aus der Symbolkette des Uranusprinzips, das jede Unterbrechung der Kontinuität und somit jedes »aus der Reihe tanzen«, »die Norm verlassen«, »spinnen« repräsentiert.

Als letztes einfaches Beispiel sei noch auf den Aberglauben verwiesen, dreimal auf Holz zu klopfen, um sich des Glücks zu versichern. Das Holz steht als Material wieder unter dem Jupiterprinzip. So versucht man durch die dreimalige Berührung des Holzes sich über diesen materiellen Repräsentanten mit dem Glücksprinzip in Verbindung zu setzen.

Diese einfachen Hinweise mögen vorläufig genügen, um die Berechtigung und den Nutzen eines senkrechten Denksystems anzudeuten. Wir werden später noch einmal im Zusammenhang mit der astrologischen Therapie auf den praktischen Gebrauch einer solchen Matrix zurückkommen.

Die Qualität der Zeit

Um das Meßinstrument Astrologie noch besser verstehen zu lernen, müssen wir einen weiteren, wenig geläufigen Begriff betrachten. Spricht man von Zeit, so versteht man darunter gewöhnlich ein quantitatives Maß. Man fragt, wie lange hat es gedauert, wie lange ist es her, wie viel Zeit ist vergangen? Man betrachtet ausschließlich die Quantität der Zeit. Nach dem Polaritätsgesetz muß es zum quantitativen Aspekt der Zeit (griechisch: Chrónos) noch einen Gegenpol geben, diesen nennen wir den qualitativen Aspekt (griechisch: Kairós).

Zeit besitzt nicht nur Quantität, sondern auch Qualität. Unter der Qualität der Zeit kann sich aber heute kaum jemand etwas vorstellen. In früherer Zeit war es gerade umgekehrt. Damals beobachtete man primär die Zeitqualität und vernachlässigte die Zeitquantität eher. Die Zeitqualität hat mit Dauer nichts zu tun, sondern besagt, daß jeder Zeitpunkt oder Zeitabschnitt (das kann eine Stunde, eine Sekunde oder ein Jahrzehnt sein) eine bestimmte Qualität besitzt, die nur solche Ereignisse in Erscheinung treten läßt, die dieser Qualität adäquat sind.

Anders formuliert heißt dies, daß zu einem bestimmten Zeitpunkt sich nur solche Ereignisse verwirklichen können, deren qualitative Inhalte der jeweiligen Zeitqualität entsprechen. Zeit muß demnach einer Latenz die Öffnung bieten, damit diese Latenz in die Wirklichkeit eintreten und sich manifestieren kann. Ein Flugzeug kann nicht »irgendwann einmal« abstürzen, sondern nur dann, wenn die herrschende Zeitqualität es zuläßt. Da die Zeit auch nur eine Ebene der Wirklichkeit ist, so sind Zeitqualitäten auch nichts anderes als Entsprechungen unserer Urprinzipien. So »herrscht« zu einem bestimmten Zeitpunkt ein bestimmtes Prinzip, oder besser Prinzipienmischung.

Nun wußte man in früheren Zeiten noch um ein weiteres Gesetz, das man inzwischen leider vergessen hat: »Jeder Anfang trägt das Ende in sich.« Dieses Gesetz besagt, daß im Augenblick des Beginnens einer Sache bereits der gesamte Verlauf und das Ende festgelegt sind. Wir hegen die Vorstellung, daß es möglich ist, in ein laufendes Geschehen einzugreifen und es zu beeinflussen. Doch jeder Beginn beinhaltet bereits sein Ende, so wie jedes Samenkorn die gesamte Pflanze beinhaltet, samt den neuen Samen. Es ist immer alles in allem. In dem Samen ist die Frucht, in der Frucht der Same.

Aus diesem Wissen heraus legte man in früheren Zeiten großes Gewicht darauf, ein bestimmtes Unternehmen »zur rechten Stunde« zu beginnen. Denn jedes Unternehmen entwickelt sich gemäß der Zeitqualität, unter welcher es begonnen wurde. Will man deshalb für ein bestimmtes Unternehmen einen ganz bestimmten Verlauf und ein günstiges Ende sicherstellen, so muß man zuerst für den Beginn eine entsprechende Zeitqualität suchen. In alten Zeiten gehörte es zu der Aufgabe der Priester, die Qualität der Zeit zu ermitteln. Auf eine Frage hin blickten dann die Priester »in die Stunde«, um die Qualität zu erfahren. Hiervon kommt das Wort »Horoskop«, denn horoskopieren heißt »in die Stunde blicken« (hora = die Stunde; skopein = blicken). Ein Horoskop ist demnach nichts anderes als die Momentaufnahme des Himmels zu einem bestimmten Zeitpunkt.

Solch ein Horoskop wurde ursprünglich mehr auf Ereignisse und wichtige Unternehmungen wie Kriegsbeginn, Vertragsabschlüsse und so weiter bezogen. Die sogenannte Geburtshoroskopie, die Erstellung eines Horoskops auf die Geburtsminute eines Menschen, ist eine recht junge Entwicklung und keinesfalls das interessanteste Gebiet der Astrologie.

Es sei noch daran erinnert, daß der Blick zum Himmel keinesfalls die einzige Methode war, die von den Priestern zur Ermittlung der Zeitqualität angewendet wurde. So wissen wir sowohl von der Eingeweideschau, den Betrachtungen des Vogelflugs und den heiligen Hühnern, deren Freßverhalten gedeutet wurde. In diesen Beispielen, die wir aus dem alten Rom kennen, wurde statt des Himmels die Tierebene als Ausgangspunkt der Beobachtungen genommen, um die herrschenden Prinzipien zu einem bestimmten Zeitpunkt zu erfahren.

In der Geschichte der mantischen Verfahren wurden bereits viele Ebenen als Bezugssystem verwendet, die alle dem gleichen Gesetz des senkrechten Analogieschlusses gehorchen. Daher ist das Auslegen der Tarot-karten für divinatorische Zwecke nicht »unwissen-schaftlicher« oder »abergläubiger« als die Erstellung eines Horoskopes. Manche Astrologen versuchen näm-lich aus der Tatsache, daß man beim Erstellen eines Ho-roskopes in mathematischen Tabellenwerken nach-schlagen muß, die »Wissenschaftlichkeit« der Astrolo-gie abzuleiten, und sich von allen »unseriösen« Praktiken wie Tarot, I Ging und ähnlichem zu distan-zieren. Ein solches Verhalten ist Unfug. Alle mantischen und divinatorischen Systeme arbeiten nach dem glei-chen Prinzip. Die Bezugsebenen sind jedoch beliebig austauschbar.

Über die Seriosität einer Praktik entscheidet einzig und allein, wie weit der Betreibende die Aussagen seiner Betrachtungsebene auf eine andere Ebene analog über-tragen kann. Die Übertragung, die in der Astrologie die »Deutung« genannt wird, ist die große Schwierigkeit aller Systeme. Deshalb überwiegen wohl auch immer zahlenmäßig die Unseriösen die Seriösen, egal, ob es sich um Kartenlegen oder Astrologie handelt.

Kehren wir zurück zur Astrologie, so ist also ein Ho-roskop die graphische Darstellung der Himmelssitua-tion zu einem bestimmten Zeitpunkt, bezogen auf einen bestimmten Ort. Somit ist jedes Horoskop eine Ortzeit-gleichung. Ein Horoskop hat immer seinen Bezug auf den Ort, an dem sich das horoskopierte Ereignis mani-festiert, und betrachtet den Himmel aus dieser Perspek-tive.

Hierhin gehört auch die Antwort auf den häufigen Vorwurf, die Astrologie arbeite noch mit einem geo-zentrischen Weltbild. Das ist richtig, denn für den Men-schen kann es immer nur ein geozentrisches Weltbild geben. Bezogen auf den erlebenden Menschen ist ein heliozentrisches Weltbild sogar falsch. Denn unabhängig von den Berechnungen der Astronomie erlebt Tag für Tag der Mensch, daß beispielsweise die Sonne am Morgen aufgeht und am Abend untergeht. Dieses Erleben ist für die Psyche des Menschen viel wirklicher als das funktionale Wissen, daß die Erde um die Sonne kreist. Dies kann der Mensch psychisch nicht erleben, daher ist es für ihn völlig irrelevant.

So stimmt das heliozentrische Weltbild für die Wissenschaft und für die Astronauten. Für den Menschen im allgemeinen und den Astrologen im besonderen ist jedoch nur die Erde als Bezugspunkt denkbar. Denn das menschliche Leben spielt sich hier ab. Bonn ist die Hauptstadt der Bundesrepublik. Dies ist richtig, aber noch lange kein Grund für mich, als Einwohner der Stadt München auf meine Visitenkarte eine Bonner Adresse zu drucken. Der Mensch kann immer nur sich selbst als Mittelpunkt erleben und die Welt auf sich beziehen. Tut er dies nicht, verliert er seinen »Standort« und wird seelisch entwurzelt. Hier liegt die tiefere Berechtigung dafür, daß sich die Kirche so lange gegen das heliozentrische Weltbild wehrte.

Das Horoskop
als Meßinstrument

Astrologie ist nicht der Glaube an die Beeinflussung des Menschen durch die Gestirne, Astrologie ist vielmehr ein Abbildungssystem der Wirklichkeit. Die Physik versucht ebenfalls, durch Symbole (Zahlen und Buchstaben) die Wirklichkeit abzubilden, ohne deshalb glauben zu machen, daß ihre Buchstabenformeln die Schwerkraft beeinflussen.

Ein Horoskop ist ein Meßinstrument, das auf die Erfassung der Zeitqualität geeicht ist; es arbeitet mit beliebiger Genauigkeit. Diese Genauigkeit ist von technischen Variablen abhängig, findet ihre Grenze jedoch nicht in der Meßbarkeit selbst. So wie die Quantität der Zeit beliebig genau meßbar ist, so ist diese Genauigkeit im praktischen Bereich von den technischen Möglichkeiten abhängig. Als man nur die Sonnenuhr kannte, konnte man noch nicht so genau messen wie mit einer mechanischen Uhr. Heute können wir bereits 1000stel und 1000000stel Sekunden messen.

Genauso verhält es sich mit der Astrologie. In der praktischen Anwendung ist die astrologische Genauigkeit häufig noch sehr grob und läßt zu wünschen übrig. Doch die Verbesserung der Genauigkeit hängt vom technischen Können der Astrologen und der weiteren Entwicklung des Meßinstrumentes ab und findet dabei seine Grenzen wohl in den menschlichen Fähigkeiten.

Absoluter Unsinn sind jedoch astrologische Sprüche, wie sie seit Generationen treu in jedem Lehrbuch der Astrologie abgedruckt werden: »Die Sterne machen geneigt, aber sie zwingen nicht.« Ein solcher Satz, den die meisten Autoren noch als Zeichen eigener Bescheidenheit und Seriosität verstanden wissen wollen, beinhaltet mehrere Denkfehler. Als Erstes wäre zu sagen: Die Sterne machen weder – noch. Man kann auch nicht von einem Thermometer sagen: Zeigt die Quecksilbersäule dreißig Grad an, so legt sie hiermit der Lufttemperatur eine gewisse Hitze nahe, die jedoch nicht zwangsläufig eintreten muß.

Die Sterne zwingen nicht, sondern zeigen an, wie die Wirklichkeit zu einem bestimmten Zeitpunkt zusammengesetzt ist. Dies allerdings mit zwingender Genauigkeit. Würde der oben zitierte Satz stimmen, so wären in der Tat fünf Minuten Beschäftigung mit der Astrologie verlorene Zeit. Vor dem Hintergrund eines solchen Mottos gälte für jede astrologische Aussage eine fünfzigprozentige Wahrscheinlichkeit, nämlich sie kann stimmen – oder auch nicht. Um solche Ergebnisse zu erhalten, ist es einfacher, ein Geldstück in die Luft zu werfen.

Eine weitere Behauptung von ähnlicher Güte lautet: Das Schicksal des Menschen setzt sich zusammen aus den Erbfaktoren, der Erziehung, den Umwelteinflüssen und den kosmischen Faktoren. In diesem Satz werden nicht nur Äpfel und Birnen vermischt. Die erste Frage gilt der Beschaffenheit dieser »kosmischen Faktoren«. Was ist das und wo kann man die Wirkung eines solchen kosmischen Faktors miterleben? Für welche Schicksalsanteile ist er wohl zuständig? Es müßte sich hierbei um Schicksalsereignisse handeln, bei denen die Umwelt in keiner Weise beteiligt ist, da sonst ja bereits die Kategorie Umwelteinflüsse zuständig wäre.

Hinter einem solchen Satz steht wohl weniger Überlegung als der Wunsch, die Theorien der Naturwissenschaften anzunehmen und auch die Astrologie noch mit hineinzuschmuggeln. Erziehung und Umwelt sind ja auch nur eine konkrete Ebene, in denen sich die Urprinzipien manifestieren. Die Umwelt ist das ausführende Organ. Denn wie sollte der Mensch sonst einen »kosmischen Faktor« (gemeint ist die Uridee) erleben, wenn nicht über das Medium Umwelt? Wie kann man überfahren werden ohne Auto, krank werden ohne Viren, ermordet werden ohne Mörder? Doch all diese Umweltfaktoren sind niemals Ursache, sondern immer nur »Vollzugsbeamte« des Schicksals.

Die Erbfaktoren sind wiederum eine andere Ebene der Wirklichkeit, in der man ebenfalls die Repräsentanten aller Urprinzipien wiederfinden kann. Auf der Ebene der Zellinformation können wir genausogut wie am Himmel die Wirklichkeit ablesen. So entpuppen sich die Humangenetiker als Kollegen der Astrologen. Passiert es selbst den Astrologen, an eine kausale Wirkung der Sterne zu glauben, wer wollte es dann den Humangenetikern verübeln, daß sie felsenfest davon überzeugt sind, die Genstruktur sei die »Ursache« der sogenannten Vererbungsmerkmale. Der Mensch trägt sein »Horoskop« in jeder einzelnen Zelle, denn das Ganze ist immer auch in jedem Detail wiederzufinden, wie die Pflanze im Samen zu finden ist.

Anschaulich lehrt uns dies die Akupunktur, die sich anfänglich auf den ganzen Körper bezog, dann den ganzen Menschen allein im Ohr entdeckte, später ebenfalls an der Nase, an der Hand, am Fuß und so weiter. Genauso trägt der Mensch sein Horoskop im Auge, im Ohr, in der Hand, im Fuß, in jeder Zelle. Die Symbolsprache ist unterschiedlich, die Aussage ist immer dieselbe. Denn alles bildet nur die eine Wirklichkeit ab.

Nicht grundlos nannte man in früheren Zeiten die Astrologie die »königliche Wissenschaft«. Denn sie umfaßt die gesamte Wirklichkeit, kann auf allen Ebenen mit gleichem Erfolg angewendet werden, ist universal. Nicht grundlos verfaßte Kepler ein Buch mit dem vielsagenden Titel: »Warnung an die Gegner der Astrologie«. Nicht grundlos bezeichnete Paracelsus einen Arzt, der nicht der Astrologie kundig sei, als einen Scharlatan und Kurpfuscher. All diese Ehrenbekundungen gelten aber ausschließlich einer Astrologie, die noch fest in dem esoterischen Weltbild verwurzelt ist, die noch wahres Sternenweistum ist, nicht aber den heute überhäufig gewordenen Zerrbildern, die weiterhin unter diesem Namen laufen.

Wahre Astrologie war und ist ein Einweihungsweg, der über die Selbsterkenntnis und Naturerkenntnis zur Gotteserkenntnis führt. Wahre Astrologie macht sich deshalb zum Schluß selbst überflüssig. Wahre Astrologie ist Philosophie – weshalb Schult von der »Astrosophie« spricht – und nicht das Herumrühren in der Zukunft der Mitmenschen. Astrologie muß man selbst erlernen, um sie kennenzulernen. Wahre Astrologie lehrt den Menschen, die Welt und den Menschen aus ihrer Eigensituation heraus zu verstehen und sich dadurch mit allen innerlich auszusöhnen. Wie will man noch jemandem böse sein, wenn man ihn versteht? Wahre Astrologie lehrt, eine neue Dimension der Wirklichkeit zu sehen.

Die Geburtsastrologie bezieht ein Horoskop auf den Augenblick der Geburt, genauer des ersten Atemzuges. Ähnlich wie bei einem Ereignis oder Unternehmen beginnt hier etwas, das wir den Lebenslauf eines Menschen nennen. Das Horoskop mißt, unter welcher Zeitqualität dieser Lebenslauf beginnt, und weiß daher, wie dieser Lebensweg aussieht. Ein solches Geburtshoroskop – auch Grund- oder Radixhoroskop genannt – hat drei verschiedene Gültigkeitsbereiche:

1. Es zeigt das, was Psychologen die Charakter- oder Persönlichkeitsstruktur nennen würden.

2. Fügt man dieser Charakterstruktur, die ja an sich etwas Statisches ist, den Faktor Zeit hinzu, ergibt sich hieraus zwangsläufig der Schicksalsweg. Der Zeitfaktor gibt Auskunft darüber, wann welcher Problembereich in die Erlebensfähigkeit eintritt.
3. Das Grundhoroskop ist gleichzeitig das Ereignishoroskop des Geburtsvorganges selbst.

Diese dritte Zuständigkeit übersah man bisher offensichtlich, obwohl gerade sie weitreichende theoretische Folgen hat. Für das Leben eines Menschen wie für das Geburtsgeschehen selbst ist ein und dasselbe Horoskop zuständig. In anderen Worten: Das Leben eines Menschen ist lediglich die Vergrößerung seiner eigenen Geburt. Alles, was an Schicksalsereignissen im Leben eines Menschen eintritt, muß sich mit Sicherheit bereits bei der Geburt selbst als wesentlich verkleinertes Ereignis analog gezeigt haben.

Wir sprachen eingangs schon einmal über das Dimensionsproblem und sagten, daß der Mensch immer auf eine mittlere Größenordnung angewiesen ist, um noch »Gestalt« erkennen zu können. Pfeift jemand im gewohnten Tempo die Melodie »Hänschen klein«, so können wir sie erkennen. Dehnt man die Zeitabstände zwischen den einzelnen Tönen so weit, daß wir jeden Tag nur noch einen Ton zu hören bekommen, können wir das Lied nicht mehr in seiner Einheit (Gestalt) erkennen. Das Gleiche gilt, wenn wir die Melodie auf einem Tonbandgerät mit übergroßer Geschwindigkeit ablaufen lassen. Dieser zu schnelle Ablauf wäre in der Astrologie die Geburt, deren innere Struktur erst in der zeitlichen Auffächerung als »Leben« erkennbar wird.

Umgekehrt betrachtet, besagt dies, daß im Leben eines Menschen niemals sich irgend etwas (sei es Krankheit, positive und negative Schicksalsereignisse und so weiter) manifestieren kann, ohne daß dies in seiner Verkleinerung nicht schon bei der Geburt anwesend gewesen wäre. Diese Betrachtung aber widerspricht allen Theorien, welche die »Ursachen« für Krankheit und Ereignisse in der Biographie des Menschen suchen. In der Tat läßt sich mit geeigneten Methoden (Reinkarnationstherapie) nachweisen, daß sich jedes Problem eines Menschen bis zum Geburtsvorgang selbst zurückverfolgen läßt. Denn in jedem Beginn liegt bereits das Ende beschlossen.

Das Horoskop als Lehrplan des Lebens

Das Horoskop zeigt in symbolischer Form die Zeitqualität, eine spezifische Rangordnung und Beziehung der Urprinzipien, an, unter welcher ein Mensch in dieses Dasein getreten ist. Dieses Horoskop ist seine Aufgabe beziehungsweise sein Lehrplan, den es in diesem Leben zu erfüllen gilt. Jede sogenannte Konstellation (Astrologen verstehen hierunter bestimmte Prinzipiengruppierungen) verkörpert eine bestimmte Aufgabe, ein Problem.

An dieser Stelle seien einige Bemerkungen zu dem Begriff Problem erlaubt. In Wirklichkeit gibt es keine Probleme. Eine bestimmte Situation wird nur dann für einen Menschen zum Problem, wenn er die Situation nicht in sein Bewußtsein integrieren kann. Multiplizieren ist für ein sechsjähriges Kind ein großes Problem, für einen Dreißigjährigen kaum, er hat in der Zwischenzeit das Multiplizieren gelernt. Jeder Lernprozeß ist auch eine Bewußtseinserweiterung, die es ermöglicht, die Aufgabe zu lösen. Mit jeder Lösung eines Problems erlöst man gleichzeitig die Aufgabe aus ihrer »Problemhaftigkeit«. Ein solcher Erlösungsprozeß hat zur Folge, daß die erlöste Situation gewöhnlich nie wieder auf die Ebene des Problems absinken kann.

Es ist wichtig, daß der Mensch nie vergißt, daß ein Problem nur der individuelle Niveau-Unterschied zwischen einer Situation und einer Bewußtseinslage bezeichnet und deshalb den Menschen herausfordern soll, es durch einen Lernschritt zu erlösen. Im täglichen Leben benehmen sich jedoch die meisten Menschen so, als gäbe es Probleme »an sich«, und fordern deshalb gerne die Umwelt auf, diese zu beseitigen.

Wir sprachen davon, daß jede Konstellation die Symbolform eines solchen Problems und das Horoskop mit einem Lehrplan für dieses Leben vergleichbar ist. So wollen alle diese Konstellationen durch Lernschritte, durch aktive Verwirklichung, ins Leben umgesetzt und erlöst werden. Konstellationen sind zwar zum Zeitpunkt der Geburt noch »Probleme«, sollten aber am Ende des Lebens möglichst vollständig davon erlöst sein. Denn das Leben ist ein Lernprozeß – leider ist dieser Satz für viele nicht so selbstverständlich, wie es eigentlich sein sollte.

Suchen wir in der Natur nach einem gemeinsamen Wesenszug, so finden wir, daß alles sich entwickelt. Der Gedanke der Evolution ist für die Wissenschaft wie für die Esoterik gleichermaßen das Ziel allen Lebens. Neigt die Wissenschaft dazu, Evolution als ein Produkt »zufälliger« Genmutationen zu betrachten, so sieht die Esoterik in der Evolution eine finale Entwicklung auf ein definiertes Ziel hin. Doch einig sind sich alle, daß alles, was lebt, sich entwickelt. Wodurch geschieht dies? Ausschließlich durch Lernprozesse. Dies gilt für den Wurm wie für den Menschen.

Doch Lernprozesse können nur, wie wir sahen, durch die Lösung von Problemen stattfinden. Da Problemlösungen immer mit Anstrengungen verbunden sind, suchen sich die Lebewesen die Probleme meist nicht von selbst, sondern müssen damit konfrontiert werden. So entpuppen sich die Probleme als die eigentlichen Antriebsräder der Evolution.

Die Instanz, die dafür sorgt, daß der Mensch nie aufhört zu lernen, und ihn deshalb immer wieder mit neuen Problemen konfrontiert, nennt der Mensch Schicksal. Und weil im Horoskop eines Menschen der gesamte Lehrplan für eine Inkarnation vorgezeichnet ist, behauptet man, daß man im Horoskop das Schicksal eines Menschen sehen könnte. Letzteres klingt, isoliert betrachtet, wie ein Fatum, das über jeden gestülpt wird. Sprechen wir aber vom Lehrplan oder der Aufgabenverteilung, so entdecken wir etwas mehr von der dahinterstehenden Sinnhaftigkeit.

Die Polarität des Lernens

Schon längst steht die Frage im Raum, wie weit das Schicksal beziehungsweise die Erfüllung dieser Aufgaben determiniert und wo denn die Freiheit des Menschen ist, daran etwas zu ändern. Dies ist und bleibt eine der schwierigsten Fragen, aber wir können uns einer etwaigen Lösung nur schrittweise nähern.

Was den Lehrplan betrifft, so ist dieser mit Sicherheit determiniert, er muß erfüllt werden. Doch auch innerhalb des Determinismus bleibt das Polaritätsgesetz voll wirksam. Das Polaritätsgesetz stellt uns vor die Wahl, wie wir den Lehrplan erfüllen, auf welchem Weg wir unsere Lernschritte machen wollen und wie wir die Probleme erlösen. Man unterscheide also zwischen den zu lösenden Problemen selbst, die völlig determiniert sind, und dem »wie« des Lösungsweges, für den die Polarität zwei Möglichkeiten zur Verfügung stellt:

1. Das bewußte Lernen. Diese Möglichkeit erfordert vom Menschen, daß er stets bereit ist, sich den Anforderungen des Schicksals zu stellen und freiwillig jedes auftretende Problem durch Aktivität zu erlösen.
2. Das unbewußte Lernen. Es tritt automatisch in Kraft, wenn der Mensch versäumt, ein Problem bewußt zu lösen.

Die Mehrzahl der Menschen beschränkt sich größtenteils auf die zweite Möglichkeit, nämlich das unbewußte Lernen. Unbewußtes Lernen ist jedoch immer Lernen durch Leid. Solange der Mensch bereit ist, alte Standpunkte und Fixierungen in Frage zu stellen, neue zu lernen, neue Erfahrungen zu riskieren, sein Bewußtsein zu erweitern, so daß er alle vom Schicksal angetragenen Aufgaben meistert, solange braucht er sich vor allzu großen Schicksalsschlägen oder Krankheiten nicht zu fürchten.

Doch in dem Moment, wenn der Mensch die Probleme wegschiebt und versucht, ihnen zu entfliehen oder sie zu negieren (die Psychologen nennen dies »verdrängen«), beginnt das Schicksal den Menschen in den nicht wahrgenommenen Lernprozeß zu zwingen. Der Mensch wird Opfer einer Situation, in der er zwangsläufig mindestens einen Teil des Problems durch Erleben löst. Der Lernprozeß ist meist in solchen erzwungenen Situationen unvollständig, weil der Widerstand des Erleidenden zu groß ist. Erst wenn der Mensch mit einer Situation ausgesöhnt ist, kann er ihre Sinnhaftigkeit ganz begreifen. So ist der nicht erlöste Rest eines Problems der neue Keim für eine neue Zwangsbelehrung. Ein Beispiel:

Wir greifen aus dem Horoskop eines Menschen eine Konstellation heraus, die in der Fachsprache »Saturn-Quadrat-Mars« lauten würde. Rein technisch bedeutet dies, daß der Planet Saturn zum Planeten Mars einen $90°$-Winkel bildete, als dieser Mensch geboren wurde. Diese Saturn-Mars-Konstellation ist aber lediglich Symbol für eine bestimmte Lernaufgabe. Das Prinzip des Saturn haben wir bereits kurz kennengelernt mit den Schlagworten: Widerstand, Struktur, Hemmung; dem Prinzip Mars ordneten wir die Begriffe Energie und Impuls bei. Treten diese beiden Urprinzipien in einem Horoskop miteinander in eine Beziehung ein, die man Quadrat nennt, so heißt dies, daß bei diesem Menschen Energie und Widerstand miteinander gekoppelt sind und nicht voneinander getrennt werden können. Wir nennen dies kurz »Energie-Widerstands-Problematik«. Wann immer ein solcher Mensch seine Energien verausgaben will, wird er gleichzeitig auf Widerstände stoßen.

Ein solcher Mensch wird sich sehr über die Außenwelt beschweren und der Ansicht sein, daß man ihm boshafterweise ständig Knüppel zwischen die Beine wirft. Je mehr er nun die »Schuld« auf die Umwelt projiziert, um so weniger wird er sein Problem erlösen.

Zwar ist es richtig, daß die Umwelt ausführendes Organ dieser Widerstände ist, aber das Problem selbst liegt im betreffenden Menschen, der durch diese Affinität mit der entsprechenden Außenwelt gesetzmäßig in Berührung kommt – man kann auch sagen: sich unbewußt sucht. In Wirklichkeit braucht dieser Mensch sogar diese Widerstände, da ohne sie keine Energie von ihm verausgabt werden kann. Solche Menschen wachsen an den Widerständen, was leicht zur sogenannten »Eskalation der Widerstandssuche« führen kann.

Die Konstellation ist eine Aufgabe für den Menschen, sie ist weder gut noch schlecht, weder positiv noch negativ, sondern will lediglich vom Menschen in Wirklichkeit umgesetzt werden, da sie nur dadurch erlöst werden kann.

Wir nehmen weiterhin an, dieser Mensch verdränge dieses Problem weitgehend. Dort, wo er es antrifft, projiziert er es auf die Umwelt und macht diese dafür verantwortlich, aber selbst unternimmt er nichts, um dieses Problem zu lösen. Er hält es ja gar nicht für »sein Problem«.

In der Astrologie gibt es nun bestimmte technische Verfahren, mit denen man erkennen kann, wann eine bestimmte Konstellation eine besondere Aktualität für den Menschen gewinnt, die sogenannte Auslösung. Die Mehrzahl der Astrologen neigt dazu, eine solche Konstellation als schlecht oder gefährlich zu bezeichnen, und würde, falls dieser Mensch sich beraten ließe, für den errechneten Zeitpunkt der Auslösung zu besonderer Vorsicht raten. Ziemlich unabhängig von der Befolgung eines solchen (völlig unsinnigen) Rates wird der Mensch nun zu dem berechneten Zeitpunkt in eine Situation geraten, in der er das vermiedene Problem »Energie-Widerstand« als Opfer kennenlernen wird. Eine mögliche, den Urprinzipien analoge Möglichkeit dafür wäre zum Beispiel, daß er mit seinem Auto mit 180 Stundenkilometern gegen einen Baum rast. Nun hat er erfahren, was Energie (180 Stundenkilometer) und Widerstand (Baum) ist. Er hat diese Urprinzipien kennengelernt.

Aus solchen Ereignissen wird immer gelernt, wenn auch nicht mit der erwünschten Vollständigkeit. Ein solches Ereignis scheint einen Astrologen zu berechtigen, von einer gefährlichen und negativen Konstellation zu sprechen – aber in Wirklichkeit wurde eine völlig neutrale Konstellation in einem ganz bestimmten Fall für einen Menschen gefährlich, weil er sich sträubte, die Aufgabe bewußt zu erfüllen.

Wie sieht eine solche bewußte Lösung aus? Man müßte sich nach einer Tätigkeit oder Beschäftigung umsehen, bei der man die beschriebenen Prinzipien (Energie/Widerstand) auf einer beliebigen Ebene der Wirklichkeit ständig verwirklichen kann. In unserem Beispiel bietet sich hierzu die Sportart Karate an. Bei diesem Sport lernt man Schläge von enorm hoher Intensität auszuführen und diese mit millimetergenauer Exaktheit vor dem Ziel abzustoppen, da solche Schläge sonst für den Kampfpartner tödlich wären. Die ungeheure Wucht dieser Hand- und Fußschläge wird häufig auch dadurch demonstriert, daß mit der bloßen Hand Ziegelsteine oder Bretter durchschlagen werden.

Die beiden hervorstechendsten Merkmale dieses Sportes sind also die hochenergetischen Schläge und die große Exaktheit, mit der die Schläge kontrolliert werden. Karate entspricht demnach genau unserer Konstellation »Mars-Saturn«. Die an sich richtungslose Ener-

121

gie des Mars findet hier die Struktur des Saturn. Erlernt der Mensch zum Beispiel diese Sportart, so verwirklicht er durch das tägliche Training ständig seine Konstellation. Er lernt die Problematik durch eigene Erfahrung und Auseinandersetzung immer besser kennen – wodurch sich diese Erkenntnis von selbst auch auf die anderen Ebenen des Seins überträgt.

Dieser Mensch braucht vor der Auslösung der Konstellation keine Angst zu haben. Er wird mit seinem Auto nicht gegen einen Baum rasen, auch wenn er mit 180 Stundenkilometern fährt. Auch für ihn wird sich diese Konstellation zum entsprechenden Zeitpunkt zeigen, ihn jedoch nicht gefährden. So könnte es sein, daß er zu diesem Zeitpunkt Sieger in einem Karatekampf wird, einen neuen Dan erhält oder ähnliches. An diesem Beispiel sollte klarwerden, wie weit die Einlösung der Aufgabe determiniert ist und wie die Wahlmöglichkeit zwischen dem unbewußten und bewußten Weg aussieht. Dem Schicksal kommt es lediglich auf das Endergebnis an, nicht auf den Weg. Wichtig ist die Erreichung des Lernzieles, nicht, wie viele Leiden sich der Mensch auf seinem Weg durch die ständige Weigerung zu lernen aufbürdet.

Nebenbei sollte dieses Beispiel auch noch die Frage nach der Exaktheit der astrologischen Prognose aufhellen. Die Astrologie arbeitet exakt auf der Ebene der Prinzipien, diese Prinzipien können aber auf unendlich vielen Ebenen konkret verwirklicht werden. Die Bestimmung der Verwirklichungsebene ist für die Astrologie weitgehend unmöglich. »Weitgehend« soll hier heißen, daß die Dominanz bestimmter Ebenen erkennbar ist und eventuell eine weitere technische Entwicklung diese Möglichkeit noch verfeinern kann. Moderne astrologische Systeme können teilweise die Ebene bereits erfassen, aber die Differenziertheit solcher Systeme macht die prognostische Anwendung praktisch unmöglich. Wir sollten uns klar darüber sein, daß dies kein Mangel an Exaktheit ist, sondern Folge des senkrechten Denksystems. Da dem Schicksal die konkrete Ebene der Verwirklichung unwichtig ist, hat sie auch für uns keine so hohe Bedeutung.

Wir werden später sehen, daß sich gerade aus der Austauschbarkeit der Ebenen wertvolle Therapiemöglichkeiten ergeben. Zwar klingt es für den Außenstehenden eigenartig, daß für den Astrologen der Autoaufprall gegen den Baum und Karate das »Gleiche« ist – andererseits ermöglicht es gerade diese Denkweise, völlig neue Zusammenhänge der Wirklichkeit zu entdecken.

Schicksalsschläge und Krankheit sind fast immer nur der passive Aspekt eines nicht freiwillig wahrgenommenen Lernprozesses. Die Kurzformel heißt: Wer nicht lernt, leidet. Der Mensch stellt im allgemeinen sehr eigenartige Anforderungen an das Leben und an sein Schicksal. Er benimmt sich so, als hätte er ein Anrecht darauf, daß es ihm gutgehe, er reich, gesund und glücklich sei. Welch groteske Verkennung der Wirklichkeit! Woher leitet der Mensch diesen Anspruch ab?

Der Mensch wird nicht in diese Welt inkarniert, um in Faulheit den Schein der Sonne zu genießen, sondern um sich zu entwickeln und nach seinen Fähigkeiten der Welt zu dienen. Wer dies bewußt tut, wird auch das Glück finden. Das Gesagte hat keinen lebensverneinenden Unterton, sondern will lediglich die Priorität verlagern.

Der Mensch ist immer auf der Suche nach dem Glück.

Das ist nicht nur sein Recht, sondern die tiefste Triebfeder seines Handelns. Doch die eingeschlagenen Wege sind größtenteils sehr ungeeignet, das Suchen zu einem Erfolg zu führen. Der Mensch sucht etwas, was er Glück nennt, ohne genaue Vorstellung davon zu haben, was dieses Glück denn eigentlich ist. So identifiziert man irgendwelche Dinge in der Außenwelt mit diesem ersehnten Glücksgefühl und meint, wenn man erst im Besitz dieser Dinge sei, wäre man auch glücklich.

Jetzt beginnt eine endlose und sinnlose Jagd. Denn immer, wenn man den ersehnten Glücksträger erreicht hat, entpuppt er sich als unzulänglich, das angestrebte Glück zu vermitteln. Wer Hunger hat, glaubt, er wäre der glücklichste Mensch der Welt, wenn er satt zu essen hätte. Man gebe ihm die ersehnte Nahrung, und er wird glauben, daß er die Vollkommenheit des Glücks erst erlangen kann, wenn er auch eine Wohnung hat. Hat er die Wohnung, sehnt er sich nach einem eigenen Haus mit Garten. Bekommt er es, braucht er zum Glücklichsein noch Ruhm und Anerkennung. Hat er auch dieses erreicht, hindert ihn leider eine chronische Krankheit am Glück. Ist die Krankheit kuriert, fühlt er sich einsam und braucht »nur« noch Menschen, um glücklich zu sein. »Zum Glück« erlöst ihn dann der Tod vorübergehend von dieser mühevollen Jagd nach dem Glück.

Der Fehler liegt in der Meinung, daß Glück von äußeren Dingen abhängig sei. Man übersieht, daß äußere Dinge nur so lange reizvoll sind, solange man sie nicht hat. Glück kann man nicht jagen, nicht besitzen. Glücklich kann man nur sein. Glück ist ein Zustand des Bewußtseins, der Seele, weshalb man auch von »Glückseligkeit« spricht. Glück ist völlig unabhängig von der

Außenwelt. Glück wächst dort, wo der Mensch in Harmonie mit der Welt kommt. Glück wächst dort, wo der Mensch sich seiner Aufgabe bewußt wird und die Gnade erkennt, dienen zu dürfen.

Leid ist der Gegenpol von Glück und deshalb letztlich doch das gleiche. Das Leid sorgt »zum Glück des Menschen« dafür, daß er sich nicht für immer in Irrwegen verläuft. Das Leid sorgt dafür, daß der Mensch die Suche nicht aufgibt, verhindert den Stillstand. Leid ist immer ein Umweg, und somit dennoch ein Weg.

Astrologie auf dem Boden der Reinkarnation

Kehren wir zurück zu unserem Geburtshoroskop. Wir haben gesehen, daß es den Lehrplan für ein Leben darstellt und als solches das Schicksal des Menschen aufzeigt. Der Lebensweg eines Menschen steht bei der Geburt fest. Der Mensch setzt mit seinem Lebensweg lediglich diese Latenz in Wirklichkeit um. Es gibt im Leben des Menschen keinen Zufall.

Es stellt sich die Frage, ob denn ein Mensch einen anderen Lehrplan und somit auch ein anderes Schicksal hätte, wenn er »zufällig« einige Stunden früher oder später geboren wäre. Dies ist tatsächlich der Fall, denn eine andere Zeit hat eine andere Qualität und zeigt deshalb auch einen anderen Lebenslauf.

Man könnte nun glauben, daß wir mit viel Mühe den Zufall aus dem Leben des Menschen wegargumentiert haben, nur um ihn gebündelt im Augenblick der Geburt wiederzufinden: Entscheidet die Zufälligkeit der Geburtsstunde über das Schicksal? Doch bleiben wir der Erkenntnis treu, daß es in dieser Welt niemals einen Zufall geben kann, so muß auch die Geburt als Ereignis durch eine Gesetzmäßigkeit determiniert sein.

Jedes Ereignis ist immer nur formaler Ausdruck des Inhaltes. Inhalt und Form müssen korrespondieren. Aus der Form kann man den Inhalt erkennen und umgekehrt. (Es ist ein typischer Irrtum der Jugend, daß sie glaubt, auf der Suche nach wertvollen Inhalten die Form vernachlässigen zu können.) Die Geburt ist ein formales Ereignis, das sich zu einer bestimmten Zeitqualität manifestiert und einen Inhalt repräsentiert. Was ist nun dieser Inhalt?

Hier sind wir gezwungen, thematisch auf die Reinkarnation vorzugreifen. Bei der Geburt kommt nicht irgend ein »unbeschriebenes Blatt« auf die Welt, d.h. eine Seele, rein und jungfräulich, wie wir uns Kinder vorstellen, lediglich abhängig von der Gunst ihrer Geburtsminute. Blenden wir in der Biographie einer Seele zurück, so hat diese (wir werden darauf zurückkommen) eine sehr lange Kette von Erdenleben hinter sich. In jedem Leben wurde sie mit einem bestimmten Lehrplan konfrontiert, den sie mehr oder weniger gut und vollständig einlöste.

Stirbt ein Mensch, so hat er nur in den seltensten Fällen alle Anforderungen und Aufgaben des Schicksals voll begriffen und eingelöst. Fast immer bleibt etwas übrig, was er noch nicht erlöst und noch nicht begriffen hat, ähnlich einer kaufmännischen Jahresbilanz, bei der auch unter dem Strich irgendeine Summe übrigbleibt. Um ein Bild zu gebrauchen: Diese Ziffer unter dem Bilanzstrich stellt eine Codenummer der Seele dar. Diese Codenummer ist das Symbol für die qualitative Reife dieser Seele, die erst dann wieder inkarnieren kann, wenn die Zeitqualität der eigenen Qualität entspricht.

Wir bezeichneten früher die Zeitqualität als Voraussetzung dafür, daß sich ein inhaltlich adäquates Ereignis manifestieren kann. Auch in diesem Fall ist die Zeitqualität die Tür zur materiellen Wirklichkeit, die sich nur öffnet, wenn die »inhaltliche Qualität« der Seele mit der Zeitqualität korrespondiert (Resonanzgesetz!). Dieser Inkarnationszeitpunkt wäre nun die Empfängnis, aber es korreliert nach obigen Gesetzen die Empfängnis mit der Geburt, so daß wir sagen können: Die Zeitqualität der Geburt sagt etwas über die »Beschaffenheit« der inkarnierten Seele aus.

Das Horoskop ist nur das gesetzmäßige Zwischenergebnis des bisherigen Weges durch die Erdenleben. Es ist daher weder zufällig noch ungerecht. Das Horoskop zeigt uns das Karma des Menschen – es ist der notwendig gewordene Lehrplan für diese Inkarnation.

Hier wird deutlich, wie fundamental die Astrologie mit der Lehre der Reinkarnation verbunden ist. Ohne Bezug auf die Reinkarnation ist die Astrologie ein unhaltbarer Nonsens, denn kein Astrologe kann bei Leugnung der Reinkarnation eine befriedigende Antwort auf die Frage geben, warum der eine Mensch dieses und der andere Mensch jenes Horoskop habe. Das Horoskop würde zu einem Produkt des Zufalls oder der Willkür des Schicksals. Doch wenn ich mit der Zufälligkeit und der Willkür des Schicksals arbeite, wird die Beschäftigung mit der Astrologie sinnlos, denn dann kann man mit ihr lediglich die Gesetzmäßigkeit der Willkür berechnen.

Das Horoskop ist etwas, was sich jeder selbst erarbeitet hat – man kann sich darüber nicht beschweren. Es gibt keine guten und keine schlechten Horoskope, aber zweifellos Aufgaben, deren Umsetzung leichter oder schwieriger ist.

Leider breiten sich durch die Vermischung der astrologischen Technik mit dem funktionalen Denkstil unserer Zeit immer mehr Denkfehler bei Astrologen aus, welche die Gefahr immer größer werden lassen, daß einem Ratsuchenden durch die Astrologie mehr Schaden als Nutzen erwächst. Vor allem dann, wenn den Planeten Einfluß zugesprochen wird. So werden die Gestirne zu neuen Projektionsflächen der Schuld. Suchte man bisher die Schuldigen in der Umwelt, in Familie, Beruf, Staat, so wird in der astrologischen Beratung auf einmal der Saturn zum Sündenbock. Die Opfer dieser Anschauung suchen die Schuld für alle Schwierigkeiten ihres Lebens in ihrem »schlechten Horoskop« und beneiden erfolgreiche Menschen um ihr »gutes Horoskop«.

Sinkt die Astrologie auf ein solches Niveau, so sollte man sich nicht wundern, daß die Vorwürfe des Aberglaubens nicht verstummen. Aus dieser falschen Grundhaltung heraus ergibt sich fast automatisch der wohl verbreitetste Irrtum der Astrologie-Anhänger: Astrologie sei eine Methode, mit der man sein Schicksal korrigieren könne. Astrologie wird fast allerorten mit der Absicht betrieben, das Schicksal ein wenig zu überlisten, um so für sich und seine Klienten aus dem Wissen um die Sterne Vorteile herauszuschlagen.

Aus dieser Haltung heraus entstehen dann Beratungen, in denen jemandem dringend empfohlen wird, in den nächsten Monaten äußerste Vorsicht walten zu lassen, nichts zu unternehmen und am besten an drei bestimmten Tagen das Bett gar nicht zu verlassen, weil eine böse und gefährliche Konstellation in diesem Zeitraum wirksam werde. Man solle jedoch nicht ganz verzweifeln, denn in einem halben Jahr werde es besser werden, weil dann der Jupiter im Trigon zur Sonne stünde; in dieser Zeit solle man alle Unternehmungen durchführen. Glückliche Ereignisse und Gewinne würden sich dann einstellen und so weiter.

Lieber keine Astrologie als solche Irreführungen der Menschheit! So kommt es zu Astrologiesüchtigen, die für jede Entscheidung zuerst den Rat ihres Astrologen einholen, um zu erfahren, ob die Sterne gut oder schlecht stehen, die vor jeder Autofahrt zuerst einen Blick in ihr Horoskop werfen und ähnliches. Man möge bitte die Astrologie nicht an den Verirrungen ihrer Benützer messen – sonst müßte sie wohl tatsächlich bald unter die Suchtmittel eingereiht werden.

Die Menschheit ist fasziniert von der Idee, das Schicksal zu betrügen, jeder versucht es auf seine Weise – die Mediziner mit den Intensivstationen, die Astrologen mit dem Horoskop. Die gleiche Schlucht, die zwischen unserer Medizin und wahrer Heilkunst klafft, trennt auch die Astrologie unserer Tage von dem wahren Sternenweistum.

Die Erfüllung des Schicksals

Astrologie ist kein Mittel, das Schicksal zu betrügen, sondern soll helfen, das Schicksal zu erfüllen. Noch bei den Griechen und Römern finden wir unsere Planetenprinzipien als Götter wieder. Die Urprinzipien wurden personifiziert und die Definitionen der Prinzipien als Eigenschaften der Göttergestalten beschrieben. So war der antike Götterhimmel ein ähnliches Abbildungssystem der Wirklichkeit wie die Astrologie. Daß auch die Bibel streng nach diesen 7 Planetenprinzipien aufgebaut ist, sei hier lediglich erwähnt und muß einer speziellen Ausführung vorbehalten werden.

Die Griechen kannten eine einfache Formel für den reibungslosen Umgang mit den Göttern: Solange man den Göttern opfert, so lange tun einem die Götter nichts – opfert man nichts, holt sich die Gottheit das Opfer mit Gewalt. Diese Formel hat nach wie vor Gültigkeit und ist der eigentliche Schlüssel der Astrologie. Es kommt der Wirklichkeit auch näher, sich unter den Urprinzipien »Götter« vorzustellen als tote Himmelskörper.

Der Begriff »opfern« meint, einem Urprinzip Raum in der eigenen Erlebnisphäre zu schaffen, es in das Bewußtsein zu integrieren. Die verschiedenen Prinzipien fordern zu unterschiedlichen Zeiten vom Menschen jeweils ihr Recht, fordern ihn auf, sich gerade jetzt speziell mit ihnen auseinanderzusetzen. Wer sich dieser Aufforderung stellt und diese Gottheit in sich hineinläßt, um sie kennenzulernen, der opfert dieser Gottheit und braucht von ihr nichts zu befürchten. Wer jedoch das »Anklopfen« einer Gottheit zum Anlaß nimmt, seine Tür zu verschließen, und sie nicht hereinläßt, sie nicht kennenlernen will, der kann sicher sein, zu seinem verweigerten Opfer gezwungen zu werden.

Der Lebensweg des Menschseins soll zur Vollkommenheit führen, jeder kleinste Lernschritt macht den Menschen vollkommener. Vollkommener wird man, wenn man noch Fehlendes hinzufügt, Unbekanntes integriert. So wird der Mensch vom Schicksal gesetzmäßig immer mit solchen Prinzipien konfrontiert, die er noch nicht verwirklicht hat, die ihm noch fremd geblieben sind, die ihm noch fehlen.

Das ist der gefährliche Punkt, an dem so viele Menschen den Fehler begehen, sich zu verschließen, zu verdrängen oder Widerstand zu leisten – ihr notwendig gewordenes Opfer versagen. Damit beginnt der Kampf zwischen dem Schicksal und dem Menschen, wobei der Sieg des Schicksals von vornherein gesichert ist. Als Verlierer beklagt sich der Mensch über das böse Schicksal, das ihn zugrunde richtet, und übersieht dabei, daß er es selbst ist, der die Einladung nicht angenommen hat.

Hier hat die Astrologie ihren Sinn. Eine astrologische Beratung sollte den Menschen damit bekannt machen, welchen Lehrplan er in dieser Inkarnation zu erfüllen hat, und ihm die einzelnen Prinzipien erklären, mit denen er sich nun auseinanderzusetzen hat. Der Astrologe darf dem Fragenden nicht die Zukunft voraussagen, will er ihm nicht die eigene Entwicklung rauben. Aber er kann ihn informieren, zu welchem Zeitpunkt »welche Gottheit anklopfen wird« und wie man etwa mit ihr umzugehen hat, um sie kennen- und liebenzulernen. Leider wird zu häufig vergessen, daß man alles, was man wirklich kennenlernt, automatisch auch liebenlernt. Haß bedeutet immer Unkenntnis des Objektes.

Das senkrechte Denken ermöglicht es dem Astrologen, dem Ratsuchenden auf den verschiedenen Ebenen Möglichkeiten zu nennen, das neue Prinzip zu verwirklichen und eine Konstellation einzulösen. Eine echte astrologische Beratung kann niemals eine Warnung vor einem Prinzip (Konstellation) beinhalten, sondern immer nur Ratschläge und Ermunterungen, sich gerade mit ihm auseinanderzusetzen.

Hier liegen die Möglichkeiten einer wahren »Astrotherapie«. Diese Astrotherapie, wie wir sie in den letzten Jahren entwickelt und ausgebaut haben, benützt als Grundlage eine »Wirklichkeitsmatrix« nach dem Modell, wie es am Anfang dieses Kapitels skizziert wurde. Daraus ergibt sich eine Zuordnung möglichst vieler Ebenen zu den zehn Urprinzipien und deren verschiedenen Konstellationen miteinander. Probleme oder Krankheitssymptome sind immer nur das Einlösen einer Konstellation auf einer bestimmten Ebene (zum Beispiel Krankheit körperlich oder psychisch).

Aufgabe jeder Krankheit ist es, den Menschen mit einem bestimmten Prinzip bekannt zu machen, das er offensichtlich freiwillig nicht einlöste. Mit Hilfe einer Wirklichkeitsmatrix ist es möglich, dadurch eine Krankheit überflüssig zu machen, daß man Verwirklichungsmöglichkeiten des gleichen Prinzips auf anderen Ebenen angibt, indem man in senkrechter Richtung die Ebenen wechselt. Eine solche Methode bekämpft nicht das Symptom, sie macht es tatsächlich in sich überflüssig, da die Auseinandersetzung mit dem zu lernenden Prinzip nun auf einer anderen Ebene stattfindet – eine bewußte Symptomverschiebung in senkrechter Richtung.

Wir wollen uns das Gesagte wieder an einem einfachen Beispiel ansehen:

Wir können beispielsweise errechnen, daß ein Mensch in den nächsten Monaten in eine »Saturnphase« kommt, das heißt eine Saturnkonstellation wird fällig. Wir benützen in unserem Beispiel deshalb wieder das Saturnprinzip, weil es erstens als besonders »schlecht« gilt und es deshalb allgemein besonders gefürchtet ist, und zweitens, weil wir dieses Prinzip schon etwas kennengelernt haben und die analogen Zuordnungen auf einigen Ebenen kennen, siehe Matrix Seite 95.

Mancher Astrologe würde einen Klienten vor dieser Konstellation warnen, vor Verlusten, Einschränkungen, Unfällen, Krankheiten und so weiter. Eine solche Warnung nützt aber unserem Klienten gar nichts. Er bekommt lediglich Angst und fühlt sich als Opfer eines offensichtlich bösen Planeten. Doch in Wirklichkeit bedeutet die bevorstehende Saturnkonstellation nur, daß die Zeit jetzt reif geworden ist, das Prinzip des Saturns näher kennenzulernen, es in das eigene Leben zu integrieren, den »Gott Saturn« in sich aufzunehmen, um vollkommener zu werden.

Um diesen notwendigen Prozeß zu erleichtern, würden wir zuerst das Prinzip erklären, um seine Berechtigung als Wirklichkeitsbaustein verständlich zu machen und Widerstände abzubauen. Als nächstes werden wir unserem Klienten eine ganze Reihe von Ratschlägen geben, wie er aktiv dieses Prinzip in seinem Leben verwirklichen kann. Diese Ratschläge mögen am Anfang etwas eigenartig wirken, aber unsere Matrix hilft uns, ihre Sinnhaftigkeit schnell nachzuvollziehen. Sie lauten etwa wie folgt:

Sie sollten in der nächsten Zeit alle expansiven Bemühungen einstellen, alle Gesellschaften und Parties meiden sowie alles, was mit Zerstreuung, Unterhaltung und Üppigkeit zu tun hat. Tragen Sie in der nächsten Zeit möglichst ausschließlich schwarze Kleidung und machen Sie häufige Spaziergänge über Friedhöfe. Wenn es Ihnen irgendwie möglich ist, richten Sie sich einen Raum ein, in den Sie sich allein zurückziehen können. Dieser Raum sollte karg sein und auf das Notwendigste beschränkt: ganz weiß oder schwarz gestrichen, als

Wandschmuck eventuell die dreizehnte Tarotkarte (Tod). Auf Ihren Arbeitstisch eventuell einen Totenkopf oder eine Sanduhr stellen. Ziehen Sie sich so häufig wie möglich in diesen Meditationsraum zurück. Lesen Sie das tibetanische Totenbuch und bestimmte Stellen der Bibel. Vermeiden Sie üppige Kost – ernähren Sie sich beispielsweise makrobiotisch oder, noch besser, fasten Sie. Bevorzugen Sie als Getränk Tee vom Zinnkraut, als Medikament kommt Blei oder Kalk in homöopathischer Form in hoher Potenz in einer einmaligen Gabe in Betracht. Hören Sie klassische, ernste Musik. Achten Sie in dieser Zeit auf Ordnung bei allem, was Sie tun. Versuchen Sie, viele Bereiche Ihres Lebens neu zu strukturieren. Lernen Sie die Segnungen der Stille und Einsamkeit kennen und lieben.

Es ist leicht ersichtlich, daß all diese Empfehlungen aus der senkrechten Analogiekette des Saturnprinzips stammen: Struktur, Blei, Zinnkraut, schwarz, Friedhof, alle Todessymbole und so weiter. Entsprechend lassen sich die Möglichkeiten noch auf viele weitere Ebenen ausdehnen und sich auch dem jeweiligen Menschen anpassen. Wenn nun unser Klient viele dieser Ratschläge befolgt, so wird er unweigerlich das Prinzip des Saturns kennen- und verstehen lernen. Denn man kann all diese Dinge nicht einfach tun, ohne daß sich gleichzeitig auch etwas in einem tut.

Da er aber alles freiwillig macht, wird er keine Widerstände produzieren und so das Prinzip der Einschränkung, des Verzichts und der Struktur (Reduktion auf die Notwendigkeit) in seiner Sinnhaftigkeit liebenlernen. Er wird nach dieser Zeit feststellen, daß ihn diese Auseinandersetzung mit den früher sorgfältig gemiedenen Problemen des Todes, der Einsamkeit, der Stille reifer gemacht hat, daß er neue Dimensionen der Wirklichkeit kennenlernen durfte. Er tat in dieser Zeit aktiv das, was er tun sollte: einen für ihn neuen Aspekt der Wirklichkeit lernend integrieren. Er erfüllte seinen Lehrplan und löste das Problem.

Befolgt er diese Empfehlungen nicht, weil er der Meinung ist, Verzicht, Einschränkungen und Einsamkeit »seien nichts für ihn«, diese Dinge möge er nicht, und er setzt deshalb seinen bisherigen Lebensstil fort, so wird die Saturnkonstellation sehr bald für ihn »böse« werden. Sie holt sich dann ihr »Opfer« durch Zwang.

So befördert beispielsweise ein Verkehrsunfall unseren Klienten in das Krankenhaus. Hier muß er nun auf so vieles verzichten, auf Parties, Gesellschaften, üppiges Essen, alle Vergnügungen – all das rieten wir ihm, freiwillig zu tun! Sein Krankenzimmer ist auf das Notwendigste beschränkt – ein solches Zimmer rieten wir ihm, sich einzurichten. Alle paar Tage erlebt er, wie Tote durch die Gänge gefahren werden, und er selbst beschäftigt sich mit dem Gedanken, daß er bei seinem Unfall selbst sehr nahe mit dem Tod in Berührung kam – wir rieten ihm auch, sich mit dem Sterben und dem Tod zu beschäftigen. Er ist viel allein und hat Zeit nachzudenken.

Wir sehen: Der Endeffekt ist der gleiche. Denn wir sagten es bereits, das Lernziel ist determiniert. Der wählbare Unterschied besteht immer nur in dem »Wie« des Lernens, freiwillig oder durch Zwang.

Krankheit als Information

Auf die gleiche Art lassen sich auch bereits manifeste Krankheiten oder Probleme einer Lösung zuführen. Kriterium einer so verstandenen Therapie ist immer die Frage: Was will die Krankheit dem Patienten beibringen? Was will der Betroffene nicht lernen? Eine Therapie muß den von der Krankheit beabsichtigten Lernprozeß ersetzen, sonst kann sie niemals heilen.

Daraus ergibt sich, daß man homöopathisch vorgehen muß. (Näheres über das Simileprinzip in der Homöopathie im nächsten Kapitel.) So ist es wenig sinnvoll zu versuchen, einen depressiven Patienten aufzuheitern und abzulenken. Vielmehr muß auch er sich mit den Repräsentanten des Saturn auseinandersetzen – schwarze Farbe, Einsamkeit, Tod und so weiter –, will er Heilung finden. Gegen dieses Grundgesetz sündigt man aber heutzutage allerorten. Krankenzimmer sind bunt und freundlich, die Lektüre heiter. Schließlich versucht man ja auch nicht, einen Trauernden durch einen Witz aufzuheitern.

In allen Dingen arbeitet man dem Willen des Schicksals entgegen, statt es zu unterstützen. Einige Therapiemethoden gehorchen zwar dem Analogiegesetz, aber ohne daß die Benützer etwas davon ahnen. Diese zimmern sich komplizierte Theorien zurecht, um die Wirksamkeit der Methode zu erklären, die nur dem Analogiegesetz gehorcht.

So entspricht das Prinzip des Neptun der Auflösung des Vordergründigen und Konkreten, der Verschleierung, dem Unbewußten. Seine Analogiekette beinhaltet unter anderem die Bereiche: Alkohol, Drogen, Gift, Betrug, Wasser, die Farbe flaschengrün, Füße, Träume,

Visionen, Mystik, Esoterik. (Diese Kette erklärt übrigens, warum einerseits die Öffentlichkeit Betrug, Illusion, Esoterik nicht trennen kann, und andererseits auch, warum in den esoterischen Bereichen tatsächlich Täuschung – Selbst- und Fremdtäuschung – und Betrug so häufig sind.)

Wird im Leben eines Menschen das Neptunprinzip zuständig, so soll es ihm Hintergründe des Lebens aufzeigen und Unbewußtes zugänglich machen. Dazu ist es aber notwendig, daß Vordergründiges, Bewußtsein, Logik, Intellekt vorübergehend seiner Priorität beraubt und durchlässig gemacht wird. So kommt es zu Konzentrationsschwäche, Tagträumerei und ähnlichem.

Dieser ungewohnte Einbruch des Unbewußten führt diesen Menschen zunächst zum Arzt. Dieser verschreibt ihm Psychopharmaka. Sie helfen etwas, weil sie »Gift« sind und somit der gleichen Analogiekette angehören. Im weiteren Verlauf begibt er sich vielleicht zum Psychotherapeuten in Behandlung. Hier darf er nun tatsächlich das tun, was ihm Neptun beibringen will: Auseinandersetzung mit dem Unbewußten, dem Traumhaften, dem Irrationalen. Es ist aber vielmehr diese Art der Beschäftigung, die ihm hilft, als das, was die psychoanalytische Theorie als Erklärung heranzieht. Ein Urlaub am Meer und das Lesen eines esoterischen Romans täten das gleiche, ebenso Fußbäder und Farbtherapie mit flaschengrünem Licht.

Diese Beispiele ließen sich beliebig fortsetzen, aber es sollte nur die Bedeutung einer »Wirklichkeitsmatrix« dargestellt werden, die es ermöglicht, die gesetzmäßige Struktur astrologischer und im weitesten Sinne esoterischer Bezüge und Behauptungen zu erkennen.

Der Weg in die Freiheit

Wir haben versucht, am Beispiel der Astrologie den Begriff des Schicksals und den richtigen Umgang mit dem Schicksal deutlich werden zu lassen. Die Astrologie war dabei lediglich ein Hilfsmittel zur besseren Erkennbarkeit des Schicksals. Die Resultate gelten auch unabhängig von ihr.

Bleibt schließlich noch die Frage nach der Vorbestimmung und der Willensfreiheit des Menschen. Eine Antwort auf diese Frage gerät sehr leicht in eine Sackgasse, wenn man die Bedingungen des Polaritätsgesetzes übersieht. Determinismus und Freiheit sind zwei Pole, die sich gegenseitig bedingen und zusammengehören, nicht sich gegenseitig ausschließen, wie man häufig meint. Wie bei jeder Polarität können wir diese Gleichzeitigkeit beider Pole mit unserem Verstand nur schwer oder gar nicht begreifen, und dennoch kann die Freiheit ohne den Determinismus nicht leben und umgekehrt. Beide bedingen sich gegenseitig wie Licht und Dunkel, Einatmen und Ausatmen. Deshalb führt der Weg in die Freiheit über die Erfüllung der Gesetzmäßigkeit.

Die paradoxe Wahrheit lautet: Nur wer unter dem Gesetz steht, ist frei. Die Mehrzahl der Menschen versucht jedoch, Freiheit aus der Willkür heraus zu erreichen – dieser Weg führt aber in die Unfreiheit. Leid ist lediglich die Reibung, die zwischen den Menschen und dem Gesetz dieser Welt entsteht. Das Gesetz erfüllen, heißt, keine Reibung mehr wahrzunehmen. So lauten denn die goldenen Regeln zur Erlangung absoluter Freiheit:

1. Erkenne Dich selbst (den Mikrokosmos)!
2. Erkenne die Gesetzmäßigkeiten dieses Universums (Makrokosmos)!
3. Erkenne, daß die Gesetzmäßigkeit gut ist (in Harmonie gehen)!
4. Stelle Dich freiwillig und vollständig unter die als gut erkannte Gesetzmäßigkeit!

Wer diese vier Schritte vollzieht, erntet von selbst die Quinta Essentia, die da lautet: Freiheit. Wer sich freiwillig unter das Gesetz stellt, wird eins mit dem Gesetz, wird selbst zum Gesetz – und es gibt nichts mehr über ihm, was ihn hindern könnte. So formuliert Crowly: »Jeder Mensch soll sein wie ein Stern und seine Bahn ziehen.« Ein Stern ist frei, solange er seine Bahn zieht. Die Unfreiheit beginnt erst beim Verlassen seiner Bahn.

Jeder Mensch besitzt ebenfalls eine Bahn, die er in diesem Kosmos zu ziehen hat, er muß sie aber kennen, sonst bekommt er die Reibungen seiner falschen Bahn zu spüren. So reden wir weder der Aktivität noch der Passivität das Wort – erst beides zusammen ergibt einen Rhythmus. Zuerst muß der Mensch still werden und lauschen, um seine Bahn zu erfahren – dann aber muß er aktiv diese seine Bahn ziehen. Eine solche Aktivität entsteht aus dem Vertrauen, nicht aus der Egodominanz des: »Ich will, ich mache.« Seine höchste Freiheit hat der Mensch erlangt, wenn er die Worte sprechen kann: »Herr, nicht mein Wille, sondern Dein Wille geschehe«.

V.
Krankheit
und
Heilung

Ohne Heiland keine Heilung.
Die Wiederherstellung der biologischen Norm
ist niemals Heilung im höheren Sinne.
Heilung ist Heiligung.
HERBERT FRITSCHE

Krankheit ist die häufigste Form, Schicksal einzulösen. Krankheit und Gesundheit werden für den einzelnen wie für die Gesellschaft immer bedeutendere Problembereiche, deren Lösung sich immer schwieriger gestaltet. Auf der einen Seite erleben wir eine fast atemberaubende Entwicklung der Medizin auf dem technischen Bereich, auf der anderen Seite werden der Kranken immer mehr, das Kranksein immer teurer.

Betrachtet man das starke Interesse am Problem Krankheit und die vielfältigen Diskussionen hierüber, so muß man sich wundern, mit welcher Einfalt und Harmlosigkeit noch immer dieses Thema behandelt wird. Wie groß muß noch der Druck der Ereignisse werden, bis man zu begreifen beginnt, daß die bisherigen Theorien der Medizin auf einer Ebene liegen, die dem Niveau des Krankseins einfach nicht adäquat sind? Man übersieht zu leicht, daß die Denkfehler auch durch deren Ausweitung nicht richtiger werden.

Unsere moderne wissenschaftliche Medizin geht zurück auf Hippokrates (400 v. Chr.). Hippokrates stammte aus der berühmten Sippe der Asklepiaden, die im Laufe der Jahrhunderte in Griechenland Heilstätten errichteten (Asklepeien), in denen Priester die Kranken durch Rituale und Zaubergesänge heilten. Hippokrates, der selbst die Abstammung von den Asklepiaden sehr betonte, brach jedoch mit deren Tradition, der Priestermedizin, und begann, die Krankheiten losgelöst von aller Religion, für sich gesondert, zu betrachten und aus dem Studium ihres Verlaufs die entsprechenden Kuren zu entwickeln. Er legte damit die Grundlage für die Methode, die bis heute für die wissenschaftliche Medizin verbindlich ist.

Diese Medizin veränderte sich seit Hippokrates kaum und entwickelte sich nicht entscheidend weiter, stellt man den Fortschritt auf einigen Teilgebieten den Rückschritten auf anderen Teilgebieten gegenüber. Vor diesem Abfall des Hippokrates war Heilen eine Sache der Priesterschaft und somit der Religion. Krankheit war Ausdruck der Erzürnung Gottes und wurde durch den brückenschlagenden Priester (lat.: pontifex = Brückenbauer) dadurch geheilt, daß er den Kranken zur Reue rief und ihn somit wieder mit der Gottheit versöhnte. Aus der Sicht der Priestermedizin ist Krankheit immer mit Schuld verbunden, Heilung mit Reue und Umkehr.

Die Abwendung des Hippokrates von dieser Tradition ist gleichzeitig eine Abwendung vom »Kranksein« und die Hinwendung zu den »Krankheiten«. So beschäftigt sich die Medizin bis heute mit der Diagnose und Therapie von »Krankheiten« und übersieht damit das eigentliche Problem des »Krankseins«. Ein Mensch hat nicht eine Krankheit, sondern vielmehr ist *er* krank. Doch gerade dieser kranke Mensch wird von der Medizin nicht behandelt, sondern lediglich seine Krankheiten, seine Symptome. So bleiben die Erfolge der Medizin auf diese Krankheiten beschränkt, berühren aber das Kranksein der Menschheit nicht. So bekam man, gemäß der singulären Betrachtung der Krankheiten, einzelne Syptomgruppen eindrucksvoll in den Griff (Seuchen, Infektionskrankheiten usw.), andererseits übersieht man völlig, daß man dadurch das »Kranksein an sich« in keiner Weise verändert hat. So schreibt Hans Blüher, der wie kein anderer diese Zusammenhänge philosophisch durchleuchtet hat, in seinem »Traktat über die Heilkunde«:

»Die Krankheiten sind der Menschheit aufgeladenes Gut; die Krankenmasse, die in der Welt erscheint, bleibt sich immer gleich; jedenfalls ist ihre Veränderung von keinem menschlichen Eingriff abhängig. Wenn der Arzt einen Kranken heilt, so schafft er damit nicht ein Stück Krankheit aus der Welt, sowenig wie Materie durch Verbrennen vernichtet wird, sondern er nimmt *diesem* Menschen den individuellen Krankheitsanteil und – lädt ihn einem anderen auf, ohne es zu wissen.«

Da unser Thema das Schicksal des Menschen ist, müssen wir auch das Kranksein behandeln, dieses »der Menschheit aufgeladene Gut«. Die Symptome interessieren uns in diesem Zusammenhang weniger. Eine solche Betrachtung macht es notwendig, Medizin mit Philosophie und Religion zu verknüpfen, auch wenn diese Verbindung von der wissenschaftlichen Medizin angstvoll vermieden wird. Daß wir dadurch auch zu anderen Folgerungen über die Heilung der Krankheiten kommen, ist verständlich.

Um jedoch Mißverständnisse zu vermeiden, sei von vorneherein betont, daß es nicht darum geht, irgend etwas oder irgendwen anzugreifen oder dessen Tun zu verurteilen. Es bleibt völlig unbestritten, daß unsere Medizin in vielen Fällen notwendige Hilfe bringt, die jeder in einer entsprechenden Notsituation dankend annimmt. Die Ebene unserer Betrachtung ist nicht die Hilfe, sondern das Kranksein und dessen Heilung. Medizinische Therapie hat ihre Berechtigung und ihren Segen in der notwendigen Intervention, hat aber dennoch nichts mit Heilung zu tun.

Denn Heilen ist immer Heiligen und berührt eine der

wissenschaftlichen Medizin unbekannte Dimension. Eine Klärung der Begriffe und Zusammenhänge sollte nicht als Kritik aufgefaßt werden, sondern als der Versuch aufzuzeigen, wo man zu unbewußt handelt. Das Unbewußte ist immer der notwendige Vorläufer der Bewußtheit.

Alles hat seine Berechtigung zu seiner Zeit – Zeit ist es aber auch, die diese Berechtigung wieder nimmt. Irrtum ist Mangel an Erkenntnis – deshalb wartet jeder Irrtum auf seine Transmutation, denn alles Blei muß einmal in Gold verwandelt werden. So wie der Winter den Sommer träumt und die Nacht den Tag vorbereitet, so trägt jeder Irrtum die Wahrheit in sich verborgen – es ist unsere Aufgabe, diesen Lichtkeim zu befreien.

Kranksein und Tod
als Zeichen des Schicksals

Wir sahen bereits, daß das Kranksein meist für passive Lernschritte steht, die den Menschen mit einer noch nicht akzeptierten Wirklichkeit vertraut machen wollen. Krankheiten sind immer Informationsträger. Es gibt keine sinnlosen Krankheiten. Sie zeigen uns, wo wir unsere Bahn verlassen haben, beenden eingeschlagene Irrwege, zwingen zum Fragen.

Heilen heißt, die Information aus der Krankheit zu befreien. Dies setzt voraus, daß man nach der Sinnhaftigkeit fragt. Hier zeigt sich die Gefährlichkeit der heutigen Medizin, die versucht, die Krankheit aus sich heraus funktional zu erklären, und das Fragen des Patienten nach dem Warum durch Scheinantworten verhindert. Jeder Kranke spürt in seinem Inneren, daß das Kranksein mit ihm etwas zu tun haben muß, spürt etwas von Schuld – für ihn bedeutet seine Krankheit mehr als nur die Fehlfunktion des Körpers. Doch dieser Ansatz wird heute vom Arzt abgewürgt mit der Versicherung, das Ganze ist nichts anderes als nur . . . So verliert die Krankheit immer mehr die Rolle als Informationsträger, als Partner auf dem schwierigen Wege der Evolution, und bekommt den Stempel des Feindes aufgedrückt, der mit allen Mitteln bekämpft werden muß.

Es ist auffallend, daß man in der Medizin ausschließlich vom Kampf gegen die Krankheit spricht. Wen wundert es dann, daß gerade die Mediziner das Kranksein nicht verstehen können. Niemand kann einen Feind verstehen und kennenlernen, solange er gegen ihn »kämpft«. Solange die Medizin diesen Kampf nicht einstellt, wird sie weiterhin das Schicksal ertragen müssen, in Sachen Krankheit nicht kompetent zu sein, weil ihr das Verständnis fehlt. Der wichtigste und erste Schritt für den Kranken besteht darin, mit der Krankheit in Harmonie zu gehen, das Jasagen zu ihr zu lernen. Wie soll dies dem Patienten je gelingen, wenn sein Arzt sich als Kämpfer gegen die Krankheit betrachtet? Widerstand erzeugt immer Widerstand, Kampf immer Kampf.

Ähnlich wie kriegführende Regierungen, die ihrem Volk immer nur Siege berichten, aber die Niederlagen verschweigen, so hören wir auch aus den Kreisen der Medizin nur von Siegen über die Krankheiten. Nach so vielen gemeldeten Siegen dürfte aber langsam vom Gegner keine Spur mehr zu sehen sein . . . Doch der Gegner besitzt – Gott sei Dank – so viel Größe, daß er sich von den Spritzen, Tabletten und Messern der Medizin nicht beeindrucken läßt. Ich sage: Gott sei Dank – denn mit dem Verschwinden der Krankheiten wäre auch die Möglichkeit menschlicher Entwicklung beendet. Nur weil der Mensch krank ist, kann er geheilt werden – ohne Krankheit kein Heil.

Der zweite große und selbsternannte Feind der Medizin ist der Tod, den man ebenfalls versucht zu besiegen. Diese Beschäftigung verhindert offensichtlich, daß man »das Leben« näher kennenlernt. Denn über die Betrachtung einiger Auswirkungen des Lebens ist man bisher noch nicht hinausgekommen. Das Leben selbst als eigenständige Qualität ist jenen professionellen Kreisen noch relativ unbekannt. Das ist auch deshalb nicht sehr erstaunlich, wenn man bedenkt, daß die Medizin von Anbeginn bis heute an Leichen lernt – und somit wohl mehr die Wissenschaft vom toten als vom lebenden Menschen ist. Hier waltet dasselbe Urgesetz wie im Schicksalsverlauf eines jeden Menschen. Man wird gezwungen, sich immer mit dem besonders intensiv zu beschäftigen, dem man widerstrebt.

Dieser Widerstand gegen Krankheit und Tod ist, bei genauerem Hinsehen, doch etwas verdächtig bei einer Berufsgruppe, deren selbsterklärtes Ziel es ist, den anderen zu helfen. Zu widerstreben heißt genauso viel wie: nicht ausgesöhnt zu sein, was wieder auf unbewußte Ängste schließen läßt. Es entpuppt sich das Helfen als ein in die Außenwelt verlagerter Kampf gegen die eigenen Probleme, gegen unerlöste Ängste vor Krankheit und Tod. Wer wirklich Krankheit begriffen hat, kann nicht mehr vom »Kampf gegen Krankheiten« reden. Wer sich selbst mit dem Sterben ausgesöhnt hat, spricht nicht vom »Wettrennen mit dem Tod«, wenn es gelungen ist, körperliche Funktionen eines Menschen in einer Intensivstation aufrechtzuerhalten.

So berichtete eine Zeitung über verzweifelte Ärzte. Grund dieser Verzweiflung war ein junger Mann, der nach einem Unfall die kurzen Phasen des Bewußtseins dazu nutzte, die Transfusion von fremdem Blut aus Glaubensgründen strikt abzulehnen. Man fragt sich erstaunt, warum die Ärzte so verzweifelt waren? Hoffentlich darüber, daß sie selber nicht die Glaubensstärke besaßen wie dieser Patient.

Wenn die Machtgelüste der Medizin sich im bisherigen Maße weiterentwickeln, muß wohl bald das Recht auf Krankheit und Tod verfassungsrechtlich gesichert werden. Hilfe bekommt immer einen eigenartigen Beigeschmack, wenn sie um jeden Preis auch noch gegen den Willen des Betroffenen geschieht.

Natürlich darf diese Betrachtung nicht einseitig werden und so tun, als wären die Mediziner schuld, daß die armen Patienten nicht mehr sinnvoll mit dem Kranksein und dem Tod umgehen dürfen. Das Resonanzgesetz besagt, daß jeder das erhält, was er verdient. In unserem Falle heißt dies, daß die Kranken die Medizin bekommen, die sie verdienen. Dies gilt auch im Einzelfall. Jeder Kranke gerät an den Therapeuten, für den er reif ist – und umgekehrt, weshalb alle Therapeuten von der alleinigen Wirksamkeit ihrer Methode so tief überzeugt sind!

Wenn eine Gesellschaft verlernt hat, mit dem Schicksal umzugehen, und keine Lust hat, die Verantwortung für das Kranksein zu übernehmen, so züchtet sie selbst mit ihren Erwartungen eine Medizin, wie wir sie heute haben. Deshalb kann man nicht die Medizin verändern, sondern nur die Patienten – und um diese geht es hier.

Kranksein heißt, daß der Mensch aus einer Ordnung herausgefallen ist, heißt, daß er nicht mehr im Gesetz lebt. Dieses Kranksein wird signalisiert durch Symptome. Symptome haben Signalfunktion und können – richtig verstanden – uns einen Weg zum Kranksein und dessen Heilung zeigen. Die Symptome selbst sind keine Krankheiten. Die Symptome zum Verschwinden bringen, ist deshalb das Unwichtigste der Welt.

In der Technik gibt es viele Warnsysteme, wie beispielsweise eine rote Lampe an einer Gefriertruhe, die dann aufleuchtet, wenn die Temperatur in der Gefriertruhe ungewöhnlich ansteigt. Kein vernünftiger Mensch würde beim Aufleuchten dieser Lampe hingehen, die Birne locker schrauben und beim Verlöschen des Lichtes stolz verkünden, er habe die Gefriertruhe repariert. Bei der »Reparatur« des Menschen wiederholt sich dieser groteske Vorgang jedoch ständig. Kaum leuchtet ein Symptom auf, schon bringt der Arzt es zum Verschwinden und verbucht diesen Trick als einen Therapie-Erfolg.

So entsteht die Paradoxie, daß die Erfolgsstatistik der Medizin ausschließlich auf der Tatsache beruht, daß man nicht heilen kann. Denn jedes unterdrückte Symptom zwingt den Menschen, sein nichtbehandeltes Kranksein auf einer anderen Ebene zu signalisieren. Die Unterdrückung dieses neuen Symptoms ergibt bereits Therapie-Erfolg Nr. 2 und so weiter. Für diesen Effekt kennt man zwar den Begriff der Symptomverschiebung, aber durch die starke Spezialisierung – der Patient wandert mit der nächsten Krankheit zum nächsten Facharzt – fällt dieser Vorgang immer weniger auf.

Erkranken kann ein Mensch immer nur an einem Urprinzip, nicht an Bakterien, Viren, Toxinen oder ähnlichem. Heilen heißt, den Menschen heiler machen, ihn zu heiligen, dem Heil näherzubringen. Heilung ist an einen Bewußtwerdungsprozeß gebunden, der ihn mit dem Urprinzip (Gottheit), an dem er erkrankte, wieder aussöhnt. Eine so verstandene Heilung ist selbstredend nicht eine Frage immer besserer technischer Hilfsmittel, verfeinerter Diagnosesysteme, von mehr Chemie.

Heilen ist immer ein priesterlicher Akt, der jenseits der Stofflichkeit sich vollzieht. Heilen ist daher nur sehr begrenzt erlernbar, ein wahrer Heiler muß von der Natur zum Priester legitimiert werden, muß ein Initiierter sein. Paracelsus und Hahnemann waren beispielsweise solche von der Natur Eingeweihte. Es gab und gibt noch viele mehr, auch ohne vergleichbare Berühmtheit, aber immer sind es wenige Wissende – und diese tragen immer den Stempel des Priestertums –, und die wenigen sind es, die in Wirklichkeit die Welt verändern.

So läßt der Arzt Wladimir Lindenberg in seiner »Reise nach Innen« den Buturlin sagen: » . . . aber die Welt kann am wenigsten ohne die Weisen, ohne die Heiligen, die Beter existieren. Man sieht sie nicht, man hört nichts von ihnen, doch sind sie wirklicher als alle anderen, denn sie sind die einzig Beständigen.«

Angesichts der vielen Kranken mögen solche Forderungen an einen Heiler sehr weltfremd und unrealistisch klingen. Tatsächlich wird es kaum möglich sein, unsere medizinischen Großbetriebe mit wahren Heilern zu besetzen. Und auch eine normale Kassenpraxis unserer Tage ist nicht der rechte Ort, sich um das Seelenheil der Patienten zu kümmern. Es gehört nicht zu unserem Thema, genau zu ergründen, ob diese Zustände Voraussetzungen oder Folgen unserer Medizin sind, aber wir wollen aufzeigen, daß es sehr wohl praktikable

Wege gibt, gemäß dem Urprinzip des Heilens zu behandeln – wenn man wenigstens gewillt ist, den Anweisungen der großen Arzteingeweihten zu folgen und ihre Lehren zu befolgen.

Homöopathie

Eine der fundamentalsten Erkenntnisse auf dem Gebiete der Heilkunde ist die Homöopathie, wie sie von Samuel Hahnemann (1755–1843) in ihrer gültigsten Form entwickelt und weitergegeben wurde. Seit ihrem Bestehen wurde die Homöopathie bis heute von ihren Gegnern ebenso leidenschaftlich bekämpft wie von ihren Anhängern vertreten. Wir werden uns im folgenden etwas ausführlicher mit der Homöopathie beschäftigen. Nicht nur, weil in einer Zeit aktueller Gefahr von seiten der Gesetzgeber ein Verständnis gerade der nichtärztlichen Kreise dringend erforderlich erscheint, sondern vor allem deshalb, weil die Homöopathie weit mehr als eine bloße Therapiemethode ist.

Bei näherer Betrachtung wird sich die Homöopathie als das wahre Heilsprinzip dieses Universums entpuppen. Erst um dieser Bedeutung willen erhält auch die konkrete therapeutische Anwendung ihre Legitimation. Des weiteren soll an diesem Beispiel gezeigt werden, wie das esoterische Weltbild in der Lage ist, Wirkzusammenhänge einfach und klar aufzuzeigen, die für den materiell denkenden Menschen logische Unmöglichkeit zu sein scheinen.

Die Hauptangriffe richten sich meist gegen die Herstellungsart der homöopathischen Arzneimittel. Ein derartiges Medikament sei »so stark verdünnt«, daß es kaum mehr Wirkstoffe enthalten könne. Mit auffallender Unbelehrsamkeit demonstriert die Presse diesen Vorgang der Öffentlichkeit an dem Beispiel, daß man einen Tropfen einer Substanz in den Bodensee oder die Nordsee tut, symbolisch umrührt und behauptet, ein an der anderen Uferseite entnommenes Fläschchen Wasser entspräche nun etwa der homöopathischen Verdünnung D 30. Noch wissenschaftlicher wird die Beweisführung, wenn man in der Apotheke fünf verschiedene homöopathische Medikamente kauft, diese mit modernen Geräten bis in die Atomstruktur analysiert, nur um dann festzustellen, daß alle fünf Fläschchen lediglich Alkohol mit einigen Unreinheiten enthielten.

Der Betrug ist entlarvt, und man fordert »im Interesse der Öffentlichkeit« lautstark den Gesetzgeber auf, endlich gegen ihn reglementierend einzuschreiten.

Um nicht weiterhin Opfer dieser an der Homöopathie völlig vorbeigehenden Argumentation zu bleiben, wollen wir zuerst der Herstellung eines homöopathischen Arzneimittels zuschauen. Ausgangsstoff für ein Medikament kann fast alles sein, was an Stoffen in dieser Welt vorkommt, aber man beschränkt sich primär auf die Stoffe aus den drei Naturreichen: Mineralien, Tiere, Pflanzen.

Wählen wir als Beispiel die Tollkirsche Belladonna (Bell.). Aus dieser pflanzlichen Frucht wird eine Tinktur hergestellt, die den Ausgangsstoff darstellt und deshalb auch Urtinktur genannt wird (Symbol = ø). Von dieser Urtinktur nimmt man nun einen Teil und gibt dazu 10 Teile Lösungsmittel, wie zum Beispiel Alkohol, um beides miteinander zu verschütteln. Dieses Schütteln, das, genau gesagt, aus einer bestimmten Anzahl von Schüttelschlägen besteht, nennt man Potenzieren. Das Endergebnis dieses Vorgangs heißt nun Bell. D 1, das ist die erste Dezimalpotenz der Pflanze Belladonna. Von dieser Bell. D 1 nimmt man wiederum einen Teil und verschüttelt ihn mit 10 Teilen Lösungsmittel und erhält so Bell. D 2. Dieser Vorgang des Potenzierens wiederholt sich fortlaufend, was zu folgendem Schema führt:

1 Teil Bell. $\varnothing$ + 10 Teile Alkohol = Bell. D 1
    (Verhältnis 1:10)
1 Teil Bell. D 1 + 10 Teile Alkohol = Bell. D 2
    (Verhältnis 1:100)
1 Teil Bell. D 2 + 10 Teile Alkohol = Bell. D 3
    (Verhältnis 1:1000)
1 Teil Bell. D 3 + 10 Teile Alkohol = Bell. D 4
    (Verhältnis 1:10000)
1 Teil Bell. D 4 + 10 Teile Alkohol = Bell. D 5
    (Verhältnis 1:1000000)
1 Teil Bell. D 5 + 10 Teile Alkohol = Bell. D 6
    (Verhältnis 1:1 Million)
1 Teil Bell. D 6 + 10 Teile Alkohol = Bell. D 7
    (Verhältnis 1:10 Millionen)
↓
1 Teil Bell. D29 + 10 Teile Alkohol = Bell. D30
(Verhältnis 1: 1 Quintillion

Wir beenden hier unsere Tabelle mit D 30, obwohl die Potenzierung eines Arzneimittels hier bei weitem noch kein Ende finden muß. Jedes Arzneimittel ist in den verschiedensten Potenzen erhältlich, man kann Belladonna D 3 genauso erhalten wie Bell. D12, D30, aber auch D 200, D 500, D 1000, D 10000. Belladonna D 200 entspricht nach obigem Schema einem Verhältnis von einem Teil Bell. zu so vielen Teilen Alkohol, wie die Zahl 1 mit 200 Nullen ausdrücken würde.

Nun weiß man jedoch, daß bei der D 23 bereits kein einziges Molekül der Ursubstanz (in unserem Fall Bell.) mehr vorhanden sein kann. Alles, was ab der D 23 noch geschieht, ist ein rituelles Verschütteln von Alkohol. Eine Belladonna D 30 unterscheidet sich von Belladonna D 200, chemisch gesehen, durch absolut gar nichts – beides ist reiner Alkohol und verdient, so gesehen, gar nicht die Aufschrift »Belladonna«. Dennoch arbeitet die Homöopathie mit diesen »hohen Potenzen« – Hahnemann benutzte fast ausschließlich die dreißigste Potenz und führte damit alle Kuren durch.

Der Gegner der Homöopathie freut sich, da hiermit bewiesen ist, daß man mit »nichts« arbeitet. Der echte Homöopath aber benützt die D 30, damit er sicher ist, daß er nicht mehr mit Materie arbeitet.

Der Vollständigkeit halber sollte man hier erwähnen, daß es auch noch die sogenannten C-Potenzen gibt (Centesimalpotenzen), bei denen pro Potenzschritt im Verhältnis 1:100 (statt 1:10 bei den D-Potenzen) verschüttelt wird. Bei den C-Potenzen, die eigentlich die ursprünglicheren sind und denen auch deshalb der Vorzug zu geben ist, verläßt man natürlich noch schneller die materielle Ebene – ab C 12 kein Atom der Ursubstanz. Eine späte Entwicklung Hahnemanns stellen die sogenannten LM-Potenzen (Quinta-Centesimal-Potenzen) dar, die den Hochpotenzen entsprechen, aber in der Therapie leichter zu handhaben sind. Die damit zusammenhängenden fachlichen Probleme interessieren uns hier jedoch nicht.

Stellt schon die Tatsache, daß in den Medikamenten »nichts« von dem, was die Aufschrift verspricht, enthalten ist, vor einige Probleme, so vergrößert die Dosierung die Verwirrung noch um einiges. Bekommt ein Patient zum Beispiel eine D 6 verschrieben, so muß er von dieser eventuell alle zwei Stunden eine Gabe nehmen – eine Gabe = immer sieben Tropfen oder sieben Globuli. Homöopathische Medikamente gibt es nämlich nicht nur in flüssiger Form, sondern auch als kleine Milchzuckerkügelchen, die sogenannten Globuli. In diesem Fall entspricht der Milchzucker dem Lösungsmittel Alkohol.

Von einem Medikament in der dreißigsten Potenz (D 30) darf er nur einmal am Tag eine Gabe einnehmen, eine D 200 bekommt er nur ein einziges Mal und dann sechs Wochen kein weiteres Medikament. Es ist für einen an Tablettenkonsum gewöhnten Bürger ein sehr eigenartiges Gefühl, von einem Medikament sieben Tropfen zu erhalten und zu hören, er möge sich nach sechs Wochen wieder einmal melden – und das bei einer D 200, »wo doch schon so lange gar nichts mehr drin ist«.

Die Verwirrung steigert sich noch, wenn man erlebt, daß ein Homöopath einer Frau das gleiche Medikament, das ihrem Ehemann so gut bei seiner Mandelentzündung geholfen hat, nun gegen ihre Krampfadern verschreibt. Dafür bekommt die Ehefrau bei der nächsten Mandelentzündung wieder ein gänzlich anderes Mittel. So fällt es auch auf, daß auf den Medikamenten keinerlei Hinweise zu finden sind, wo sie helfen.

Information als Heilmittel

Bei so viel Ungereimtheiten sollte es nicht zu sehr verwundern, wenn die Spötter ein leichtes Spiel haben, Homöopathie als Aberglauben hinzustellen. Auf der anderen Seite stehen die Erfolge, die so eindeutig sind, daß auch Schlagworte wie Placebo-Effekt, Spontanheilungen, Autosuggestion nur wie Ausreden klingen. Einen homöopathischen Arzt, der dreißig Jahre lang seine Praxis ausschließlich homöopathisch führt, zu verdächtigen, er arbeite ausschließlich mit der Einbildungskraft seiner Patienten, ist lediglich ein Zeichen für naive Dummheit. Wenn dem nämlich so wäre, müßte sich die Schulmedizin schämen, nicht ebenso viele Erfolge mit Placebo-Effekten zu erzielen. Warum aber auch Tiere bereit sind, per Einbildungskraft dem Homöopathen Erfolge zu verschaffen, wartet wohl noch auf eine wissenschaftliche Erklärung.

Man könnte an dieser Stelle eine ganze Reihe rein experimenteller Beweise für die Wirksamkeit der homöopathischen Medikamente anführen – Kristallisationstest nach Pfeiffer, Kapillardynamolyse nach Kolisko, Medikamententest nach Voll und so weiter. Doch es geht nicht darum, den Unverständigen etwas zu beweisen, was sie weder verstehen können noch wollen. Vielmehr setze ich die allen anderen schulmedizinischen Verfahren bei weitem überlegene Wirksamkeit der Homöopathie hier voraus. Denn sie ist eine Tatsache, von der sich jeder selbst überzeugen kann, wenn er will. Interessanter als alle funktionalen Beweise sind nämlich die Überlegungen, wie und warum gerade die Homöopathie heilen kann und warum sie in allen Punkten der üblichen medizinischen Vorstellungswelt widerspricht.

Alle Widersprüche lösen sich schnell, wenn wir zwei Begriffe auseinanderhalten: Information und Informationsträger. Betrachten wir eine Tonbandkassette: Sie besteht aus einem Plastikgehäuse und einem beschichteten Kunststoffband. Mit dieser Kassette kann man beispielsweise ein Konzert oder einen Vortrag aufnehmen. Vortrag oder Musik sind die Information, die Kassette lediglich der Informationsträger. Zwei Kassetten, eine mit dem Vortrag, die andere aber mit Musik bespielt, ließen sich materiell nicht voneinader unterscheiden, trügen sie nicht eine unterschiedliche Beschriftung.

Ebenso verhält es sich mit einem Buch. Das Buch selbst besteht aus Papier, Leim und Druckerschwärze. Der Inhalt könnte eine Abhandlung über die Geschichte Europas sein. Gibt man dieses Buch einem Team von Wissenschaftlern mit dem Auftrag, es bis in die Atomstruktur zu analysieren, so würde man anschließend eine Liste erhalten mit dem Gewicht des Buches, seinen genauen Maßen, den Ergebnissen der Spektralanalyse, der genauen chemischen Zusammensetzung und so weiter. Nur eines würde in den Analyse-Ergebnissen nicht mehr auftauchen: die Geschichte Europas. Der Inhalt des Buches, dessen eigentliche Information, ist bei der Analyse verlorengegangen.

Aus der Sicht der Homöopathiegegner müßte das komplexe Buchangebot eine reine Betrügerei sein, denn alle Bücher bestehen im großen und ganzen aus demselben Material und tragen lediglich unterschiedliche Aufschriften. Daß den unterschiedlichen Titeln auch unterschiedliche Inhalte entsprechen, läßt sich meßtechnisch im Labor nicht mehr feststellen.

Information ist immer etwas Immaterielles und braucht zur Weitergabe einen materiellen Träger. Ein solcher Informationsträger kann aus den verschiedensten Substanzen – Tonband, Schallplatte, Papier, Holz, Stein, Metall, Luft und so weiter – bestehen und dennoch immer die gleiche Aufgabe erfüllen. Gleiche Informationsträger können die unterschiedlichsten Informationen weitergeben, gleiche Informationen können unterschiedlichsten Trägern anvertraut werden. Gewöhnlich kommt es primär auf die Information und nicht so sehr auf das Trägermaterial an. Möchte man Goethes Faust kennenlernen, so ist es sekundär, ob ich den Text auf Papier gedruckt, Metall geritzt oder auf Band gesprochen habe. Wichtig ist die Information selbst.

Bekomme ich ein Buchexemplar von Goethes »Faust«, so genügt dieses eine Exemplar für die Informationsübermittlung. Zehn weitere Bände des gleichen Buches bringen nicht mehr Information.

Übertragen wir diese einfachen Beispiele auf unser Problem. Wir sagten bereits, daß bei einer Krankheit immer der Mensch krank ist, niemals die Materie. Materie als solche kann nicht erkranken, weil alle Materie an sich »krank« ist. Im Körperlichen zeigen sich lediglich die Fußspuren der Krankheit. Will man heilen, so muß dies immer – wie wir bereits betonten – mit einer Bewußtseinserweiterung einhergehen. Bewußtseinserweiterung ist aber Informationszufluß. Erhebt ein Medikament den Anspruch »Heilmittel« (= Heilvermittler) zu sein, so muß dieses Heilmittel die dem Menschen fehlende Information übertragen.

Erinnern wir uns an die Entsprechung des Menschen als Mikrokosmos zum Makrokosmos, so muß alles dem Mikrokosmos Mensch Fehlende im Makrokosmos vorfindbar sein. Alle Prinzipien sind im Makrokosmos als Mineralien, Tiere oder Pflanzen individualisiert. Das Wesentliche einer Heilpflanze ist gerade ihre Individualität, ihre Seele als Repräsentant eines Urprinzips, die sich in ihrem körperlichen Organismus ausdrückt. Fehlt einem Menschen ein Urprinzip – der Arzt fragt: Was fehlt Ihnen denn? –, so kann man es im Makrokosmos suchen und dem Kranken diese Information einverleiben. Dafür ist es aber notwendig, die Information einer Pflanze, eines Minerals, Tieres usw. von seiner korporalen Erscheinungsform zu lösen, sie aus dem materiellen Verhaftetsein zu befreien und diese befreite Information an einen geeigneten Informationsträger zu koppeln, um sie weitergeben zu können.

Genau das geschieht durch die Potenzierung in der Homöopathie. Bei dem beschriebenen Vorgang wird schrittweise (!) das Wesentliche der Pflanze, ihre Individualität, von ihrer korporalen Form gelöst und gleichzeitig die freiwerdende Information an einen neuen, neutralen Träger – Alkohol, Milchzucker – gebunden. Je länger man das macht, um so höher die Potenz wird, um so mehr erlöst man sie aus ihrer materiellen Gefangenheit und um so stärker kann sich ihre Information im nichtmateriellen Raume entfalten.

Deshalb steigt mit der Potenz die Wirksamkeit so gewaltig, daß von der D 200 oft nur zwei Tropfen oder Kügelchen gegeben werden, und bis dahin unheilbare Krankheiten verschwinden für immer. Würde man versehentlich statt zwei Kügelchen ein ganzes Pfund schlucken, so würde auch nicht mehr oder weniger geschehen, denn wir sagten schon bei unserem Buchbeispiel, daß zehn weitere Bücher nicht mehr Information bringen können als eins. Hundert gleiche Visitenkarten sagen nicht mehr über eine Adresse aus als eine einzige. Da es dem wahren Homöopathen nur auf die Information ankommt, arbeitet er fast ausschließlich mit Potenzen über der D 30, weil die niederen Potenzen durch ihre materiellen Anteile noch körperliche Umwege gehen, weshalb sie auch in häufigeren Dosen verabreicht werden müssen.

Wer die Potenzierung als schrittweisen »Vergeistlichungsprozeß« der Materie verstanden hat, erkennt auch den Unterschied zwischen einer Verdünnung und einer Potenzierung eines Stoffes. Daher hat das Bild von dem einen Tropfen in den Bodensee keinen Bezug zur Homöopathie, denn es kommt nicht auf die Verdünnung des Stoffes an, das Wesentliche besteht im Potenzieren. Homöopathie im Sinne Hahnemanns ist nicht eine Therapie »mit ganz geringen Arzneimengen«, sondern eine ohne materielle Arzneien.

Dies sei betont, weil eine Gruppe sich »kritisch« nennender Homöopathen sich lautstark gegen die hohen Potenzen ausspricht und die niederen Potenzen über materielle Theorien dem schulmedizinischen Denksystem anpassen will. Anpassung esoterischer Disziplinen durch unkompetente Nachfolger ist jedoch immer Verrat und zeugt lediglich von der Profilneurose derer, die sie betreiben. Schon Paracelsus sagte: »Was die Zähne kauen, ist die Arznei nit; niemand sieht die Arznei. Es liegt nit am Leib, sondern an der Kraft.«

Das Prinzip der Ähnlichkeit

Nach diesem Versuch, Herstellung und Wirkung der homöopathischen Mittel zu verdeutlichen, kommen wir zum Kern: Wie kann ich feststellen, welche Information dem Kranken fehlt, und wie erkenne ich, worin sich im makrokosmischen Bereich die fehlende Information manifestiert? Die Antwort finden wir in der klassischen Formulierung Hahnemanns: »Similia similibus curantur«, oder auf deutsch: »Das Ähnliche möge durch das Ähnliche geheilt werden.«

Diese Ähnlichkeitsanweisung ist das Kernstück der Homöopathie und überragt in seiner Gültigkeit das Gebiet der Heilkunde bei weitem. Die konkrete Durchführung dieser Anweisung geschieht wie folgt: Fast jede in der Natur vorkommende Substanz ist giftig. Die Giftigkeit der verschiedenen Substanzen unterscheidet sich lediglich in der Dosis, die für eine Giftwirkung notwendig ist. So ist für die Giftwirkung von Kochsalz eine wesentlich größere Menge notwendig als für die Giftwirkung von Quecksilber. Doch jede Substanz zeitigt ab einer gewissen Menge Vergiftungserscheinungen im menschlichen Organismus.

Die Homöopathie bedient sich der Arzneimittelprüfung an Gesunden; ein Mensch nimmt von einer Substanz (Mineral, Pflanze usw.) so viel zu sich, daß der gesunde Organismus krank wird. Alle dabei auftretenden Symptome werden auf das genaueste beobachtet und protokolliert. So erhält man das Vergiftungsbild beziehungsweise das Arzneimittelbild einer bestimmten Substanz. Zwar zeigt ein solches durch Vergiftung erzeugtes Krankheitsbild immer nur die individuelle, subjektive Reaktion eines Körpers auf die Substanz, aber durch die wiederholte Prüfung der gleichen Substanz an verschiedenen Individuen läßt sich ein charakteristisches Wirkungsbild eines bestimmten Mittels aufstellen.

Bei der Arzneimittelprüfung nimmt der gesunde Mensch ein Arzneimittel und wird hiervon krank. Findet der Arzt einen Kranken, dessen Summe der Symptome eine große Ähnlichkeit mit dem Krankheitsbild hat, das durch ein bestimmtes Mittel am Gesunden erzeugt wurde, so ist dieses Mittel das »Simile«, das heißt das richtige Arzneimittel, das in der Lage ist, den Kranken zu heilen. Allerdings bekommt der Kranke den Arzneistoff nicht in der materiellen (giftigen) Form, sondern in einer Potenz verabreicht.

Es sei nochmals wiederholt: Ein Arzneimittel, z.B. Belladonna, ruft auf Grund der Giftwirkung beim Gesunden eine Krankheit mit charakteristischen Symptomen hervor. Hat ein Kranker, der kein Belladonna genommen hat, ein Symptombild, das mit dem Vergiftungsbild von Belladonna eine Ähnlichkeit zeigt, so ist Belladonna in der potenzierten Form das passende Heilmittel für diesen Patienten. Denn Similia similibus curantur – das Ähnliche wird durch das Ähnliche geheilt.

Hier zeigt sich wieder die ganze Bedeutung des Polaritätsgesetzes: Das, was für den Gesunden Gift ist, ist für den Kranken das Heilmittel. Es ist wohl kein Zufall, daß im Griechischen das Wort Pharmakon sowohl Gift als auch Heilmittel bedeutet.

Auf die beschriebene Weise wurden von den Pionieren der Homöopathie einige tausend verschiedene Arzneimittel am eigenen Körper auf ihre Vergiftungssymptome hin geprüft. Der Arzt machte sich selbst krank und wurde ein Mit-Leidender: Die eigentliche Bedeutung von Homöopath ist homoion – ähnlich, pathein – leiden. So, wie aus dem Gift durch Potenzierung ein Heilmittel wird, so wird aus dem Arzt, der freiwillig in die Krankheit hinabsteigt, der wahrhaft Heilende, weil er im Leid dem Kranken ähnlich wird. Schon an dieser Stelle drängt sich der Gedanke an Christus auf, der als

Gott freiwillig ein leidender Mensch wurde, um so homöopathisch – durch ähnliches Leid – den Menschen erlösen zu können.

Obwohl schon unglaublich viele Stoffe auf ihre Arzneimittelwirkung hin überprüft wurden, müssen immer weitere Stoffe dieser Prüfung unterzogen werden, auch wenn dadurch das Finden der richtigen, »ähnlichen« Arznei im Einzelfall immer schwieriger wird. Doch die Homöopathie ist mit ihrer Arbeit erst am Ende, wenn sie den gesamten Makrokosmos auf seine Gift- und damit auf seine Heilwirkung geprüft hat.

Wenn wir uns erinnern an das, was wir im Zusammenhang mit der Astrologie über die Erkrankung an einem Urprinzip gesagt haben, dann muß die Arbeitsweise der Homöopathie immer klarer werden. Der Mensch als Mikrokosmos enthält in sich die Summe aller Urprinzipien in Form nichtmaterieller Einheiten. Der Makrokosmos enthält ebenfalls all diese Urprinzipien, aber in ihrer gestürzten, sündigen Form, gefesselt in der Dunkelheit der materiellen Erscheinungsweise. Der Sturz aus dem Reiche der Ideen in das Reich der Materie macht die Prinzipien giftig, denn giftig ist der Gegenpol von heil, heilig. Deshalb wurde oben gesagt, daß die materiellen Substanzen nie heilen können, denn sie sind selbst ja noch nicht erlöst.

Nimmt ein Gesunder ein solches Urprinzip in seiner materiellen Erscheinungsform, so vergiftet er sich und wird krank. Im Kranken geschieht jedoch das gleiche. Im Kranken stürzt eines »seiner« Urprinzipien in die materielle Form, »wird dumm« (Fritsche) und materialisiert sich in seinem Körper als Stoff. Dieses verstofflichte Urprinzip vergiftet ihn nun, und so wird er krank. Ihm fehlt jetzt dieses Urprinzip auf der nichtstofflichen

Ebene, dafür erlebt er dessen Giftwirkung auf der körperlichen Ebene.

Der Homöopath, dessen schwierige Aufgabe es ist, herauszufinden, an welchem Urprinzip der Kranke erkrankt ist, gibt ihm das fehlende Urprinzip als Arznei, das zwar aus dem Makrokosmos stammt, aber durch die Potenzierung erlöst und so in die nichtmaterielle Form zurückverwandelt wurde. Der Kranke bekommt, was ihm fehlt. Diese Information sorgt dafür, daß im körperlichen Bereich das stofflich und giftig gewordene Urprinzip ausgeschieden wird. Man kann diese Ausscheidung experimentell messen: Bekommt ein Patient eine Gabe Sulfur D 200 (Schwefel); so scheidet sein Körper plötzlich ungefähr sechshundertmal soviel Schwefel aus, als dies normal üblich ist – bis zu 5,76 Gramm täglich.

Mit dem Simileprinzip hat Hahnemann ein Urprinzip gültig formuliert. Heilung kann nur durch Ähnlichkeit erfolgen – weshalb man jedes therapeutische System daran messen kann, ob es dem homöopathischen Prinzip gerecht wird oder nicht. Die Schulmedizin denkt allopathisch, sie versucht durch das Gegenteil – per contraria – zu heilen. Das Gegensatzprinzip widerspricht dem Weltgesetz. Widerstand erzeugt immer Widerstand, man kann damit Effekte erzielen, aber nicht heilen. Das wußten alle großen Ärzte; bereits zweihundert Jahre vor Hahnemann sagte der große Paracelsus: »Auf keine Weise wird eine Krankheit per contraria – also mit den gegensätzlichen Mitteln geheilt –, sondern mit Hilfe des Similie« (sed quodlibet suo simile).

Im »Paragranum« schreibt Paracelsus: »Weißt Du, daß eine Krankheit arsenikalisches Gepräge hat, so zeigt Dir das die Kur an. Denn Arsenik heilt Arsenik, Anthrax heilt Anthrax, wie Gift nun einmal Gift heilt.

Darum heilt ein Mensch den anderen – und zwar weil die gleiche Anatomie da ist; gleiche Anatomie heilt wechselseitig.« Paracelsus kannte bereits das Simileprinzip, doch noch nicht die Arzneimittelherstellung durch Potenzieren. Statt dessen verarbeitete er seine Arzneien alchemistisch. In der alchemistischen Zubereitung von Arznei geschieht jedoch die gleiche Transmutation vom Gift zur Arznei, lediglich auf eine andere Weise wie bei der Potenzierung.

Abschließend sei nochmals an die im vorigen Kapitel skizzierte Astrotherapie erinnert, deren homöopathische Struktur jetzt noch besser verstanden werden kann. Leidet jemand am Saturnprinzip, so bekommt er als Heilmittel ebenfalls Saturnprinzipien verordnet. Der Depressive braucht deshalb einen schwarzen Raum, nicht bunte Farben und so weiter.

Allen gemeinsam ist die Anschauung, daß jedes Kranksein eine mikrokosmische Wiederholung dessen ist, was wir Sündenfall nennen, und deshalb jede Heilung ebenfalls ein Erlösungsprozeß im Kleinen sein muß.

VI.
Schöpfung
und
Sündenfall

Leidvermeiderei, wie und wo sie sich auch immer offenbare,
zeigt stets an, daß der, der sie betreibt,
ein grundsätzlich Uneingeweihter ist.
HERBERT FRITSCHE

Du mußt verstehen,
aus eins mach zehn
und zwei laß' gehn
und drei mach gleich,
so bist Du reich.
Die vier verlier
aus fünf und sechs,
so sagt die Hex',
mach sieben und acht,
so ist's vollbracht.
Die neun ist eins
und zehn ist keins,
das ist das Hexeneinmaleins.

GOETHE

Goethes Hexeneinmaleins ist für den heutigen Menschen kaum mehr verständlich. Man vermutet wohl häufig eine bloße Wortspielerei ohne viel Sinn darin, was allerdings bei Goethe eine recht mutige Unterstellung wäre.

Wir sprachen bereits von der Polarität der Zeit, von ihrem quantitativen und qualitativen Aspekt. So, wie wir heute ausschließlich die quantitative Seite der Zeit beachten, kennen wir auch bei den Zahlen nur noch die Quantität. Die Zahl drei ist für uns stets mit einer Mengenvorstellung verbunden – drei Äpfel, drei Liter, drei Grad und so weiter. Aber auch die Zahlen besitzen den gegenpolaren Aspekt der Qualität.

Lernt man die Qualität der Zahlen verstehen, so offenbaren sich die Zahlen als Grundmuster und Ursymbole der Schöpfung. Pythagoras, in Ägypten in die esoterischen Disziplinen eingeweiht, lehrte, daß die Zahl der letzte Baustein, die Wurzel dieser Welt sei. Lieferte er auch der Mathematik bis heute gültige Lehrsätze, so betrachtete er alle Zahlen und mathematischen Zusammenhänge primär qualitativ, als Gleichnis einer höheren Wirklichkeit.

Genau das ist das Kriterium, das einen genialen Geist von seinen Anhängern unterscheidet. Als Isaac Newton das Gravitationsgesetz entdeckt hatte, ging er an die Bibelübersetzung und schrieb unter anderem Bücher über die Prophezeiungen Daniels und die Johannesapokalypse. Er benutzte das Gravitationsgesetz lediglich als Gleichnis und folgte darin dem senkrechten Denken. Seine Anhänger und Nachfolger benutzten das Gravitationsgesetz zur Befriedigung ihrer Neugierde und bewiesen damit ihren Unverstand.

Zahlen sind, ebenso wie die Sprachen, nicht etwas von Menschen Erdachtes oder Erschaffenes, sondern etwas vom Menschen Vorgefundenes. Zahlen sind Urqualitäten, Wirklichkeiten höherer Ordnung. Zahlen offenbaren bei rechter Betrachtung die Gesetze und Geheimnisse dieser Schöpfung – sie bilden den Schöpfungsvorgang ab.

Wir wollen deshalb, soweit es für unsere weiteren Überlegungen hilfreich und notwendig ist, einige qualitative Merkmale der Zahlen betrachten, ohne den Anspruch zu erheben, das große Gebiet der Zahlenmythologie auch nur annähernd auszuschöpfen.

Die Esoterik verwendet im Umgang mit Zahlen primär zwei Rechenoperationen, die theosophische Reduktion und die theosophische Addition. Die theosophische Reduktion besteht darin, daß eine aus mehreren

Ziffern gebildete Zahl auf eine einzige Ziffer zurückgeführt wird, indem die Ziffern, aus denen die Zahl zusammengesetzt ist, so lange addiert werden, bis nur eine einzige Ziffer übrig bleibt. Dieses Verfahren ist als Bildung der Quersumme allgemein bekannt. Beispiele:

$$10 = 1 + 0 = 1$$
$$11 = 1 + 1 = 2$$
$$12 = 1 + 2 = 3$$
$$13 = 1 + 3 = 4$$
$$2311 = 2 + 3 + 1 + 1 = 7$$
$$666 = 6 + 6 + 6 = 18 = 9$$

Aus dieser Operation folgt, daß alle Zahlen ohne Ausnahme nur verschiedene Darstellungen der ersten neun Ziffern sind. Es gibt nur neun Ziffern. Haben wir diese ausgeschöpft, so schreiben wir, der erste Zyklus (0) ist vollendet: 10. Ab nun beginnt wieder die Entwicklung von 1 – 9, lediglich auf einer anderen Ebene. So bilden die Ziffern 1 – 9 das Grundmuster einer jeden Entwicklung und Schöpfungsprozedur.

Die theosophische Addition besteht darin, daß man alle Ziffern einer Zahl von ihrer Einheit bis zu ihr selbst arithmetisch addiert.
Beispiel:

Der theosophische Wert der Zahl 3
ist $1 + 2 + 3 = 6$,
der theosophische Wert der Zahl 4
ist $1 + 2 + 3 + 4 = 10$,
der theosophische Wert der Zahl 7
ist $1 + 2 + 3 + 4 + 5 + 6 + 7 = 28$,
28 reduziert sich auf $2 + 8 = 10 = 1 + 0 = 1$.

Daraus folgt $4 = 10 = 1$
$7 = 10 = 1$
also gilt: $4 = 7$

Wenden wir diese beiden Operationen systematisch an, so zeigt sich eine innere Struktur im Zahlenaufbau.

Wir finden, daß die Zahlen 1, 4, 7, 10 alle gleich 1 sind:

Denn $1 = 1$
$4 = 1 + 2 + 3 + 4 = 10 = 1$
$7 = 1 + 2 + 3 + 4 + 5 + 6 + 7 = 28 = 10 = 1$
$10 = 1$

Hiermit wird sichtbar, daß sich der Aufbau der Zahlen in Dreierschritte zerlegen läßt, denn die Zahl »4« repräsentiert die Einheit »1« auf einer höheren Ebene. So können wir also schreiben:

$$1 \quad 2 \quad 3$$
$$4 \quad 5 \quad 6$$
$$7 \quad 8 \quad 9$$
$$10 \quad 11 \quad 12$$
$$13 \quad 14 \quad 15 \quad \text{und so weiter.}$$

Wir sehen, daß alle Zahlen der ersten senkrechten Reihe (1, 4, 7, 10, 13, 16, 19 usw.) nur verschiedene Ausformungen der Einheit sind. Zur Kontrolle:

$1 = 1$
$4 = 1 + 2 + 3 + 4 = 10 = 1$
$7 = 1 + 2 + 3 + 4 + 5 + 6 + 7 = 28 = 10 = 1$

$$10 = 1 + 0 = 1$$
$$13 = 1 + 3 = 4 = 1$$
$$16 = 1 + 6 = 7 = 1$$
$$19 = 1 + 9 = 10 = 1 \quad \text{und so weiter.}$$

Alle Zahlen können also in einer letzten Analyse reduziert werden auf die Folge der vier ersten Zahlen in folgender Anordnung:

1 2 3
4

Jede Schöpfung und Entwicklung besteht aus einem Dreierschritt, der vierte Schritt leitet bereits eine Wiederholung der ersten Dreiheit auf einer neuen Ebene ein. Dieses Wissen ist innerhalb esoterischer Kreise sehr alt und wurde in den verschiedensten Formulierungen weitergegeben, wie zum Beispiel in der Lehre der vier Elemente, in dem Pythagoreischen Tetraktys, dem Tetragrammaton der Kabbalisten »Jod He Vau He«, und so weiter. Diese vier ersten Zahlen ordnete man folgenden Urideen zu:

Die 1 repräsentiert die urspüngliche Einheit, von der der Impuls ausgeht. Sie ist damit das Aktive, schöpferische Prinzip (männlich).

Die 2 ist jenes weibliche, empfangende, passive Prinzip, das den schöpferischen Impuls der 1 aufnehmen kann (Opposition, Antagonismus).

Die 3, das Resultat aus der Beziehung der Einheit (1) zur Opposition (2), ist neutral.

Die 4 ist in sich selbst nichts Neues, sie ist bipolar, da sie einerseits das passive Resultat der ersten Schöpfungstriade ist – 4 = gerade Zahl = weiblich (–), ande-

173

rerseits aber gleichzeitig der aktive Neubeginn einer neuen Ebene – 4 = 1, 1 aber ist positiv (+).

In unserer Zeit finden wir dieses Urgesetz in der Dialektik wieder: These – Antithese – Synthese. Doch auch die klassische Elementenlehre drückt denselben Zusammenhang aus: Feuer ist das aktive, schöpferische Prinzip, dem als Gegenpol oder Antagonismus das passive, aufnehmende, formbare Wasser folgt. Das Luftelement schafft den Ausgleich zwischen diesen ersten beiden Gegensätzen und ist neutraler Vermittler. Feuer, Wasser und Luft sind die drei Urprinzipien, denen als viertes die Erde folgt. Die Erde aber ist kein reines Prinzip, sondern eine Mischung aus den ersten drei, die als Ergebnis gleichzeitig Neubeginn auf einer anderen Ebene ist. So sind die klassischen Elemente Urprinzipien, die man mit den konkreten Erscheinungsformen Feuer, Wasser, Luft und Erde nicht verwechseln sollte, obwohl diese ebenfalls Repräsentanten der entsprechenden Prinzipien sind.

Um dieses viergliedrige Urprinzip in den verschiedenartigsten Systemen und Symbolen wiederzuerkennen, sei im folgenden eine Matrix wiedergegeben, welche senkrecht die verschiedenen symbolischen Analogien der vier ersten Urprinzipien angibt. Möge allein diese Tabelle erkennen lassen, wie letztlich alle Systeme, Kulturen und Religionen immer dieselben universalen Zusammenhänge darstellen und sich lediglich in den Symbolen und der Sprache unterscheiden (s. Tabelle Seite 175).

Zahl	1	2	3	4
Prinzip	aktiv	passiv	Gleich-gewicht	Resultat
Polarität	+	−	+	−
Elemente	Feuer	Wasser	Luft	Erde
Indien	Tejas	Apas	Waju	Prithivi
Magie	Sala-mander	Undine	Sylphen	Gnome
	Wollen	Wagen	Wissen	Schweigen
Tierkreis	Löwe ♌	Skor-pion ♏	Wasser-mann ♒	Stier ♉
Tiere der Apokalypse	Löwe	Adler	Engel	Stier
Evangelisten	Markus	Johannes	Mathäus	Lukas
Sphinx	Katzen-pfoten	Adler-flügel	Menschen-haupt	Stier-körper
Kabbalah	Yod	He	Vau	He
Kabbalistische Welten	Aziluth	Binah	Yetzirah	Assiah
Tarot	Szepter	Kelch	Schwerter	Pentakel Münzen
Karten-spiel	Kreuz	Herz	Pik	Karo
Himmels-richtungen	Osten	Westen	Süden	Norden

Wir versuchten an der Struktur unserer Zahlen nachzuweisen, daß sich Schöpfung immer in einem Dreierschritt vollzieht und darüber hinaus niemals mehr etwas grundsätzlich Neues entstehen kann, sondern lediglich Wiederholungen der ersten Dreiheit. Der gleiche Zusammenhang läßt sich aber auch geometrisch zeigen. Das geometrische Äquivalent zur Zahl 3 ist das Dreieck. Alle weiteren geometrischen Entsprechungen zu den der Zahl 3 folgenden Ziffern sind jedoch ausschließlich aus Dreiecken aufgebaut, was wiederum

175

zeigt, daß die Dreiheit die Grundschöpfung darstellt und ab der Zahl 4 nur noch Wiederholungen vorkommen:

3 = Dreieck

4 = Viereck   aus 2 Dreiecken

5 = Pentagramm   aus 3 Dreiecken

6 = Hexagramm   aus 2 Dreiecken

7 = Siebenstern   aus 4 Dreiecken

8 = Achtstern   aus 4 Dreiecken

9 = Neunstern   aus 5 Dreiecken

10 = Zehnstern   aus 6 Dreiecken

Die Einheit

Benutzen wir die Entwicklung der Zahlenreihe als Analogieschlüssel für den Schöpfungsprozeß, so ist es nicht erstaunlich, daß seit jeher die Ziffer 1 mit dem Schöpfergott identifiziert wurde, dem »all-ein-igen Gott«. Der Begriff Gott ist eine Bezeichnung für jene Einheit, die den Menschen zwar nicht zugänglich ist, aber zwingend aus der Erfahrung der Polarität ableitbar ist. Wenn der Mensch sich als ein polares Wesen mit einem beschränkten Bewußtsein erkennt, folgt auf Grund des Polaritätsgesetzes die Tatsache, daß es zur Polarität eine Einheit geben muß; wenn man eine Zweiheit vorfindet, so muß diese zwangsläufig aus einer Einheit hervorgegangen sein. Ohne Einheit auch keine Polarität. Ohne Schöpfer keine Schöpfung, ohne Vater kein Kind. So, wie man aus der Existenz eines Kindes mit Sicherheit auf die Existenz eines Vaters schließen kann, so kann man aus der Existenz der polaren Welt mit gleicher Sicherheit auf die Existenz eines unpolaren, alleinigen Schöpfers schließen. Diese ursprüngliche, uns unzugängliche Einheit nennen wir Gott.

Aus der Definition folgt, daß jede Vorstellung, die wir uns über diesen Gott machen, zwangsläufig falsch sein muß. Denn jede menschliche Vorstellung ist polar und kann niemals etwas Unpolares adäquat ausdrükken. Vergleiche das erste Gebot: Du sollst Dir kein Bildnis noch Gleichnis machen. Die Zahl 1 kann niemals in sich selbst verwirklicht, sondern nur durch ihre Ausdehnung wahrgenommen werden. So wird auch Gott erst durch seine Schöpfung begreifbar.

Die Zahl 1 läßt sich nicht vermehren noch verändern, denn $1 \times 1 = 1$ und $1 : 1 = 1$. Die 1 enthält in sich alle Möglichkeiten, in ihr sind alle weiteren Zahlen latent verborgen. Ebenso bleibt aber die 1 in allen weiteren Zahlen immer erhalten, wenn diese in die Erscheinungsform treten.

All das gilt auch für die Gottheit: In ihr ist alles enthalten, aber sie bleibt auch in der Schöpfung immer enthalten. Es kann nichts außerhalb von Ihm geben. Er kann durch nichts vermehrt noch vermindert werden, Er ist unteilbar. Die 1 ist in jeder anderen Zahl enthalten, enthält aber selbst keine andere Zahl; Gott umfaßt das Universum, aber das Universum umfaßt ihn nicht. Sprechen wir vom alleinigen Gott, so muß er alles umfassen, was wirklich existiert. Es kann nichts außerhalb von ihm existieren, sonst wäre er nicht der Alleinige. Er muß räumlich und zeitlich unendlich sein, denn Endlichkeit und Beschränkung, Anfang und Ende sind Begriffe der Polarität. Alle Formen aber unterliegen den Bedingungen von Zeit und Raum, sind endlich und begrenzt. Gott aber ist unendlicher, lebender, reiner Geist.

Im Zustand dieser Einheit aber gibt es keine Erkenntnis, denn Erkenntnis ist gebunden an Subjekt und Objekt, benötigt die Polarität. In menschlicher Sprache ausgedrückt, könnte man daher sagen, daß in dem Moment, in dem sich die Gottheit ihrer selbst bewußt werden will, sich selbst erkennen will, der Prozeß der Schöpfung einsetzt. Die 1 kann sich selbst nicht als 1 wahrnehmen, solange es nichts gibt, was nicht 1 ist. Die aktive 1 muß einen Gegenpol aus sich herausstellen, der ihr als Spiegel dient.

Der Dreischritt der Schöpfung

So wird die 2 geboren, als weibliche, passive, reflektierende Zahl. Die Spaltung ist geschehen, die Grundlage der polaren, gegensätzlichen Welt ist geschaffen. Aus der 2 entsteht nun aber auch zwangsläufig die 3, jener 3. Punkt, der die Spannung der beiden Gegenpole aufhebt, sie neutralisiert. Die 3 ist das Resultat der zeugungsfähigen Polarität und vereinigt die aus der 1 hervorgegangene Zweiheit zu einer neuen, höheren Einheit, der Dreieinigkeit.

Eliphas Levi drückt dies in den Worten aus: »Wäre Gott nur *Einer*, dann wäre er niemals Schöpfer oder Vater, wäre er *Zwei*, dann gäbe es im Unendlichen einen Antagonismus oder eine Trennung, und das bedeutete auch für alle übrigen Dinge Trennung oder Tod. Deshalb ist er *Drei*, damit er die unendliche Menge der Wesen und Zahlen aus sich selbst und nach seinem Bilde erschaffen kann.«

Die 3 repräsentiert also, wie wir bereits bei der Analyse der Zahlenstruktur sahen, die vollkommene Schöpfung, die jedoch noch nicht in den materiellen Bereich eingetreten ist. Dieses Mysterium der Dreieinigkeit versuchen alle Religionen entsprechend auszudrükken: Vater, Sohn und Heiliger Geist; Brahma, Vishnu und Shiva; Isis, Osiris und Horus.

So gilt auch im Volksmund die 3 als perfekte und vollkommene Zahl: Dreimal klopft man aufs Holz, sagt toi, toi, toi, dreimal darfst du raten, aller guten Dinge sind drei, drei Aufgaben muß man im Märchen lösen und so weiter. Die 3 umfaßt den Raum in Länge, Breite und Höhe. Die Zeit gliedert sich in Vergangenheit, Gegenwart und Zukunft, es gibt 3 Grundfarben, Blau, Rot und Gelb, 3 Zustandsformen der Materie, fest, flüssig und gasförmig, in der Musik finden wir den 3-Klang, in der Alchemie die 3 wesentlichen Bestandteile Sal, Sulfur und Mercurius.

Diese Beispiele ließen sich endlos fortsetzen, es soll hier lediglich deutlich werden, daß sich die Schöpfung auf allen Ebenen aus Dreierschritten aufbaut. Jede weitere Differenzierung ist immer nur eine Wiederholung der Dreiheit auf einer neuen Ebene. Die Gottheit, die in die Dreiheit getreten ist, steht dem Menschen in der Erfahrbarkeit näher als der noch unoffenbarte Gott der 1. Gott ist zum Schöpfer geworden, der zwar die Schöpfung aus sich herausgestellt hat, aber es bleibt die Schöpfung weiterhin in ihm, wird von ihm umfaßt und kann ihm niemals gegenüberstehen, da Gott sonst nicht mehr der all-einige wäre.

Diese Vorstellung wirkt auf uns Menschen paradox. Aus der Tatsache, daß Gott aus sich heraus die Schöpfung gebiert, folgt für uns, daß die Schöpfung von ihrem Schöpfer getrennt und von ihm unterscheidbar ist. Diese Annahme ist jedoch falsch, da es niemals etwas außerhalb des allumfassenden Gottes geben kann.

Verfolgt man diesen Gedanken zu Ende, so zeigt sich, daß das Universum in Wirklichkeit gar nicht existiert. Das Universum ist endlich, wandelbar, polar. Der alleinige Gott aber ist unendlich, unbegrenzt, alleinig. Es kann deshalb außerhalb von ihm nichts existieren, aber selbst kann er ebenfalls nicht das Universum sein.

Die Weisen klären dieses Problem mit dem Hinweis, daß die gesamte Schöpfung nur ein Traum Gottes ist, eine geistige Schöpfung, denn alles ist Geist. So wie ein Mensch eine Idee gebiert, ohne daß diese Idee nun außerhalb des Menschen ist, gleichzeitig aber auch nicht mit ihm identisch noch ein Teil von ihm ist, so ist auch dieses Universum die geistige Schöpfung eines träumenden Gottes. »Das All erschafft in seinem unendlichen Geist zahllose Universen, die Äonen lang bestehen, doch ist für das All die Erschaffung und Entwicklung, der Niedergang und Tod von Millionen von Universen wie das Blinzeln eines Auges.«

Kehren wir zurück zu der Analogie der Zahlenreihe, so erreichen wir mit der Zahl 4 die stoffliche, materielle

Ebene. 4 ist die Zahl der Materie, ihre Symbole das Quadrat oder der Würfel. Klappt man den Mantel eines Würfels auseinander, so erhalten wir ein Kreuz. So ist der Mensch an das Kreuz der Materie geschlagen, gekreuzigt von der Polarität der Zeit und des Raumes. Nur im Schnittpunkt des Kreuzes fallen Zeit und Raum in einem Punkt zusammen, entsteht die Befreiung von der Polarität – und so ist seit allen Zeiten das Kreuz Symbol sowohl für das materielle Verhaftetsein als auch für die Erlösung von der Materie.

Haben wir die qualitative Bedeutung der ersten 4 Zahlen verstanden, so können wir uns die weiteren Zahlen vorläufig ersparen. Es gibt 9 Zahlen, also 3 mal 3. Dies besagt, daß auf 3 Ebenen die Schöpfung sich manifestiert, wodurch die »3 Welten« der Kabbalisten entstehen, deren Besprechung uns hier zu weit führen würde. Diese »3 Welten« sind in der kleinsten wie in der größten Welt vorhanden. Nach dem Lehrsatz: »Wie oben, so unten«, kann man diese Dreieinigkeit Gottes auf alle Erscheinungsformen analog übertragen, vom Universum bis zum Menschen selbst. So spricht man in der Esoterik von einer Mental-, einer Astral- und einer materiellen Ebene, denen im Menschen der Mental-, der Astral- und der physische Körper entsprechen oder in anderen Worten: Geist, Seele und Körper.

Die biblische Schöpfungsgeschichte

Die Unterscheidung der verschiedenen »Welten« wird für das Verständnis der biblischen Schöpfungsgeschichte wichtig. Im ersten Buch Moses (Genesis) wird im ersten Kapitel die Schöpfung der Welt beschrieben, wie Gott in sieben Tagen – man erinnere sich an die sieben Urprinzipien, von denen wir im Kapitel über die Astrologie sprachen – Himmel und Erde, Licht und Finsternis, Pflanzen, Tiere und den Menschen schuf; Kapitel 1, Vers 26–27: »Dann sprach Gott: *Lasset uns Menschen machen nach unserem Bilde, uns ähnlich, die da herrschen sollen über die Fische im Meer und über die Vögel des Himmels, über das Vieh und über alle Tiere des Landes, und über alles Gewürm, das auf dem Erdboden kriecht.* Da schuf Gott den Menschen nach seinem Bilde, nach dem Bilde Gottes schuf er ihn; als Mann und Weib schuf er sie.«

Die siebentägige Schöpfungsgeschichte des ersten Kapitels der Genesis bezieht sich ausdrücklich nicht auf die materielle Welt, sondern beschreibt die Schaffung der Urideen. Gott schuf den Menschen als Mann und Weib, das Bild des Menschen schlechthin, der auf dieser Stufe noch androgyn ist. Denn erst im zweiten Kapitel der Genesis wird uns von der Erschaffung des Adams als lebendiges Seelenwesen berichtet. Kapitel 2, Vers 7: » . . . da bildete Gott, der Herr, den Menschen aus Erde vom Ackerboden und hauchte ihm Lebensodem in die Nase; so wurde der Mensch zu einem lebendigen Seelenwesen.« In Vers 19 heißt es weiter: »Da bildete Gott, der Herr aus dem Erdboden genau alle Tiere des Feldes und alle Vögel des Himmels und brachte sie zu dem Menschen.« Vers 28 berichtet schließlich von der Erschaffung des Weibes: »Da ließ Gott, der Herr, einen tiefen Schlaf auf den Menschen fallen, so daß er einschlief, da nahm er eine von seinen Rippen und verschloß die Stelle wieder mit Fleisch; die Rippe aber, die Gott aus dem Menschen herausgenommen hatte, gestaltete er zu einem Weibe und führte diese dem Menschen zu. Da rief der Mensch aus: Diese endlich ist Gebein von meinem Gebein und Fleisch von meinem Fleisch, diese soll Männin heißen: denn vom Mann ist sie genommen.« (Im Hebräischen heißt isch = Mann, ischsa = Frau). »Sie waren beide nackt, der Mann und sein Weib, und doch schämten sie sich nicht.«

Die ausführlichen Zitate sollen beachtenswerte Punkte klären, die häufig zu Mißverständnissen führen: Die Genesis berichtet hintereinander von verschiedenen Schöpfungen. Die siebentägige Schöpfung im ersten Kapitel bezieht sich auf die Ideenwelt. Bereits hier wird »der Mensch« geschaffen. Nur hier heißt es, daß er nach Gottes Ebenbild geschaffen wird. Es ist dies der »Adam Kadmon« der Kabbalisten, die Uridee Mensch, die mit dem konkreten Menschen, wie wir ihn kennen und verkörpern, nicht viel gemein haben muß. Der im ersten Kapitel geschaffene Mensch ist das Idealbild, das noch nicht im Sündenfall gestürzt und somit noch nicht materiell geworden ist. Die so häufig zitierte Gottähnlichkeit des Menschen kann nicht auf den konkreten Menschen unserer stofflichen Welt angewendet werden, sondern stellt bestenfalls das Ziel dar, zu dem sich die Menschheit hinentwickeln muß – » . . . also sollt ihr vollkommen sein, wie Euer Vater im Himmel vollkommen ist« (Bergpredigt).

Bereits im ersten Kapitel schuf er den Menschen als Mann und Weib, erst viel später folgt die Beschreibung, wie Gott den Adam aus Erde formt und später die Frau aus der Rippe gestaltet. Der Mensch auf der ersten Ebene, der Ideenwelt, ist Mann und Weib in einem, ist androgyn, denn er ist noch nicht in die Polarität getreten.

Ebenso wie die Erschaffung des Menschen, wird auch die Schöpfung der Pflanzen und Tiere bereits im ersten Kapitel beschrieben, im zweiten Kapitel erfahren wir jedoch, daß die Schaffung von Menschen, Pflanzen und Tieren nochmals vorgenommen wird, diesmal durch die Formung der Gestalten aus dem Erdboden. Im zweiten Kapitel nämlich wird der gesamte Schöpfungsprozeß, der im ersten Kapitel bereits durch den siebten Tag, den Ruhetag, abgeschlossen war, auf einer anderen Ebene, in einer anderen Welt, wiederholt. Geschah die erste Schöpfung auf der geistigen Ebene der Urideen, so bezieht sich die zweite Schöpfung (zweites Kapitel) auf die Ebene der Formgebung. Erst im zweiten Kapitel werden die Formen gestaltet, wird der Mensch durch das »Einhauchen des Lebensodem« zu einem, wie es wörtlich heißt: »lebendigen Seelenwesen«. – Vergleiche die Bedeutung des griechischen Wortes Psyche = Seele, Hauch.

Obwohl auf dieser Ebene – die Kabbalisten nennen sie Yetzirah – die Formen geschaffen werden, hat sie noch nichts mit unserer materiellen Ebene zu tun. Vielmehr ist dies die Schöpfung der astralen, seelischen Matrize, die später der materiellen Ausgestaltung die Vorlage liefern wird. Der Mensch auf dieser Stufe ist immer noch androgyn, enthält beide Geschlechter in sich, was deutlich dadurch zum Ausdruck kommt, daß der spätere Gegenpol »Frau« aus dem Menschen herausgenommen und nicht von außen beigestellt wird.

Der Hinweis, daß sie ihre Nacktheit nicht erkannten, zeigt uns, daß der Mensch auf dieser Stufe noch seelisch vollkommen in der Einheit war, daß er in seinem Bewußtsein die Polarität noch nicht erkennen konnte. Deswegen sagt man auch von ihm, daß er noch im Paradies war und mit Gott und den Tieren sprechen konnte, lediglich eine Umschreibung der Tatsache, daß er noch im Allbewußtsein lebte, daß das Bewußtsein noch nicht individualisiert war, daß sein Bewußtsein sich noch nicht vom kosmischen Bewußtsein unterschied. In der Einheit sein heißt, mit allem eins sein; erst die Polarität teilt das Ich vom Nichtich. Das Paradies ist das Symbol für die Einheit, in der der Mensch ursprünglich war. Er war noch nicht von Gott, seinem Ursprung, getrennt, es gab noch keine Trennung der Geschlechter, es gab noch keine Erkenntnis der Individualität.

Die Vertreibung aus dem Paradies

Wir erwähnten bereits oben, daß Erkenntnis an die Polarität gebunden ist. Deshalb ist es dem paradiesischen Menschen auch verboten, von dem Baum der Erkenntnis zu essen, da er sonst sterblich würde. Der Mensch im Paradies besaß kosmisches Bewußtsein, aber keine Erkenntnis. Die Schlange kroch vom Baum und überredete den Menschen, den Weg der Erkenntnis zu gehen. Durch das Essen der verbotenen Frucht der Erkenntnis wurde der Mensch sehend, was gut und böse ist. Denn er stürzte aus der Einheit in die Polarität des Bewußtseins, er sonderte sich von der Einheit ab und wurde damit sündig. Sünde ist Absonderung von der Ureinheit, woraus folgt, daß jeder Mensch sündig ist, denn Polarität und Sünde ist dasselbe. Diesen Zusammenhang nennt die Kirche Erbsünde. Die Sünde ist der Preis für die Erkenntnis. Zu häufig wird diese untrennbare Verbindung zwischen Erkenntnis und Sünde übersehen.

Die Vertreibung des Menschen aus dem Paradies oder aus dem Bewußtseinszustand der Einheit ist der Fall des Menschen in die Polarität und damit gleichzeitig der Fall in die Materie. Nur der materielle Mensch ist sterblich, nur die materielle Welt sündig. Dies war gemeint, als wir bei der Zubereitung der homöopathischen Mittel von der Giftigkeit der gesamten Natur sprachen. Die gesamte materielle Welt ist sündig, ist aus der Einheit herausgefallen und sehnt sich zurück. Die grobstoffliche Materie ist Ausdruck der weitesten Entfernung vom Ursprung, vom Urlicht, Materie symbolisiert das Dunkel. Die Kabbalisten definieren das Böse als »Mangel an Licht«. So hafteten der Materie schon immer die Attribute des Bösen, Dunklen, Satanischen an. Satan wird daher als der Gegenpol des Lichts zu Recht auch »Herr dieser Welt« genannt. Der Sturz des Lichtes bis in das materielle Dunkel ist die Involution, deren Abwärtsbewegung im Tiefstpunkt in eine Aufwärtsbewegung transmutiert wird, in die Evolution. So wie das Pendel an einem bestimmten Punkt gesetzmäßig in eine Gegenrichtung umschlägt, so wandelt sich auch die Abwärtsbewegung der Involution in eine Aufwärtsbewegung, die Evolution. Es ist die allen Lebewesen innewohnende Sehnsucht, die alle immerfort veranlaßt, ihre eigentliche Heimat zu suchen. Der Mensch nennt diese Sehnsucht die Suche nach Glück – Glück aber ist gleichbedeutend mit Überwindung der Polarität und dem Wiederfinden der Einheit.

Auf der materiell-körperlichen Ebene heißt die Suche nach Einheit Sexualität. Die Polarität, die sich korporal als Geschlecht manifestiert, wird im Geschlechtsakt überwunden und das Glücksgefühl der Einheit im Orgasmus erlebt. In dem kurzen Augenblick dieser körperlichen Einheit ist der Mensch bereits »gottähnlich« und kann etwas vollbringen, was er als polarer Mensch sonst nicht kann: Leben zeugen. Doch die Glückseligkeit, die aus der Vereinigung der Körper erwächst, ist nicht dauerhaft, weswegen er versucht, dieses Glück durch häufige Wiederholung immer wieder zu gewinnen. Die korporale Welt unterliegt der Zeit – deshalb ist jedes materielle und körperliche Glück vergänglich.

Transponieren wir jedoch die Erfahrungen der Sexualität auf die seelische und geistige Ebene, so wird deutlich, daß die menschliche Sehnsucht nach immerwährendem Glück nur durch die Rückkehr in die Einheit, aus der wir einmal kamen, gestillt werden kann. Diese endgültige Verschmelzung des eigenen, kleinen, begrenzten Bewußtseins mit dem großen, allumfassenden, kosmischen Bewußtsein wird in verschiedenen Bildern und Bezeichnungen in allen religiösen und esoterischen Systemen als Ziel beschrieben: die chymische Hochzeit der Alchemisten, die conjunctio oppositorum, die Unio mystica, die mystische Hochzeit, die Erleuchtung und so weiter.

All diese Bilder und Bezeichnungen meinen dasselbe: Die Rückkehr in die göttliche Einheit. Dieser Schritt aber ist untrennbar verbunden mit der Aufgabe des Egos. Denn solange der Mensch seine Egodominanz stärkt, zementiert er weiterhin die Polarität. Solange es ein »Ich« gibt, gibt es auch etwas, was »nicht Ich« ist – jedes »ich will« erhöht die Mauer, die den Menschen von der Einheit trennt. Deshalb lehren alle Religionen den Menschen, den Nächsten zu lieben, weil Liebe allein in der Lage ist, die Egodominanz zu überwinden.

Es mag die Frage auftauchen, warum die Schöpfung überhaupt in Erscheinung getreten ist, wenn ihr eigentliches Ziel die ursprüngliche Einheit ist. Der Versuch, diese Frage zu beantworten, ist immer etwas gewagt, da er in Bereiche vordringt, die dem menschlichen Bewußtsein so fern sind, daß menschliche Gedanken den Problemen meist nicht adäquat sind. Doch das Analogiedenken ermöglicht zumindest über Bilder und Gleichnisse eine Annäherung an die Antwort. Kehrt die Schöpfung zurück in ihren Ursprung, so kehrt sie reicher, bewußter zurück, als sie aus der Einheit sich löste. Der zurückgelegte Lernweg brachte gerade durch die hohe Individualisierung Erkenntnisse, die schließlich die Einheit bereichern. So berichtet der Mythos von Luzifer, dem Lichtbringer, daß Gott gerade ihn besonders mochte, weil dieser die Gesetzmäßigkeit der Einheit durchbrach, stürzte und sündigte. Er wird eines Tages zurückkehren, und zwar freiwillig, durch die Erkenntnis geläutert, und Gott wird sich freuen wie der Vater, als der verlorene Sohn heimkehrte – für ihn schlachtete der Vater ein Kalb und veranstaltete ein Fest.

Die zentrale Bedeutung des Menschen in der Schöpfungsgeschichte liegt gerade in seinem Abfall um der Erkenntnis willen. Es geht also hier nicht darum, die irdisch materielle Welt zu verteufeln, ihre Sündhaftigkeit zu beschwören und den Menschen aufzufordern, allem Irdischen so schnell wie möglich zu entfliehen, um das Glück auf »pseudogeistiger« Ebene zu suchen. Leider ist dies jedoch die häufige Konsequenz in Kreisen, die Weltflucht für esoterisch halten, obwohl man ein Problem nicht dadurch erlöst, daß man einen weiten Bogen darum macht, sondern allein dadurch, daß man sich mit ihm auseinandersetzt. Weltflucht hat nichts mit Überwindung oder Erlösung dieser Welt zu tun.

Jesus lehrte den Weg der Erlösung, der gerade darin

bestand, daß er ganz in das Menschsein hineintauchte. In unzähligen Bildern drückt die Bibel diesen Hinabstieg aus: Das Licht kam in die Finsternis – deshalb feiern wir auch Weihnachten, die Geburt des Lichtes, an dem Tage der größten äußeren Dunkelheit, zur Wintersonnenwende. Er wurde in einem Stall in die Armut hineingeboren, er verkehrte mit Zöllnern und Huren, erlitt Unrecht, Qualen und den Tod, ist niedergefahren zur Hölle. Erst wenn der Mensch ganz in das Dunkel hinabsteigt, wird er reif, den Aufstieg anzutreten. An diesem Gesetz scheitern all jene, die esoterische Lehren als Alibi dafür benutzen, daß sie ihr irdisches Leben nicht meistern wollen oder können. Der Mensch ist, solange er noch einen materiellen Körper besitzt, an die Polarität gebunden. Jede Verletzung oder Übertretung der Polarität bringt ihn unweigerlich zu Fall.

Ein Baum kann nur in dem Maße mit seiner Krone in die Ausbreitung und Differenzierung gehen, in dem er auch die Wurzeln ausbildet. Versäumt er die Wurzelbildung zugunsten der Krone, so wird ihn der erste Windstoß zu Fall bringen. Kronenbildung muß immer in Korrelation zur Wurzelbildung erfolgen – die Hinwendung nach oben muß immer im Gegenpol abgesichert sein. Der Dunkelheit entrinnt man nicht dadurch, daß man sie nicht anschauen will, sondern man muß sie schon zu Licht transmutieren, will man sie nicht weiterhin als Schatten hinter sich herziehen.

Will man überhaupt nach einem Unterschied zwischen dem Christentum und den östlichen Religionen suchen, so liegt er bestimmt in der Weltbejahung des ursprünglichen Christentums, die allerdings zeitweise durch die Kirche ins Gegenteil pervertiert wurde. Hier liegen die Stärke und das Geheimnis des Christentums:

Welt und Mensch als sündig zu erkennen und dennoch in ihrer Sündhaftigkeit zu bejahen.

Um diesen tiefen Zusammenhang zwischen Erkenntnis und Sünde, zwischen Sturz und Erlösung weiß die Gralsmythologie, wenn sie davon berichtet, daß die Gralsschale, in welcher das Blut Christi aufgefangen wurde, aus dem Stein geschnitzt wurde, der bei Luzifers Sturz aus seiner Krone fiel. Der Sündenfall ist das Herausfallen aus der Einheit in die Polarität. Der Mensch an sich ist sündig, allein weil er als polares Wesen existent ist – dies meint der Begriff der Erbsünde. Der Mensch ist von Schuld nicht lösbar – jedoch erlösbar.

Krankheit und Sündenfall

Krankheit ist lediglich der mikrokosmische Nachvollzug des Sündenfalls. Der Mensch ist krank, die gesamte materielle Schöpfung ist krank. Es gibt den gesunden Menschen nicht, er ist eine Erfindung der Medizin. »Der gesunde Idealmensch der Hygiene, der Erbsünde frei, ist ein erdachtes Kunstprodukt der Medizin, lediglich zum Zwecke der Demonstration erfunden« (Hans Blüher). An diesem Umstand scheitern alle medizinischen Theorien, deren höchstes Ziel die Krankheitsprophylaxe ist.

Die Menschen meinen immer noch, daß Krankheit ein vermeidbares Mißgeschick ist. Man begreift nicht, daß Krankheit das kostbarste Gut der Menschheit ist, ja, sein Menschsein überhaupt erst ausmacht, da nur der Kranke heilbar ist. Die Krankheit macht den Menschen heiligungsfähig – doch dazu muß er sie durchwandern, nicht umgehen. So wie die Krankheit ein mikrokosmischer Sündenfall ist, muß Heilung auch immer ein mikrokosmischer Erlösungsprozeß sein. Der Kranke ist schuldig – im konkreten wie im metaphysischen Sinn – und muß mit dieser Schuld konfrontiert werden, soll seine Krankheit in Heil transmutiert werden.

Wir sprachen im Zusammenhang mit der Homöopathie davon, daß die Urprinzipien dumm werden und in die Stofflichkeit stürzen können und so den Organismus vergiften. Durch die homöopathische wie auch die alchemistische Arzneimittelherstellung wird Natur aus ihrer Stofflichkeit erlöst und kann dem Kranken helfen, seine Krankheit in ein »heiler werden« umzupolen. Heilung einer Krankheit sollte immer mit einem Zuwachs an Reife und Entwicklung einhergehen. Eltern wissen, wie jede überwundene Kinderkrankheit das Kind reifen läßt – aber um das zu verhindern, kann man natürlich vorher impfen . . .

C. A. Meier und Herbert Fritsche brachten das Motiv des schlangenumwundenen Baumes des Paradieses mit dem Äskulapstab in Verbindung. Es ist die paradiesische Schlange, die den Sturz des Menschen einleitete, durch die er krank wurde – sie ist es deshalb auch, die durch die Heilkunst wieder aufgerichtet werden muß – am Stabe des Asklepius. So wie aus dem Gift die Arznei wird – so wie erst aus der Schuldkonfrontation die Befreiung erwächst, so wird aus der krankmachenden Schlange die heilbringende Schlange. Wand sie sich am paradiesischen Baum nach unten, so wird sie umgepolt und aufgerichtet am Äskulapstab. Leid muß vom Menschen überwachsen, nicht umgangen werden. So sei hier das an den Anfang dieses Kapitels gestellte Zitat von Herbert Fritsche noch einmal wiederholt: »Leidvermeiderei, wie und wo sie sich auch immer offenbare, zeigt

stets an, daß der, der sie betreibt, ein grundsätzlich Uneingeweihter ist.«

Jesus wurde zum Heiland, weil er das Leid nicht ver-
mied, indem er seine Macht demonstrierte und der Aufforderung folgte: »Steig doch herab vom Kreuz, wenn
Du Gottes Sohn bist.« Vielmehr nahm er das Leid – die
Sünde der Welt – auf sich. Er wurde zum Arzt dieser
Welt, indem Gott dem Menschen ähnlich (nicht gleich!)
wurde, er wurde selbst die Arznei dieser Welt. Der
kranke Körper und das vergossene Blut Christi wurden
und werden seitdem in homöopathischen Hochpotenzen, gebunden an die materiellen Träger Brot und Wein,
den Menschen als Heilsarznei verabreicht.

Durch Krankheit zum Heil

Wir sind einen weiten gedanklichen Weg gegangen, um
aufzuzeigen, daß das Kranksein tief in den metaphysischen Urgründen des Menschseins wurzelt. Vor diesem
Hintergrund sind alle schulmedizinischen, naturheil-
kundlichen und gesundheitsfördernden Anstrengungen
unserer Zeit von einer erschreckenden Harmlosigkeit.
Krankheit läßt sich genausowenig durch Impfung wie
durch positives Denken, Autosuggestion oder gesunde
Nahrung verhindern. Man streitet allerorten um die
besseren Mittel der Krankheitsverhütung, macht sich
aber keine Gedanken über die Berechtigung des eigenen
Standortes. So kommt es, daß sowohl die »Positivden-
ker« als auch die »Gesundheitsapostel« ihr Tun unter
die esoterische Flagge stellen wollen.

Doch ganz so einfach ist der Weg zum Heil nicht, er

läßt sich weder durch Rohkost noch durch frühes Schlafengehen, weder durch Suggestionsformeln noch durch Vollkornbrot erzwingen. All diese Gesundheitsfanatiker versuchen, sich einer Entwicklung, deren Richtung seit dem Paradies entschieden ist, durch funktionale Maßnahmen zu widersetzen. Die Wahl lautet eben nicht: krank oder gesund, sondern der Weg führt durch die Krankheit zur Gesundheit.

Der in manchen Kreisen übliche Hinweis auf das gesunde, natürliche Leben der Tiere geht an der Aufgabenstellung des Menschen vorbei. So ist es sehr wohl denkbar, sich durch gesunde, natürliche Lebensweise zu einem gesunden Tier zu entwickeln – der Weg des Menschen aber ist ein anderer: Er muß durch Leid zur Erkenntnis, durch Krankheit zum Heil.

Um Mißverständnisse zu vermeiden: Es wird hier nicht einer »ungesunden« Lebensweise das Wort geredet. Es geht nicht um die Dinge selbst, sondern um die Einstellung, mit der sie eingesetzt und betrieben werden. Der Körper ist der Tempel des Geistes, und es gehört zu einer esoterischern Entwicklung, ihn zu reinigen und rein zu halten. Das aber hat nichts mit Krankheitsverhütung zu tun. Man unterscheide gesetzmäßig und gesund! »Gesund« hat seine Berechtigung nur bezogen auf »krank«. Für einen Kranken mag eine bestimmte Diät eine Zeitlang notwendig und somit auch »gesund« sein; daraus ergibt sich jedoch nicht, daß auch der Nichterkrankte eine spezielle Diät einhalten sollte, um »gesund zu bleiben«. Davon unabhängig gibt es Möglichkeiten, seine Lebensweise auch im korporalen Bereich immer besser der Gesetzmäßigkeit anzupassen.

In diesen Bereich fällt beispielsweise die vegetarische Ernährung. Es ist ziemlich gleichgültig, ob sie gesünder oder ungesünder ist, aber recht interessant, Überlegungen über die Rechtmäßigkeit des Fleischessens anzustellen. So sollte es zu denken geben, daß alle fleischfressenden Lebewesen ausschließlich das Fleisch vegetarischer Lebewesen verzehren. Die Erfahrung zeigt, daß mit zunehmendem Bewußtsein die Abneigung gegen Fleischnahrung ansteigt. Es ist eine gute Übung, bei jedem Essen zu prüfen, ob man in der Lage wäre, das Essen selbst von Anfang bis zum Ende selbst zuzubereiten und es dann immer noch mit Appetit verzehren könnte! Vielen würde wohl der Appetit auf ein leckeres Schnitzel vergehen, müßten sie vorher das Kalb selbst schlachten und zerlegen. Hingegen schadet die Vorstellung, Gemüse, Obst und Korn selbst zu ernten, kaum dem Appetit.

Ein ähnlicher Maßstab, die Reinheit von Nahrung einzustufen, ist ihre Haltbarkeit. Je reiner ein Produkt, um so länger hält es sich. So vergleiche man einmal die Haltbarkeit von Weizen mit der von Innereien, Muscheln und so weiter. Solche Überlegungen führen mit der Zeit zu einem Bewußtseinsstand, der ganz von selbst und ohne eigenen Zwang immer mehr in die Gesetzmäßigkeit hineinführt. Doch man hüte sich immer vor Extremen. Wer glaubt, daß durch einen Bissen Fleisch sein Seelenheil vernichtet würde, ist wahrscheinlich in der Gefahr, das, was er nicht verlieren möchte, noch gar nicht zu besitzen.

Bei allen diesen Fragen geht es viel weniger um die äußeren Dinge an sich, als vielmehr um den Bewußtseinsstand, dessen Ausdruck sie sind. Wer noch eine Fliege erschlagen kann, zeigt unmißverständlich an, daß er noch nicht begriffen hat, was »Leben« eigentlich ist. Dies verdient mehr Mitleid als die erschlagene Fliege.

Gesetzmäßiges Leben entsteht aus der Erkenntnis – die Anstrengungen der Gesundheitsfanatiker aus der Angst –, Angst aber ist immer Mangel an Wissen.

Wir sagten zu einem früheren Zeitpunkt, daß Heilung ausschließlich Sache der Religion sei und niemals im Rahmen einer funktionalen Medizin stattfinden kann. Wenn wir von Religion sprechen, so meinen wir damit »religio« im ursprünglichen Sinn, wir verstehen religio als die Rückverbindung des Menschen zu seinem Urgrund. Ich meine jedoch keine bestimmte Religion in ihrer konfessionellen Ausgestaltung.

Wenn ich häufig die Bibel zitiert habe, dann deshalb, weil auf Grund unserer Kultur und Erziehung uns deren Gedankengut am nächsten steht. Doch alle Religionen lehren letztlich das gleiche – die eine Wahrheit. Wer glaubt, daß die Religionen dieser Welt sich voneinander unterschieden, der sieht lediglich die Unterschiede in der Verpackung. Man muß sich schon die Mühe machen, den Inhalt auszupacken, und siehe. Er ist immer der gleiche! Das gilt für die Religionen, nicht für die Kirchen. Diese sind Menschenwerk und daher wie alles Menschliche unvollkommen und fehleranfällig.

Die Esoterik hat Platz für alle Konfessionen und Glaubensrichtungen, denn die Esoterik zeigt die Wahrheit und das Gesetz, das hinter den verschiedenen Bildern und Gleichnissen steht. Die Kirchen dagegen haben keinen Platz für die Esoterik, weil sie am Konkreten haften. Das Größere hat immer Platz für das Kleinere, das Kleinere aber keinen Raum für das Größere. Die Kirchen haben ihre Berechtigung darin, die Urwahrheiten in begreifbarer Verpackung dem exoterischen Kreis der Menschheit näherzubringen.

Esoterik ist für jene, die bereit sind, das Urwissen

selbst zu assimilieren. Der Priester ist letztlich nicht das Ergebnis einer Berufslaufbahn, sondern Resultat der Einweihung in die Mysterien des Menschseins. Dann wird er zum Pontifex – zum Brückenbauer, der den Menschen den Weg bereiten kann zurück zum Urgrund. Heilen ist die Aussöhnung mit Gott – und so heilte Jesus mit den Worten: »Deine Sünden sind dir vergeben.«

VII.
Die Reinkarnation –
Rhythmus des Lebendigen

Nur der durch Liebe
wissend geworden, wird befreit
vom Kreuz der Ursache und Wirkung,
an das ihn Unwissen schlug.
Nur die Liebe endet
den Reigen der Wiedergeburten.

HANS STERNEDER,
DER SANG DES EWIGEN

Schon zu Beginn unserer Überlegungen sprachen wir über die Gesetzmäßigkeiten der Polarität. Wir erinnern uns daran, wie immer ein Pol seinen Gegenpol erzwingt und durch den ständigen Wechsel zweier Pole der Rhythmus, das Grundmuster des Lebendigen, entsteht. Bereits vor vielen tausend Jahren formulierten die Weisen im Kybalion: »Nichts ist in Ruhe, alles bewegt sich, alles ist Schwingung. Alles fließt aus und ein, alles hat seine Zeiten, alle Dinge steigen und fallen, das Schwingen des Pendels zeigt sich in allem; das Maß des Schwunges nach rechts ist das Maß des Schwunges nach links; Rhythmus kompensiert.«

Auch die moderne Physik hat wohl kaum Einwände gegen die Behauptung: »Alles ist Schwingung.« Die verschiedenen Phänomene des Universums unterscheiden sich voneinander lediglich durch den Schwingungsgrad, gehorchen aber alle dem gleichen Gesetz der Schwingung. Wir benutzten als Beobachtungsobjekt den Atemrhythmus und können die hier gefundenen Gesetzmäßigkeiten analog auf einen etwas größeren Rhythmus übertragen: den Wach-Schlaf-Rhythmus. So wie dem Einatmen mit Sicherheit das Ausatmen folgt, so folgt auch dem Wachsein mit gleicher Sicherheit der Schlaf. Schlaf wiederum erzwingt nach einiger Zeit seinen Gegenpol, das Erwachen, gleich wie das Ausatmen ein erneutes Einatmen erzwingt.

Der Volksmund sagt: »Der Schlaf ist der kleine Bruder des Todes« und verrät mit dieser Formulierung die Fähigkeit, in senkrechten Analogieketten zu denken. Leben und Totsein ist ebenfalls nur ein Rhythmus wie

199

Ein- und Ausatmen, Wachen und Schlafen – lediglich die größere Dimension erschwert dem Menschen die Überschaubarkeit. Die Erfahrung bestätigt auch hier die Gültigkeit des Gesetzes, daß ein Pol seinen Gegenpol erzwingt: Leben erzwingt Sterben. Das einzig Sichere bei der Geburt eines Lebewesens ist die Tatsache, daß es einmal sterben wird. Tod folgt dem Leben mit der gleichen Sicherheit wie das Ausatmen dem Einatmen.

Doch nach dem gleichen Gesetz erzwingt das Totsein mit Sicherheit wieder Leben. So sehen wir, daß der Wechsel von Leben und Tod und Leben das gleiche rhythmische Bild ergibt wie der Wechsel von Wachen, Schlafen, Wachen und so weiter. Leben und Totsein sind Polaritäten, die durch ihren unaufhörlichen Wechsel sich rhythmisch in die Existenz aller Daseinsformen einordnen. Alle Erscheinungsformen gehorchen diesem Gesetz der Schwingung: die Gezeiten des Meeres, die Jahreszeiten, die Elektrizität, die Perioden von Krieg und Frieden, die Tageszeiten – überall zeigt uns die Beobachtung das gleiche rhythmische Spiel des polaren Wechsels. Warum sollte ausgerechnet die Polarität Leben : Tod eine Ausnahme darstellen, warum sollte eine Gesetzmäßigkeit, die überall nachweisbar ist, ausgerechnet vor dem Phänomen Leben haltmachen?

Diesen rhythmischen Wandel der Seele durch Leben und Tod nennt man seit alten Zeiten Seelenwanderung oder Reinkarnation (= wiederholte Fleischwerdung). Plato wußte um sie genauso wie Goethe. Ich sage absichtlich »wußte« und nicht »glaubte« – denn Reinkarnation ist keine Frage des Glaubens, sondern eine Frage philosophischer Erkenntnisfähigkeit. Es sei jedermann freigestellt, an etwas anderes als an die Reinkarnation zu glauben, jedoch sollte er sich darüber im klaren sein, daß eine Hypothese ohne Reinkarnation den Anstrich des Absurden trägt, da nur die Reinkarnation im Einklang mit allen Gesetzen dieses Universums steht.

So klingt es recht verwunderlich, wenn man immer wieder Stimmen hört, die Beweise für die Reinkarnation fordern. Wirklichkeit beweist sich durch ihre Existenz von selbst und bedarf keines äußeren Beweises. Der funktionale äußere Beweis, zum Kronzeugen wissenschaftlicher Argumentation erhoben, ist der größte Feind von Wissen, da er den anderen zum Glauben zwingen will. Die Aussage: »Ich habe es bewiesen«, ist inhaltlich gleichlautend mit: »Du mußt mir glauben.« Wirklichkeit aber bedarf keines Beweises, weil sie nicht Gegenstand des Glaubens ist. Wirklichkeit wirkt in die Erfahrung des einzelnen und erwirkt dadurch Wissen.

Wer weiß, braucht nicht zu glauben und wird unabhängig von Beweisen. Eine Behauptung wie beispielsweise: »Mit dem Tod ist alles vorbei«, bedarf eines Beweises, weil diese Behauptung kein Teil der Wirklichkeit ist und daher auch nicht zur Erfahrung werden kann. Innerhalb der Wirklichkeit läßt sich kein Bereich entdecken, in dem man aufzeigen könnte, daß die Natur Prozesse kennt, die schlagartig im Nichts enden.

Der Tod – eine andere Form des Seins

Wir definierten Seele als Bewußtsein und erkannten, daß dieses Ichbewußtsein jene Kontinuität ermöglicht, trotz der ständigen Wandlung des materiellen Körpers über die vielen Jahrzehnte seines Lebens hinweg sich immer als das »gleiche« Ich zu erleben. Die Kontinuität der Identität erstreckt sich jedoch nicht nur auf die Jahre des irdischen Lebens, sondern auf den gesamten Rhythmus, dessen Phasen wir Leben und Tod nennen. Es ist die Seele, die wechselnd in einer korporalen Hülle ihre Erfahrungen auf Erden sammelt, um danach eine von Materie losgelöste kompensatorische Phase zu durchleben, die wir »Tod« nennen. Tod ist nicht »Nichtsein«, sondern lediglich eine andere gegenpolare Form des Seins. Sterben ist somit nichts anderes als das Übertreten jener Schwelle, welche die beiden Reiche der Lebenden und der Toten voneinander trennt.

Gewöhnlich nennen wir die Sphäre der korporal lebenden Menschen das Diesseits und bezeichnen jenes unbekannte Reich der Toten als Jenseits. Diesseits und Jenseits sind nicht örtlich verschieden, sondern eher mit verschiedenen Stufen der Wahrnehmung oder des Bewußtseins vergleichbar. So wie das »Land der Träume« auch keine geographische Verschiedenheit zu unserer Realität darstellt, so bezieht sich das »Jenseits« primär auch auf unsere Wahrnehmungsschwelle. Es ist nicht lohnend, über die Existenz eines Jenseits zu diskutieren, da das Jenseits sich zwingend aus der Existenz des Diesseits ableitet. Das Polaritätsgesetz besagt, daß es zu etwas, was wir als Diesseits bezeichnen, einen Gegenpol geben muß – diesen nennen wir das Jenseits.

Diese Bezeichnung ergibt sich aus dem Blickwinkel eines körperlichen Menschen. Überschreitet nämlich ein Mensch die Schwelle des Todes und gelangt ins Jenseits, so wird plötzlich das Jenseits für ihn zum Diesseits, weil immer nur der Ort des eigenen Aufenthaltes das Diesseits sein kann. Die Ebene des korporalen Menschen, der er nun nicht mehr angehört, ist für ihn nun das Jenseits. Sterben wird dadurch zu einem subjektiven Erlebnis, dessen Objektivität mit der Polarität steht und fällt. Erst unser polares Bewußtsein zwingt uns, das zeitlose, immerwährende Leben in der Polarität des Lebens und Sterbens zu erfahren – so wie für einen Betrachter die Sonne am Horizont untergeht, diese jedoch gleichzeitig für einen anderen Betrachter gerade aufgeht, obwohl die Sonne selbst hiervon nichts weiß, weil sie in Wirklichkeit weder auf- noch untergeht.

Ähnlich verhält es sich mit Geburt und Tod. Was aus unserer Sicht der Tod eines Menschen ist, ist aus jenseitiger Sicht die Geburt. Ein Sterben im Jenseits wird gleichzeitig von uns Irdischen als Geburt eines Kindes gefeiert. Wer sich von der Subjektivität der Erscheinungen ein wenig löst, erkennt, daß Diesseits und Jenseits, Geburt und Tod letztlich das gleiche sind. Erst in unserem polaren Bewußtsein spaltet sich die Einheit zu Gegensätzen, wird aus der Gleichzeitigkeit ein Hintereinander. Die menschliche Seele, um der Erkenntnis willen hinausgeworfen aus der zeit- und raumlosen Einheit, muß das Dunkel der materiellen Welt entlang der subjektiven Zeitachse durchwandern und lernen, sich zu entwickeln und bewußter zu werden – immer dem Ziel entgegen, durch die Rückkehr zur ursprünglichen Einheit seinen Kreislauf zu schließen.

Dieser Weg der menschlichen Seele ist ein Weg des Lernens und gehorcht diesen Gesetzen. Ein solcher Lernprozeß, dessen Ziel die Vollkommenheit ist, ist ein langer Weg und bedarf vieler kleiner Schritte, umfaßt viele Irrtümer und auch viele Korrekturen. Die uns Menschen fast endlos erscheinende Kette der Inkarnationen allein garantiert einen letztendlichen Erfolg.

So sind die einzelnen Inkarnationen vergleichbar mit den verschiedenen Klassen eines bestimmten Schultyps.

Was wir ein irdisches Leben nennen, entspricht einer Schulklasse mit ihren Aufgaben, Problemen, Schwierigkeiten, Erfolgen und Mißerfolgen. Einem solchen Zeitraum des Lernens folgt eine Zeitspanne der Ferien, in der manchmal mangelhafte oder versäumte Lernprozesse nachgeholt werden müssen. Nach den Ferien eine neue Klasse. Es kommt nun darauf an, wieviel von dem Lernstoff der letzten Klasse in das Bewußtsein integriert wurde, dementsprechend wird man in die nächsthöhere Klasse eingestuft, oder man muß die gleiche Klasse wiederholen.

Das Schicksal arbeitet nach demselben Prinzip – der einzige Unterschied ist dessen endlose Geduld, die dem Menschen immer wieder neue Möglichkeiten gibt, nicht Gelerntes doch noch zu begreifen und Fehler zu kompensieren. Leben heißt Lernen, unabhängig davon, ob dies der einzelne akzeptiert oder nicht. Das Schicksal sorgt mit unbestechlicher Gerechtigkeit dafür, daß jeder genau das lernt, was er am wenigsten akzeptieren will und wogegen er den größten Widerstand setzt.

Schicksal wird in seiner Ganzheit nur verständlich vor dem Hintergrund der Reinkarnation. Betrachtet man nur ein Leben isoliert, so könnte man tatsächlich an der Sinnhaftigkeit der Schicksalsmacht zweifeln – weshalb manche auch daran ver-zweifeln. Es ist offenkundig, daß nicht allen Menschen in diesem Leben die gleichen Startlöcher zugewiesen werden – und das ist ganz bestimmt nicht Schuld der Gesellschaft! Ob aus religiösem oder atheistischem Blickwinkel: Es ist ziemlich schwierig, ohne den Reinkarnationsgedanken jemandem zu erklären, warum ausgerechnet er stumm oder gelähmt, verstümmelt oder debil das Licht »dieser besten aller Welten« erblickte. Auch ein Hinweis auf die unerforschlichen Ratschlüsse Gottes ist wenig geeignet, in solchen Fällen ein Gefühl der Sinnhaftigkeit zu vermitteln.

Doch ohne Sinn wird das Leben unerträglich für die Menschen. Die Suche nach dem Sinn des Lebens ist ein fundamentales Bedürfnis. Erst wenn der Mensch bereit ist, dieses Leben aus der Isolierung der Einmaligkeit zu lösen und als Glied einer langen Kette zu erkennen, wird er den Sinn und die Gerechtigkeit des Schicksals begreifen lernen. Denn das Schicksal eines Lebens ist das Resultat des bisherigen Lernprozesses in seiner Gesamtheit.

Das Gesetz des Karma

Diesen Wirkzusammenhang zwischen den Taten der Vergangenheit und dem aktuellen Schicksalsablauf nennt man allgemein das Karma. Karma ist das Gesetz des Ausgleichs, das dafür sorgt, daß der Mensch immer wieder mit demselben Problemtypus konfrontiert wird, bis er durch sein Handeln das Problem erlöst und sich der Gesetzmäßigkeit untergeordnet hat. Hierdurch wird jede Handlung, sogar jeder Gedanke unsterblich und unauslöschlich. Denn alle Taten und Gedanken warten darauf, durch eine Gegenbewegung kompensiert zu werden.

Das Gesetz des Karma fordert vom Menschen die Übernahme der vollen Verantwortung für sein Schicksal – ein Schritt, den der Mensch unserer Zeit nicht machen will. Die Abwehr breiter Kreise gegen die Lehre der Reinkarnation ist nur zu verständlich – hat man doch mit viel Mühe und Aufwand endlich perfekt erscheinende Theorien fabriziert, die den Menschen von der Eigenverantwortung befreien und die Schuld auf Gesellschaft, Krankheitserreger oder den bösen Zufall projizieren. Begreiflich, wenn man sich entrüstet über das Ansinnen, diese raffinierten Theorien menschlicher Schläue als Eigenbetrug zu entlarven – sie zusammenstürzen zu lassen und ganz schlicht wieder die Schuld bei sich selbst zu suchen.

Theoretisch funktionieren ja auch all diese Denkmodelle ausgezeichnet – das praktische Versagen versucht man mit positivistischer Fortschrittsgläubigkeit zu vertuschen. Wenn der Mensch jedoch beginnt, gegenüber sich selbst ehrlich zu werden – und dies ist die schwerste Form der Ehrlichkeit –, muß er erkennen, daß er erst mit der Übernahme der vollen Verantwortung für alles, was ihm geschieht und was er erlebt, die Sinnhaftigkeit erkennen kann. Verantwortung und Sinnhaftigkeit lassen sich nicht voneinander lösen – beide bedingen sich gegenseitig.

Die Mehrzahl der Menschen unserer Zeit sind am Verlust der Sinnhaftigkeit erkrankt, weil sie versuchen, Verantwortung loszuwerden. Wer nach dem Sinn sucht, findet zuerst die Schuld. Akzeptiert er die Schuld, offenbart sich ihm der Sinn.

Der ständige Wechsel von korporalem Leben und Totsein ist die Vergrößerung des Tag-Nacht-Rhythmus. Wenn wir an jedem Morgen erwachen, um einen neuen Tag zu beginnen, so steht einerseits dieser neue Tag völlig jungfräulich vor uns, und es liegt in unserer Entscheidung, wie wir ihn nutzen und gestalten – was wir im Verlaufe dieses Tages erleben werden. Andererseits aber wird dieser neue Tagesablauf zwangsläufig determiniert sein von dem, was wir an den vorhergehenden Tagen getan und erlebt haben. Hat jemand in der letzten Zeit mit allen Menschen seiner Umgebung gestritten oder große Schulden gemacht, die Pflege seines Körpers oder die Bildung seiner Seele vernachlässigt, so wird dies den neuen Tag beeinflussen, obwohl dieser Tag in sich alle Möglichkeiten bereithält.

Diese schwer faßbare Gleichzeitigkeit von Einflüssen und Auswirkungen der Vergangenheit und neuen unverbrauchten Möglichkeiten eines jeden neuen Tages kann man analog auf jedes »neue Leben« übertragen. Gewiß ist jedes neue Leben eine neue Chance, hält die Fülle aller Möglichkeiten bereit und ist dennoch nur die Konsequenz der bisherigen Inkarnationskette – spiegelt die bisherigen Probleme, Fehler und Erkenntnisse wider. Genausowenig wie ein Mensch am Beginn eines neuen Tages seine bisherigen Taten, Gedanken und Handlungen ungeschehen machen kann, so kann auch der Mensch in einer neuen Inkarnation die Vergangenheit nicht streichen, sondern muß den bisher gesponnenen Faden weiterspinnen.

Reifung durch Reinkarnation

Man hört häufig den Einwand, daß es doch sehr dumm und unpraktisch wäre, all das Wissen, das man sich in den vielen Inkarnationen angesammelt hat, zu vergessen und immer wieder von vorne anzufangen. Andere argumentieren gerade umgekehrt; sie sagen, es habe bestimmt seinen Grund, wenn man sich an frühere Inkarnationen nicht erinnern könne, woraus sie ein Verbot ableiten, das Wissen um die Vergangenheit bewußt zu machen.

Doch ist die Behauptung nicht richtig, daß man das Wissen aus früheren Inkarnationen vergißt und immer wieder von vorne anfängt, das Gegenteil ist der Fall. Der Mensch knüpft in jeder Inkarnation an seinen bisher erreichten Entwicklungsstand an und verwechselt konkretes Wissen mit der aus Wissen und Können erwachsenen Reife. Wir haben vergleichsweise in der Schule viele konkrete Dinge gelernt, die wir heute nicht mehr wissen. Doch hat die Beschäftigung mit diesen konkreten Dingen und das Lernen selbst uns erzogen, ein Effekt, der auch dann noch weiterexistiert, wenn das Konkrete verlorengeht. Der Effekt des Lernens besteht in der Bewußtseinserweiterung, wobei der Gegenstand, an dem wir lernen, keine große Eigenbedeutung hat. Ein Lesekasten ist dazu da, Lesen zu lernen; hat er uns zu diesem Ziel verholfen, besitzt er keinen weiteren Wert für uns.

All das, was wir in der Kette unserer Inkarnationen gelernt haben, spiegelt sich in der Reife und dem Bewußtseinsstand wider, mit dem ein Mensch jetzt geboren wird. Dadurch entstehen ja gerade die Unterschiede in Intelligenz, Reife, Fähigkeiten und so weiter. Die Psychologie streitet ja nach wie vor um die Frage, ob Intelligenz erlernt oder vererbt sei. Die Antwort heißt: weder – noch. Die Seele bringt einen bestimmten Entwicklungsstand mit, das hat weder etwas mit Vererbung zu tun, noch ist er eine Frage der vielzitierten Umwelteinflüsse.

Die Menschen sind nicht alle gleich – auch dann nicht, wenn in unserer Zeit die Gleichmacherei immer lautstärker wird. Gleichmacherei hat nichts mit Gerechtigkeit zu tun – hierarchisches Denken nichts mit Diktatur. Entsprechen im Vergleich die verschiedenen Inkarnationen den verschiedenen Klassen einer Schule, so gehören die verschiedenen Menschen verschiedenen Lernklassen an – niemand wird einen Drittkläßler mit Integralberechnungen belasten. Jeder hat seine Aufgaben und Probleme gemäß seiner Stufe, auf der er sich gerade befindet. Es gibt keine objektiven Probleme, deshalb kann es auch niemals allgemeingültige Lösungen geben. Bruchrechnen erscheint dem Erstkläßler unüberwindbar schwer, dem Achtkläßler spielend einfach. Beide Einstellungen sind subjektiv richtig, berühren aber das Prinzip der Bruchrechnung nicht. Ebenso verhält es sich mit allen menschlichen Problemen. Man vergißt meist zu leicht die unterschiedlichen Bewußtseinsstufen der Menschen, wenn man versucht, ein bestimmtes Problem allen zugänglich zu machen und allgemein verbindliche Lösungen anstrebt.

Hier liegt die Wurzel allen Missionierens. Jede Mission ist falsch, weil sie die unterschiedlichen Stufen der Individuen vernachlässigt, weil sie die eigene Entwicklungsstufe auf alle projiziert. Deswegen missioniert Esoterik niemals – weil sie um die verschiedenen Entwicklungsstufen des Menschen weiß. Esoterik ist immer nur ein Angebot für die, die selbst ihre Affinität entdecken. Einem Menschen, der sich noch wehrt, Wahrheiten überstülpen zu wollen, ist ein Übergriff, der nicht zu rechtfertigen ist.

Die Differenzierung der menschlichen Individuen ist Resultat der in früheren Inkarnationen gemachten Erfahrungen. Der Mensch vergißt nichts von dem, was wesentlich ist. Vergessen wird nur der konkrete Rahmen, der jedoch keine Wichtigkeit besitzt.

Dies gilt ähnlich für bestimmte Fähigkeiten und Fertigkeiten. Die Fähigkeiten aus früheren Leben werden als Begabung mit in diese Inkarnation gebracht, wenn sie für die jetzige Aufgabenstellung sinnvoll und nützlich sind. Fähigkeiten, die jedoch mit der Aufgabenstellung dieses Lebens nichts zu tun haben, werden sozusagen vergessen – und das ist gut so, denn sie würden lediglich vom vorgesehenen Lehrplan ablenken.

Dies ist der Grund, warum wir davor warnen, die Technik der Reinkarnationstherapie dazu zu benutzen, frühere Fähigkeiten (meist künstlerischer Art) an das Bewußtsein anzugliedern. Leider wird aber diese Möglichkeit, die aus experimenteller Sicht, eine der eindrucksvollsten Beweise für die Reinkarnation ist, bereits von einigen Experimentatoren als etwas besonders Sinnvolles und Nützliches gepriesen oder sogar als Therapie bezeichnet – eine große Gefahr!

Holt man nämlich eine frühere Fähigkeit durch äußere Eingriffe in dieses Leben hinein, obwohl diese Fähigkeit sich von selbst nicht als Begabung zeigte, so lenkt man den Patienten eventuell von seinem eigentlichen Weg ab. Unser Nützlichkeitsdenken bewertet die Dinge zu stark in ihrer Eigenexistenz und übersieht, daß sie lediglich Hilfsmittel sind. Musizieren oder Malen hat keinerlei Wert an sich, sondern lediglich in Bezug auf den Ausführenden. Musizieren kann eine Quelle tiefer Erfahrung sein. Hat er sie jedoch in sein Bewußtsein integriert, braucht er die Quelle nicht mehr.

Wenn jemand vor fünfhundert Jahren ein begnadeter Musiker war, so braucht deshalb Musik in diesem Leben nicht unbedingt eine Rolle zu spielen. Hat nämlich die Seele aus dem Umgang mit Musik das gelernt, was sie lernen konnte, hat Musik keinen weiteren Wert für sie.

Jetzt werden neue Bereiche relevant. Gliedert man diese alte Fähigkeit der Musik wieder an, so kann es zu einer Zeitverirrung kommen, die den jetzigen Lernweg behindert. Wunderkinder dagegen sind ein selbstredendes Beispiel für die Fälle, bei denen eine bestimmte Thematik noch nicht abgeschlossen ist, sondern wo eine lange Entwicklung zur Kulmination gelangen soll.

Man verlasse sich also getrost auf das Schicksal und arbeite mit den Pfunden, die man mitbekommen hat, und schiele nicht ständig auf das, was man nicht hat. Verloren geht in diesem Universum nichts – das gilt nicht nur in der Physik, sondern auch für den Reifungsweg einer Seele. Das Vergessen der früheren Inkarnationen ist bestimmt kein dummer Fehler der Natur, sondern hat seinen Sinn darin, das Bewußtsein von Ballast zu befreien und die Aufnahmefähigkeit im Hier und Jetzt zu erleichtern. Ich bin nicht der Meinung, daß es besser wäre, wenn jedermann die Gesamtzahl seiner Inkarnationen überblicken könnte, genausowenig träume ich davon, daß die Reinkarnationstherapie einmal den Stellenwert einer Schluckimpfung einnehmen könnte. Bestimmtes Wissen ist immer nur für eine bestimmte Entwicklungsstufe angebracht. Die Mehrzahl der Menschen wird Dantes »Göttliche Komödie« noch nicht gelesen haben – und das ist gut so –, und dennoch kann sie im Einzelfall eine überragende Bedeutung für jemanden erlangen.

Der esoterische Weg der Bewußtseinserweiterung ist kein »natürlicher Weg«, sondern ein Kunstprodukt menschlicher Entwicklung und Erkenntnis. Der Alchemist stellt in seinem Labor ebenfalls künstliche Dinge her, die in der Natur in dieser Form nicht vorkommen. Der Yogi nimmt Körperhaltungen ein, die ein Lebewesen in der Natur niemals freiwillig ausführt. Die Beispiele ließen sich beliebig fortsetzen, doch sollen sie lediglich darauf hinweisen, daß der esoterische Einweihungsweg sich zwar an den Gesetzen der Natur orientiert, aber durch die Verbindung mit der menschlichen Erkenntnisfähigkeit schließlich zur Kunst wird. Die Werke einer solchen Kunst sind deshalb »künstlich« und nicht »natürlich«.

In solch künstlich herbeigeführten Evolutionsprozessen liegt ja gerade die Aufgabe des Menschseins, sich und den Kosmos zu erlösen. So ist das bewußte Überblicken der Inkarnationsketten seit jeher ein Schritt auf dem esoterischen Entwicklungsweg gewesen, der mitunter sich von selbst einstellt oder durch geeignete Techniken inauguriert wurde. Da es keinen Zufall gibt, kann man sich darauf verlassen, daß niemals ein Mensch in die Verlegenheit kommen wird, seine Inkarnationen kennenzulernen, ohne daß seine Zeit hierfür reif geworden ist.

Es gibt das Phänomen, daß sensitive Menschen die Inkarnationen anderer Menschen hellsichtig erkennen können; diesen Vorgang nennt man allgemein das Lesen in der Akasha-Chronik. Die sogenannte Akasha-Chronik ist vergleichbar mit einer Datenbank, in der zeitunabhängig die Summe aller Ereignisse der Vergangenheit, Gegenwart und Zukunft gespeichert ist. Menschen, die die Fähigkeit haben oder entwickeln, mit ihrem Bewußtsein Informationen aus der Akasha-Chronik abzurufen, können Inkarnationen anderer Menschen sehen. Da meist die Kontrollierbarkeit solcher Aussagen schwierig oder unmöglich ist, sollte man nicht kritiklos allen Inkarnationsweissagungen absoluten Glauben schenken.

Der Nutzen der durch Hellsehen ermittelten Inkarnationen ist für den, der sie lediglich gesagt bekommt, ziemlich klein, da er selbst durch die bloße Information keinen Zugang zur Vergangenheit gewinnt und ihm somit das Gefühl der Indentität fehlt. Sinnvoll kann das Lesen der Akasha-Chronik erst im Zusammenhang mit einer Therapie werden, wenn hierdurch Informationen greifbar werden, die der Patient aufgrund seiner Störung nicht selbst erreichen kann (Debilität, Sprachschwierigkeiten, und so weiter).

Auf alle Fälle sollte man sich immer darüber im klaren sein, daß Neugierde allein niemals die Motivation sein sollte, Inkarnationen erfahren zu wollen. Neugierde ist die Krankheit unserer Zeit, Neugierde ist immer ein Zeichen von Unreife und das sicherste Mittel, wahre Einweihung zu verhindern.

Die Zahl der Menschen und insbesondere der Kinder, die von selbst einzelne Erinnerungen an frühere Inkarnationen besitzen, ist wesentlich größer, als allgemein vermutet wird. Allerdings werden solche Erinnerungen in unserer Kultur häufig nicht erkannt oder als drohende Anzeichen von Geisteskrankheit angstvoll verschwiegen und verdrängt. Ähnlich ergeht es Kindern, die speziell in den ersten sechs Lebensjahren noch häufig einen recht guten Zugang zur Vergangenheit haben. Entsprechende Erzählungen werden den Kindern meist von den Eltern aus Angst und Unverständnis verboten, was zur Verdrängung des gesamten Komplexes führt. Etwa mit dem sechsten Lebensjahr verschwinden diese Eindrücke aus der Vergangenheit bei den Kindern meist von selbst.

Anders liegen die Verhältnisse in den Kulturen, wo die Reinkarnation selbstverständlicher Bestandteil des

Weltbildes ist. Dort ist allerdings die Selbstverständlichkeit kindlicher Reinkarnationserinnerungen so groß, daß sie nicht einmal der Öffentlichkeit als Phänomen vorgestellt werden.

Eine Anzahl psychotischer Symptome geht ebenfalls auf das Konto von spontan in das Bewußtsein einbrechenden Inkarnationserinnerungen. Beliebige äußere Situationen, Gegenden oder Personen können einen Menschen so stark restimulieren, daß plötzlich Bruchstücke aus früheren Leben ins Bewußtsein hereinbrechen und vom Erlebenden die Eindrücke zeitlich nicht mehr getrennt werden können. Eine Reihe von Halluzinationen und Wahnvorstellungen finden hier ihre Erklärung.

Es sind jedoch nicht alleine die psychotischen Symptome, die vor dem Hintergrund der Reinkarnation verständlicher werden, vielmehr kann man sagen: Jedes Krankheitssymptom, gleichgültig ob psychisch oder körperlich, hat seine »Ursache« in früheren Inkarnationen. Der Begriff »Ursache« ist hier mit Vorsicht zu gebrauchen, denn es ist dem Menschen letztlich gar nicht möglich, für eine bestimmte Krankheit die wirkliche Ursache zu finden, will er nicht bei dem metaphysischen Geschehen des Sündenfalls enden.

Leider wird der Begriff der Ursache zu häufig und dadurch völlig unrichtig angewendet. Wenn wir ebenfalls jetzt von »Ursache« sprechen, so meinen wir damit den Beginn einer für uns gerade noch überschaubaren Phase, deren innere Einheit durch ein gemeinsames Thema gekennzeichnet ist. Dabei sind wir uns immer bewußt, daß auch eine solche Ursache wiederum Determinanten hat, die weiter zurückliegen, und dies ad infinitum.

Wir behaupten also, daß es niemals ein psychisches oder somatisches Krankheitssymptom geben kann, dessen engere Ursache ebenfalls in diesem Leben liegt. Ich weiß, wie provokativ solche Behauptung auf viele wirken muß, nachdem man sich mühsam genug daran gewöhnt hat, die Ursache für alles in der frühen Kindheit zu suchen und zu finden. Doch bereits im Zusammenhang mit dem Geburtshoroskop versuchten wir zu klären, daß die Geburt selbst lediglich die Kurzfassung des gesamten Lebens ist und im Verlaufe eines Lebens niemals ein neues Thema auftauchen kann, das bei der Geburt noch nicht in einer Verkleinerung in Erscheinung trat.

Auch ohne astrologische Argumentation sollte es nachvollziehbar sein, daß alle Probleme, die sich im Leben einstellen, nur Produkte der bisherigen Lernerfahrung sein können. Dieser Lernweg jedoch endet rückwärts betrachtet weder bei der Geburt noch bei der Empfängnis, sondern umfaßt die Gesamtheit aller Inkarnationen.

Dieser Zusammenhang wird vielleicht deutlich, wenn wir in der Analogie wieder ein Leben mit einem Tag gleichsetzen. Taucht an einem bestimmten Tag ein Problem auf, so wäre es naiv, die Ursache des Problems am gleichen Tag finden zu wollen. Denn der betreffende Mensch konnte den entsprechenden Tag nicht als ein »geschichtsloses Etwas« beginnen, sondern brachte in den neuen Tag, trotz der dazwischenliegenden Schlafphase, seine bisherige Entwicklung als Hypothek mit.

Genausowenig beginnt der Mensch das Erdenleben voraussetzungslos; er hat sich ebenfalls in den vielen bisherigen Verkörperungen sein Karma, sein für ihn ganz speziell notwendig gewordenes Lernprogramm, erarbeitet, das er bereits bei der Empfängnis in diese Verkörperung mitbringt. Scheitert ein Mensch an irgendeinem speziellen Problem dieses Lehrplans oder kann er dessen Sinnhaftigkeit nicht verstehen, so wird ihm erst die bewußte Betrachtung des gesamten Weges, der ihn zu dieser Stelle geführt hat, die zur Erlösung des Problems notwendige Einsicht bringen.

Aus all den bisherigen Überlegungen mag das Konzept verständlich werden, das zur heutigen Form einer psychotherapeutischen Methode geführt hat, welcher wir den Namen »Reinkarnationstherapie« gegeben haben. Die Reinkarnationstherapie, wie sie von mir und meinen Mitarbeitern seit 1975 entwickelt und angewendet wird, ist nicht eine neue Technik im immer größer werdenden Wald psychotherapeutischer Methoden, sondern stellt bewußt einen Gegenpol zu allen bisher bekannten Methoden und Theorien dar. Sie ist nicht eine Psychoanalyse, die auf frühere Leben ausgedehnt wird, keine primärtherapeutische Behandlung, deren Ziel die Entladung früherer Traumata ist, keine Spezialform der Hypnotherapie.

Die Reinkarnationstherapie ist vielmehr der Versuch, die unhaltbaren Konzepte der Schulpsychologie zu verlassen und konsequent aus dem Wissen des esoterischen Welt- und Menschenbildes eine Therapie zu entwickeln. Diese Grundhaltung macht es nicht erstaunlich, wenn sowohl unsere Ansichten als auch unser therapeutisches Handeln allen bisherigen vertrauten Konzepten diametral gegenüberstehen.

VIII.
Die Reinkarnationstherapie –
ein Weg
zur Ganzwerdung

Immer wieder und wieder
steigst du hernieder
in der Erde wechselnden Schoß,
bis du gelernt im Licht zu lesen,
daß Leben und Sterben eines gewesen
und alle Zeiten zeitenlos.
Bis sich die mühsame Kette der Dinge
zum immer ruhenden Ringe
in dir sich reiht –
in deinem Willen ist Weltenwille,
Stille ist in dir – Stille –
und Ewigkeit.
MANFRED KYBER

Die Reinkarnationstherapie wurzelt in einer Serie von Experimenten, die ich seit dem Jahre 1968 durchführte. In diesen Experimenten gelang es, Versuchspersonen durch die hypnotische Altersregression nicht nur ihre eigene Geburt, ihre Entwicklung im Mutterleib und ihre Empfängnis, sondern auch frühere Inkarnationen wiedererleben zu lassen. Protokolle solcher Experimente und Betrachtungen über deren mögliche Konsequenzen habe ich in meinen beiden Büchern »Das Leben nach dem Leben« und »Das Erlebnis der Wiedergeburt«* niedergelegt. Das Hilfsmittel dieser Experimente war die Hypnose, durch welche die Zeitregression ermöglicht wurde.

Die Experimente sind nicht neu, sie wurden bereits im vorigen Jahrhundert von Albert de Rochas durchgeführt. Um 1956 erregte der Fall Bridey Murphy die Öffentlichkeit, und die Engländer Arnall Bloxham und Denys Kelsey führten ebenfalls über Jahrzehnte hin hypnotische Rückführungsexperimente in frühere Leben durch und publizierten sie. Während dieser ersten Phase der rein experimentellen Rückführungen in frühere Inkarnationen machte ich die Erfahrung, daß zwischen heutigen Symptomen und früheren Leben ein offensichtlicher Zusammenhang besteht. Als diese Theorie sich immer mehr erhärten ließ, entstand die Idee, das Bewußtmachen früherer Inkarnationen therapeutisch anzuwenden. Der entscheidende Schritt zur Verwirklichung der Idee bestand darin, daß ich Methoden entwickelte, welche eine Regression in frühere Inkarnatio-

* Beide Bücher sind ebenfalls im C. Bertelsmann Verlag erschienen.

nen ermöglichen, ohne daß die Versuchsperson hypnotisiert werden muß. Durch den Verzicht auf die Hypnose wurde es überhaupt erst möglich, jedem Menschen die Erinnerung an seine früheren Leben bewußtzumachen.

Wie im Kapitel über Hypnose erwähnt, hängt die Hypnotisierbarkeit eines Patienten viel weniger vom Hypnotiseur als viel mehr vom Urvertrauen des Patienten ab, welches man gerade von psychisch gestörten Patienten am wenigsten erwarten kann. Es sprechen darüber hinaus noch eine Menge anderer Gründe gegen die Abhängigkeit von der Hypnose. Nicht umsonst hört man seit ewigen Zeiten aus dem Lager der Esoterik immer nur Kritik und Warnungen vor der Hypnose.

Der Vorgang des Hypnotisierens bedient sich der Suggestion von Müdigkeit, Dösigkeit und Schläfrigkeit und bringt damit den Patienten in Gegensatz zu der esoterischen Zielsetzung. Das Problem des Menschen ist ja gerade, daß er ständig »schläft« und sich blind wie eine Marionette leben läßt, statt selbst zu erwachen und bewußt zu werden. Doch all das, was in einer psychotherapeutischen Sitzung geschieht, sollte stets eine Verkleinerung dessen repräsentieren, was wir im täglichen Leben vom Patienten erwarten. Unser Ziel ist deshalb, den Menschen wacher und bewußter zu machen, ihn zu lehren, die Wirklichkeit immer deutlicher zu sehen, und nicht, ihn in seiner Schläfrigkeit und Unbewußtheit weiterhin zu fördern.

Außerdem ist die Hypnose vom Machtproblem nicht zu lösen, die, wie wir später sehen werden, zentrales Thema einer jeden Therapie ist. Weiterhin macht die Hypnose den Patienten leicht zu einem passiven Verbraucher, der von der Hypnose und dem Hpynotiseur die Erfüllung seiner Anliegen erwartet. Die Argumente dürften genügen, um erkennen zu lassen, warum ich nach Möglichkeiten suchte, beim Einsatz der Zeitregression für therapeutische Zwecke von der Hypnose als Hilfsmittel frei und unabhängig zu werden.

Das Ergebnis ist jedenfalls, daß wir in der Reinkarnationstherapie jedem Patienten frühere Leben bewußt machen, ohne daß dieser jemals hypnotisiert wird. Die Regressionen finden bei vollem Wachbewußtsein statt. Dies klingt offensichtlich für Außenstehende so unglaublich, daß in der Öffentlichkeit weiterhin die Reinkarnationstherapie mit der Hypnose in Zusammenhang gebracht wird. Dies ist aber nicht mehr gültig, die Reinkarnationstherapie ist in der Zwischenzeit von der Hypnose unabhängig geworden.

Die Frage ist berechtigt, wie die »neue Methode« funktioniert. Diese zu beschreiben, ist ziemlich schwierig, fast unmöglich. Wir beginnen immer noch mit einer kurzen Entspannung, die den Patienten in eine meditative Grundhaltung führen soll. Die Entspannung dient der Außenreizverarmung und läßt den Patienten in sich hineinlauschen. Diese Entspannung polt also die Aufmerksamkeit von außen nach innen um, ohne daß hierbei Müdigkeit oder Schläfrigkeit auftritt. Durch Hilfe des Therapeuten tauchen innere Vorstellungen oder Bilder auf, die der Patient anzuschauen und gleichzeitig zu berichten lernt.

Das Erlebnis der eigenen Geburt und der Empfängnis

Bereits nach zwei bis drei Sitzungen wird der Patient – wie wir es nennen – »in die Geburt eingefädelt«. Der Patient erlebt seine erste Zeitregression, indem er seine eigene Geburt wiedererlebt, dabei die Schmerzen noch einmal fühlt, alles riecht, sieht, hört und wahrnimmt, was während und nach seiner Geburt geschah.

Hat der Patient gelernt, die Geburt in allen Einzelheiten und Phasen bewußt zu erleben (wozu es meist einiger Wiederholungen bedarf), so gehen wir in der Zeit weiter zurück bis zu seiner Empfängnis. Hier erlebt er nun, wie er bereits als wahrnehmendes und erlebendes Bewußtsein bei der Zeugung seines späteren Körpers anwesend war, er kann den Raum und seine zukünftigen Eltern sehen, erlebt den Geschlechtsverkehr der Eltern mit und spürt dann plötzlich, wie »eine Art Wirbel ihn trichterförmig einsaugt« und findet sich eingeengt wieder in etwas Begrenztem, Materiellem, Dunklem. Die Anwesenheit bei der eigenen Zeugung klingt für die meisten Zeitgenossen wie ein Ulk, wird aber selbstverständlich, wenn wir lernen, Bewußtsein und Körper begrifflich voneinander zu trennen. Der Mensch ist bei der Zeugung seines materiellen Körpers ebenso anwesend wie bei dessen Beerdigung.

Nach der Erfahrung der Empfängnis durchforschen wir die Zeitspanne zwischen Empfängnis und Geburt, jene Monate im Mutterleib, welche eine Quelle vieler, meist unangenehmer Erfahrungen für das Kind darstellen. Was in dieser Zeit an Ängsten, Schmerzen und Abtreibungsversuchen vom Embryo miterlebt wird, glaubt wohl keiner, der es nicht selbst erfahren hat.

Gemessen an diesen vorgeburtlichen Erfahrungen sind die Kindheitserlebnisse der ersten Lebensjahre harmlose Episoden. Das bewußte Überblicken des Zeitraumes von der Empfängnis bis zur Geburt bringt dem Patienten bereits mehr Klarheit als einige hundert Stunden Analyse.

In Primärtherapien geschieht es immer häufiger, daß Patienten während der Therapie von selbst in Geburts- und Embryoanalerlebnisse regredieren. Daher setzt sich langsam auch in diesen Kreisen das Wissen durch, daß diese vorgeburtlichen Zeitphasen bewußt erlebt werden. Gemessen an den bisherigen Theorien und Therapie-methoden wirkt dies natürlich sensationell und bringt damit die Gefahr nahe, daß mancher zu der Überzeu-gung gelangt, in jenen unangenehmen Ereignissen vor und bei der Geburt die »wahre Ursache« späterer Kon-flikte und Störungen gefunden zu haben. Doch all diese Ereignisse sind ebensowenig »Ursachen« wie die seit Freud strapazierten Kindheitserlebnisse des Patienten. Pränatale Erlebnisse sind wie die Kindheitserlebnisse nur die Glieder einer Problemkette, die sich noch durch viele Inkarnationen zieht.

In diesem Zusammenhang mögen Einwände laut werden, daß die Seele sich erst etwa im dritten Monat mit dem Körper verbindet. Die Entgegnung hierauf lautet, daß bisher alle Patienten und Versuchspersonen ohne Ausnahme ihre Empfängnis beschrieben und die gleichzeitige Einkörperung berichteten. Vielleicht läßt sich zu einem späteren Zeitpunkt experimentell klären, wieso es zu der Theorie kam, daß die Seele erst im drit-ten Monat inkarniere. Dies erscheint mir unwahr-scheinlich, da die Zellen von Anfang an Informationen benötigen, um sich gesetzmäßig zu entwickeln.

Für alle Eltern und Geburtshelfer ist die Tatsache, daß ein Kind von der Empfängnis an voll bewußt alles wahrnimmt, was geschieht und gesprochen wird, von fast unüberschaubarer Tragweite. Erfreulicherweise findet die sanfte Geburt nach Dr. Leboyer zur Zeit ein immer stärkeres Echo, und die Kliniken beugen sich langsam den Forderungen bewußter Eltern.

Man könnte Bände füllen mit Warnungen und Ratschlägen für die Zeit der Schwangerschaft und der Geburt, aber es sollte genügen, daß sich Eltern klarmachen, daß das heranwachsende Embryo nur bezogen auf den Körper so klein, unbeholfen und jung ist, die Seele jedoch die Reife vieler tausend Jahre mitbringt. Es ist durchaus möglich, daß ein Neugeborenes seelisch älter ist als seine Eltern. Es gibt keinen Grund, einem Baby gegenüber nur unverständliche Urlaute auszustoßen – es versteht jedes Wort und jeden Satz – auch das, was man besser nicht in Gegenwart des Kindes aussprechen sollte.

Allen Eltern sei geraten, mit der Erziehung ihres Kindes so früh wie möglich anzufangen – nämlich an dem Tag, an dem sie die Anwesenheit des Kindes erfahren. Eugenetik – vorgeburtliche Erziehung – besteht darin, daß die Eltern sich mit dem Kind im Mutterleib normal unterhalten, ihm die Freude auf seine Ankunft zum Ausdruck bringen, es über den Geburtsvorgang unterrichten, ihm nur gute Musik und Literatur, gute Filme und Theater zumuten. Ein klares Gespräch mit dem Embryo über die Geburt hat mehr Erfolg wie viele Wochen Gymnastik.

Alle Schwierigkeiten und Zwischenfälle bei der Geburt gehen auf den Versuch des Kindes zurück, die Geburt zu verhindern. Die Angst, geboren zu werden, bezieht sich nicht so sehr auf den Geburtsvorgang als solchen, sondern auf die Meisterung des Lebens, das hiermit beginnt. Das Embryo besitzt noch keinen eigenen Atemrhythmus und ist daher noch nicht gänzlich in der Polarität gefangen. Das hat zur Folge, daß das Embryo noch einen Zugang zu Vergangenheit und Zukunft hat, es überblickt sein zukünftiges Leben in den wichtigsten Phasen – vergleiche hiermit den Lebensfilm beim Sterben!

Die Löschung dieses Wissens geschieht mit dem ersten Atemzug, weil durch den Atemrhythmus der Mensch voll in die Polarität und in die Abhängigkeit der Zeit eingegliedert wird. Hier liegt auch der Grund, warum ein Horoskop auf den ersten Schrei beziehungsweise Atemzug berechnet wird. Ebenfalls steht hiermit die große Bedeutung der Atemübungen innerhalb der esoterischen Ausbildung im Zusammenhang. Das Embryo überblickt die Probleme seines zukünftigen Lebens und weiß um die Löschung seines Wissens bei der Geburt. Dadurch entsteht die Geburtsangst und der häufige Versuch, die Geburt zu verhindern. Entsprechende vorgeburtliche Gespräche können besser helfen als alle klinische Technik. Ebenso sollten sich Eltern, die wochenlang darüber diskutieren, ob sie das Kind abtreiben oder nicht, später nicht wundern, wenn ihr Kind gestört ist oder die Eltern ablehnt.

Die Begegnung mit der Vergangenheit

Sind dem Patienten die Phasen seiner Geburt, der Empfängnis und der Embryonalentwicklung bewußt geworden (dieser Prozeß beansprucht etwa fünf Therapiestunden), so lassen wir den Patienten in ein früheres Leben regredieren. Hier erlebt er sich nun in einer früheren Zeit und lernt dieses Leben von der Geburt bis zum Tode zu überblicken. Selbstverständlich lassen wir immer auch den Tod einer früheren Inkarnation bewußt durchleben, um den Patienten mit dem meist verdrängten Gegenpol des Lebens, dem Tod, auszusöhnen.

Nach dieser Therapie kennt der Patient keine Todesangst mehr, weil die Angst dem Wissen weichen mußte. (Angst ist Mangel an Wissen!) So äußerte eine Patientin spontan in der Sitzung: »Komisch, das hätte ich mir nie gedacht, daß Sterben so einfach ist.« Die Schilderungen des Sterbevorganges unserer Patienten gleichen ziemlich genau auch den Aussagen, die Dr. Moody, Dr. Kübler-Ross und andere von klinisch Toten, aber wieder reanimierten Patienten erhielten. So wie bei der Empfängnis sich das Bewußtsein mit dem Körper verbindet, so löst es sich beim Sterben wieder.

Hat der Patient gelernt, einige frühere Leben zu überblicken, so benutzen wir als weitere Leitlinie ein beliebiges Symptom und verfolgen dessen Auftreten durch die früheren Inkarnationen hindurch. Auf diese Weise betrachten wir jedesmal lediglich jene Situation, die mit dem Symptom im Zusammenhang steht, und nicht alle weiteren Einzelheiten des entsprechenden Lebens. Hierdurch gelangen wir relativ schnell in sehr weit zurückliegende Inkarnationen.

Man macht sich häufig falsche Vorstellungen über die Anzahl der vergangenen Inkarnationen. Viele berichten stolz, sie wüßten, daß sie schon viermal gelebt hätten. Die wahre Anzahl vergangener Leben ist in Wirklichkeit fast unüberschaubar groß. Ein Patient verliert bereits nach wenigen Sitzungen die Lust, seine Vorleben noch zählen zu wollen.

Ebenfalls unvorstellbar für den Außenstehenden sind die Zeiträume, die wir in einer Therapie durcheilen. Es ist schwierig, Zahlen zu nennen, aber wir bewegen uns wesentlich weiter zurück als die moderne Geschichtsforschung. Atlantische Inkarnationen, die etwa 12000 Jahre zurückliegen, gelten bei uns keineswegs als besonders alt.

Wie unvorstellbar solche Behauptungen auf manche Leser wirken mögen, ist uns durchaus bewußt, aber unsere Behauptungen sind lediglich das Ergebnis täglicher Arbeit mit Patienten, die sich von denen anderer Therapeuten durch nichts unterscheiden. Da die Ergebnisse anfänglich gar nicht unseren Erwartungen entsprachen, gab es auch niemals den Versuch, bestimmte Phänomene suggestiv vorzugeben oder zu provozieren.

Bei der Erforschung der materiellen Ebene haben wir uns ebenfalls an unvorstellbare Dimensionen gewöhnen müssen. Wer hierüber das Staunen verlernt hat, gehe einmal wieder in ein Planetarium und meditiere über die astronomischen Größenordnungen, mit denen die Wissenschaft heutzutage umgeht.

Nach der zweifellos grandiosen wissenschaftlichen Erforschung der materiellen Welt beginnt nun die Erforschung der seelischen Welt. Auf dieser Ebene aber haben wir offiziell noch kaum die ersten Schritte hinter uns, und deshalb warten noch viele völlig unvorstellbare Phänomene darauf, vom menschlichen Bewußtsein begriffen zu werden.

Auf diesem Weg wird man auch heutige Ansichten über das Alter des Menschen und dessen Abstammung gründlich revidieren müssen. Die Menschheit ist wesentlich älter, als heute angenommen wird, und hat rhythmisch schon manche Hochkulturen, die unserer Zeit sehr ähnlich waren, durchlaufen. Das Gesetz des Rhythmus gilt auch hier, so daß jeder Hochentwicklung auch deren Untergang und Vernichtung folgt. Die Menschheit baut immer noch am Turm von Babel.

Kehren wir zurück zum Verlauf der Reinkarnationstherapie, so erlebt der Patient beim Durchlaufen einer solchen Symptomkette, daß das aktuelle Problem oder Symptom bereits uralt ist und fast in jedem Vorleben in ähnlicher Form auftrat. Hier liegt schon wieder eine große Gefahr der Fehlinterpretation, der auch ich selbst anfänglich zum Opfer fiel – vergleiche das entsprechende Kapitel in »Das Erlebnis der Wiedergeburt«.

Findet man in einem früheren Leben eine traumatische Situation, die inhaltlich mit einem Symptom korrespondiert, so neigt man zwangsläufig dazu, diese frühere Situation als Urtrauma und somit als »Ursache« des Symptoms zu interpretieren. Ein Beispiel: Ein Patient kann auf dem linken Auge nicht sehen. In einem Vorleben erlebt er nun, wie ein Pfeil ihn ins linke Auge trifft. Oder ein Patient mit Höhenangst erlebt, wie er in einem Vorleben einmal von einem Felsen gestürzt wurde. Gefangen in dem gewohnten Denksystem der Psychologie ist man geneigt, in diesen früheren Erlebnissen die Ursache der Symptome zu erblicken. Dies ist jedoch ein völlig falscher Schluß, er steht auf derselben Ebene wie der Versuch, die Ursache einer Störung in der Kindheit zu finden.

Überträgt man die Gedanken, die wir für dieses Leben entwickelt haben, auf eine frühere Inkarnation, so war das traumatische Erlebnis bestimmt kein dummer

Zufall, sondern Ausdruck eines Problems, das bereits in jene Inkarnation mitgebracht wurde. Oder umgekehrt betrachtet: Zwar ist es durchaus denkbar, daß die Seele eines Menschen, der in diesem Leben ertrinkt, im nächsten Angst vor Wasser haben wird; dies berechtigt jedoch nicht, das Ertrinken als Ursache der späteren Wasserangst einzustufen, denn das Ertrinken ist ein gesetzmäßiges Geschehen, äußerer Ausdruck eines Problems, das bereits mit in dieses Leben gebracht wurde.

Es zeigt sich denn auch, daß man bei weiterem Suchen noch viele Situationen findet, von denen jede einzelne die Qualität hätte, als »Urtrauma« des Symptoms zu dienen. In der Fortsetzung unseres Beispiels hieße dies, daß der Patient mit dem Pfeil im linken Auge in der weiteren Vergangenheit noch viele Ereignisse findet, in denen er das linke Auge verlor. All diese Ereignisse sind Glieder einer Kette, deren Faden das allen Situationen gemeinsame Problem bildet.

Haben wir in der Therapie eine solche Symptomkette bis zu einem vermutlichen Ende durchlaufen, leiten wir den für die Therapie entscheidenden Schritt ein: Wir lassen den Patienten in jene Situation regredieren, in der er selbst die Ursache für die später folgende Leidenskette setzte und den Inhalt für die später eingelösten Formen legte. Der Patient wird in diesem Schritt konfrontiert mit seiner karmischen Schuld, durch die er alle Erleidenssituationen selbst notwendig machte. Denn bis zu diesem Zeitpunkt erlebte der Patient sich ewig nur als armes Opfer. Ob ein Patient glaubt, die Ursache seiner Störung liege im Verhalten seiner Mutter oder in einem unangenehmen Ereignis in seinem Vorleben, ist kein so gravierender Unterschied. In beiden Fällen projiziert der Patient Schuld in eine Außenwelt.

229

Etwas völlig anderes jedoch geschieht bei der Konfrontation mit der eigenen karmischen Schuld. Der Patient muß seinen Schatten integrieren, er erlebt sich als Handelnder, der anderen das zufügt, worüber er sich selbst seit ein paar tausend Jahren ständig beklagt, es zu erleiden. Die Konfrontation mit der Schuld ist für den Patienten kein einfacher Schritt – aber ein gewaltiger in Richtung Heilung, wenn er ihn tut. Will man überhaupt das Wort »Ursache« strapazieren, dann liegt sie hier in der karmischen Schuld.

Eine solche Schuldsituation kann niemals absolutes Ende sein, sondern könnte weiterhin nach den Determinanten hinterfragt werden. Wenn wir dies in der Therapie nicht tun, so hat dies praktische Gründe:

1. Es gibt kein konkretes Ende, ein Umstand, den die Kirche mit dem Begriff Erbsünde umschreibt.
2. Eine karmische Schuld ist, bezogen auf ein aktuelles Problem, zumindest der Beginn einer Phase im unendlichen Rhythmus.

Schuld und Verantwortung

Mit der Anerkennung der Schuld muß der Patient die gesamte Verantwortung für sein Schicksal übernehmen – ein Schritt, der das Tor zur Heilung öffnet. Außenstehende haben oft Angst vor der Entdeckung von Schuldsituationen und glauben mit diesem Wissen später kaum noch weiterleben zu können. Manche meinen, sie könnten die Erkenntnis, einmal jemanden umgebracht zu haben, nicht verkraften. Diese Ängste treffen für die konkrete Situation nicht zu. Eine alte Erkenntnis, heißt: »Nur was man verdrängt, drängt.« Gerade das unbewußte Wissen um die Schuld flößt Angst ein, die man vor der Konfrontation hat. Gelingt es aber, die Schuld anzuschauen, weicht gleichzeitig der gesamte Druck, der vorher gerade deshalb da war, weil man angeblich nichts davon wußte.

Alles, was dem Menschen bewußt ist, kann niemals negative Auswirkungen haben. Die Schuldkonfrontation in der Therapie geschieht absolut wertfrei, ist ein Anschauen der Wirklichkeit und wird als ein Lernschritt der Vergangenheit bewußt integriert. Indem der Mensch seinen bisher so vollständig verdrängten Schatten Schritt für Schritt in sein Bewußtsein integriert, wird er ganzer, vollständiger, heiler. Die Konfrontation mit der Schuld ist kein Auferlegen einer Bürde, sondern Abnahme einer Bürde. Wird die Konfrontation selbst auch häufig nicht als sehr angenehm empfunden, fühlt sich jeder Patient danach ungewohnt frei und erleichtert. Der Umgang mit Schuld muß jedes Extrem vermeiden. Das Verdrängen der Schuld und ihre Projektion auf andere macht krank, da man sich von der Wirklichkeit entfernt – ebenso ungesund ist das Überladen mit Schuld und Selbstanklage, bis man unter der Last zusammenbricht. Der Mensch muß lernen, daß er als Mensch schuldig ist, und dies den Preis für seinen Lernprozeß darstellt. Ohne Fehler keine Entwicklung. Deshalb gibt es keinen Menschen, der in der Vergangenheit nicht Schuld auf sich geladen hätte. Nur wer durch die Finsternis geht, kommt zum Licht. Es gibt keinen Menschen, der das Heiße meidet, ohne es jemals angefaßt zu haben.

In der kirchlichen Tradition erleben wir noch einen

sehr ausgewogenen Umgang mit dem Thema Schuld. Zuerst wird dem Gläubigen ins Bewußtsein gerufen, daß er als Mensch sündig ist und Schuld auf sich geladen hat, um ihn erst dann durch die Absolution von dieser Schuld zu entlasten.

Manche wenden ein, daß das Prinzip der Gnade im Widerspruch zum harten Karmagesetz stehe, nachdem jede Schuld eingelöst werden müsse. Dieser Widerspruch zwischen Karma und Gnade besteht nur dem Schein nach, beide Prinzipien vereinigen sich wie alle Polaritäten in der Mitte und bedingen sich in Wirklichkeit gegenseitig. Gnade erfährt nur der, der sie erbittet. Um sie zu erbitten, muß der Mensch seine Schuld anerkennen. Karma aber ist das Gesetz, das dafür sorgt, daß der Mensch irgendwann einmal soweit kommt, seine Fehler, seine Schuld zu erkennen. Deshalb kann Gnade nur durch das Karma wirksam werden. Karma zielt auf die Einsicht des Menschen, stellt sich diese ein, ist er reif für die Gnade.

Das Urproblem: die Macht

Innerhalb einer Therapie verfolgen wir mehrere Symptomketten und deren karmische Verschuldung. Alle diese Ketten enden schließlich in einer Art Knotenpunkt, der das Grundproblem repräsentiert, an dem der Patient bisher scheiterte. Das Problem selbst findet sich damals wie heute wieder, in ferner Vergangenheit wesentlich gröber und deutlicher strukturiert, im heutigen Leben meist bis zur Unkenntlichkeit verfeinert und sublimiert.

Analysiert man das Urproblem aller Patienten, so findet man, daß es immer auf das gleiche Thema reduzierbar ist, nämlich auf die Macht. Der Mensch erkrankt immer an der Macht, früher häufig in aller Deutlichkeit ausgelebt, heute raffiniert getarnt – doch es ist und bleibt immer die Macht, an der der Mensch scheitert. Der Gegenpol der Macht ist die Demut. Jedes »ich will, ich möchte« ist Ausdruck dieses Machtanspruches.

Eine der häufigsten Formen in der heutigen Zeit, Macht auszuüben, ist die Krankheit. Krankheit garantiert in unserer Zeit dem einzelnen einen kritiklosen Freiraum für seine unbewußten Machtansprüche. Hier liegt der Grund, warum die Kranken in Wirklichkeit niemals ihre Krankheiten aufgeben möchten. Dies wird vom Kranken zwar lautstark bestritten mit dem Hinweis, was er schon alles getan und unternommen habe, um wieder gesund zu werden. Diese Anhäufung von Alibis ist jedoch nicht gemeint. Natürlich glaubt der Kranke selbst daran, daß er gesund werden wolle, aber nur deshalb, weil ihm die Motivation seines Krankseins noch nicht bewußt ist. Erkennt er selbst, daß er sich entscheiden muß zwischen Kranksein und Machtverzicht, fällt ihm meistens die Wahl sehr schwer.

Macht ist gleichzusetzen mit Egodominanz, ist der Versuch, sich nicht unterzuordnen, sondern seinen Willen dem anderen aufzudrücken. Dieser Machtanspruch führte bereits im Paradies zum Biß in den Apfel: nicht unterordnen unter das Gesetz, sondern selbst wissen, was gut und was böse ist. Für diese Macht war der Mensch schon immer bereit, einen hohen Preis zu zahlen. Um Macht zu erhalten, schloß der Mensch schon immer gerne einen Pakt mit dem Satan und verkaufte seine Seele.

Doch erst wenn der Patient seine Machtwünsche in früheren Inkarnationen in aller Deutlichkeit erlebt hat, beginnt er, sie auch im Hier und Jetzt zu entlarven. Erst wenn der Patient überblickt, wie er einige tausend Jahre ständig Leid auf sich lud, um sich Macht zu erkaufen, wird er langsam bereit, die Lehre der Demut zu verstehen. Ein solches Verstehen ist kein intellektueller Prozeß, sondern eine Erfahrung der Wirklichkeit, welche die Umpolung im Menschen erwirkt. Die Veränderung des Bewußtseins geschieht in der Gegenwart, dadurch wird der Mensch heil. Die Symptome verschwinden buchstäblich von selbst, obwohl wir sie eigentlich gar nicht behandelt haben, denn sie wurden in sich selbst überflüssig.

Reinkarnationstherapie ist keine Flucht in die Vergangenheit, sondern sie benützt den Gegenpol der Vergangenheit, um den Patienten in die Gegenwart zu führen. Solange Vergangenheit verdrängt wird und unbewußt weiterwirkt, gelingt es dem Menschen nicht, voll bewußt im Hier und Jetzt zu leben. Ständig wird er durch Vergangenes restimuliert und verwechselt die Zeiten. Erst wenn er die Vergangenheit ins Bewußtsein integriert hat, kann er sie wirklich als Vergangenheit ablegen und erlebt endlich die Gegenwart mit bisher ungeahnter Klarheit. Wir schauen uns die Vergangenheit an, weil sie so unwichtig ist – nicht weil wir sie so interessant finden.

Ziel eines jeden esoterischen Weges ist es, wirklich ständig bewußt in der Gegenwart zu sein. Doch um das zu können, muß ich die Gegenwart erst einmal von der Vergangenheit trennen und reinigen. Die Reinkarnationstherapie folgt dem Similegesetz der Homöopathie: Der Kranke wird beim Durchlaufen der Symptomketten ständig mit ähnlichen Situationen konfrontiert, bis er auf diesem Wege das Gift der Schuld findet. Dieses Gift wird ihm zum Heilmittel, wenn er es durch seine Erkenntnis potenziert und so sein Urproblem erlöst.

Reinkarnationstherapie befriedigt nicht die Neugierde nach früheren Leben, noch ist sie Opium für das Volk, indem sie mit dem Versprechen eines neuen Lebens die Menschen tröstet. Reinkarnationstherapie ist ein harter Weg zur Läuterung. In den ständigen Reinkarnationen sehen wir keinen Trost, sondern die Aufforderung, durch Entwicklung zur Vollkommenheit frei zu werden vom Rad der Wiedergeburt. Wir bejahen das irdische Leben, solange es für unseren Entwicklungsweg notwendig ist, unser Ziel jedoch liegt jenseits der materiellen Welt, ist jene Einheit, aus der wir uns einmal lösten und zu der sich jeder Mensch letztlich zurücksehnt.

Jenseitserfahrungen

Eine häufige Frage ist, ob wir auf der Reise durch die Vergangenheit auch die Zwischenphasen, die zwischen den einzelnen Inkarnationen liegen, passieren, und was die Patienten über das Jenseits berichten. Unsere Erfahrungen über das Jenseits und die Zwischenphasen sind zur Zeit wesentlich weiter, als noch vor einigen Jahren, aber dennoch bestimmt nicht abgeschlossen. Wir versuchen in der Therapie nur die Stadien zu durchlaufen, welche für den Patienten relevant sind, und vermeiden es, Dinge abzufragen, die primär unserer eige-

235

nen Neugierde dienen. So kommt es, daß unsere Jenseitserfahrungen noch etwas in den Anfängen stekken.

Erschwert werden allgemeingültige Aussagen offensichtlich dadurch, daß das Jenseits kein homogenes Bild zeigt, sondern daß es genauso differenziert ist wie die Entwicklungsstadien menschlichen Bewußtseins. Das Jenseits ist eine astrale Welt und daher eine reine Bilderebene, in der die Formen den unterschiedlichsten seelischen Inhalten entsprechen. Die Seele eines Verstorbenen erreicht auf Grund der Resonanz jene Ebene im Jenseits, die dem mitgebrachten Bewußtseinsstand entspricht. Jede Seele kommt somit in *ihr* Jenseits, das letztlich nur das eigene Bewußtsein in Formen widerspiegelt. Diese verschiedenen Ebenen machen es schwierig, ein einheitliches Bild wiederzugeben. Es kommt auf den Menschen an, ob das Jenseits für ihn Himmel oder Hölle wird. Ein Verstorbener erlebt das Jenseits häufig als Landschaft, deren Aussehen und Stimmung seiner Seelenqualität entspricht. So schilderte eine Patientin ihr Jenseits, in das sie nach einem (weit zurückliegenden) Leben als Herrscherin voller Macht und Grausamkeit kommt, wie folgt:

»Ich sterbe einen qualvollen, langsamen und einsamen Tod. Ich habe vor allem eine entsetzliche Todesangst, die mich fast von den Sinnen bringt. Ich höre schrecklichen Lärm und Getöse und finde mich dann auch in einer dunklen Sphäre, beziehungsweise bizarren Landschaft wieder. Alles ist furchteinflößend, alles zittert vor Angst. Die Landschaft ist disharmonisch, alles ist spitz, eckig, kalt und abweisend. Es ist windig, die Luft voll von ängstlichem Stöhnen. Ich suche ziel- und planlos ein Loch oder einen Spalt, in dem man sich ver-

kriechen kann, aber ich finde nichts. Auch die Farb-
schattierungen sind hier bedrohlich. Es sind auch noch
viele andere Wesen da, unter anderem auch rattenähnli-
che. Ich muß mich qualvoll lange hier aufhalten, ununterbrochen einen Schlupfwinkel suchend. Das schlimm-
ste ist, daß man sich an das Grauen hier nicht gewöhnt.
Nach langer Zeit finde ich endlich einen Spalt, in den
ich mich hastig dränge, beziehungsweise hineingezogen
werde.«

Ähnlich unangenehm sind andere Jenseitsschil-
derungen, welche einem Leben folgen, in dem Macht,
Gier, Grausamkeit und Lieblosigkeit dominieren. Sehen wir von diesen Fällen ab, so wird das Jenseits als
schön und angenehm beschrieben. So lautet der Bericht
eines sterbenden Kindes beispielsweise:

»Langsam wird alles leichter, ich fange an zu schwe-
ben. Ich bin nicht mehr ich, aber ich bin doch ich, ich
kann alles sehen, meine Mutter, meinen Vater, die Frau
und mich selbst im Bett. Ich schwebe höher zur Zim-
merdecke, dann schwebe ich wieder herunter, ganz nah
zu meiner Mutter und streichle sie. Dann schwebe ich
wieder hinauf und sehe das Haus und den Garten. Ich
werde geführt, an der Hand geführt von meiner Groß-
mutter, der Mutter meines Vaters. Sie ist sehr lieb zu
mir. Sie sagt, sie wird mich wohin führen und mir alles
zeigen. Wir kommen in eine sanfte wellige Landschaft,
und ich sehe noch andere Wesen. Wir sprechen nicht,
aber man weiß, was sie sagen, und sie wissen, was ich
sage. Man fühlt sich hier sehr wohl und glücklich. Man
sieht ganz weiche, lichte, sanfte Farben, die irgendwie
ineinander übergehen.«

Die Schilderungen des Jenseits reichen vom Ur-
grauen bis zur Schilderung herrlicher Landschaften. Die

Wesenheiten, denen man begegnet, entsprechen jeweils der Qualität des Ortes. Es sei nochmals betont, daß das Jenseits keine materielle Ebene ist, sondern eine rein psychische Welt, die jedoch deshalb nicht weniger wirklich ist.

Unsere bisherigen Erfahrungen haben gezeigt, daß das Jenseits dem Bewußtseinsstand der Seele entspricht und somit auch alle anderen Wesenheiten etwa der gleichen Entwicklungsstufe angehören. Es gibt Kontakt mit anderen Seelen und Wesenheiten und offensichtlich sogar ein Weiterlernen. Hilfe von höher entwickelten Wesen wird nur dem zuteil, der diese Hilfe erbittet. Nach dem körperlichen Tod werden die eigenen Fehler, die man während des Lebens begangen hatte, häufig schlagartig klar. Sieht man von den ganz dunklen Sphären ab, so wird der Aufenthalt im Jenseits als so angenehm empfunden, daß niemand mehr in die materielle Welt zurück will. Allein die Erkenntnis der eigenen Fehler führt zu dem Wunsch des Ausgleichs und der Wiedergutmachung und schließlich zu der Einsicht, noch einmal inkarnieren zu müssen.

Das Jenseits ist genauso differenziert und verschieden wie unsere diesseitige Welt. Da allein durch das Sterben eine Seele nicht wesentlich reifer oder klüger wird, verteilen sich im Jenseits Dummheit und Weisheit ähnlich wie bei uns auf Erden – was häufig von den Anhängern des Spiritismus übersehen wird. Es geht nicht darum, die »Echtheit« spiritistischer Phänomene anzuzweifeln, sondern es soll lediglich davor gewarnt werden, allen Aussagen, nur weil sie »von drüben kommen«, den Glorienschein der Unfehlbarkeit umzuhängen. Die Chance, über spiritistische Medien Durchgaben von wirklich hoher spiritueller Qualität zu erhalten, ist ungleich geringer, als lediglich die Privatmeinungen und die Glaubensansichten irgendwelcher unentwickelter Seelen oder sogar nichtmenschlicher Wesenheiten zu empfangen.

Die erdgebundenen Seelen

Wir berühren hier das Gebiet der »erdgebundenen Seelen« – ein Thema, für dessen Verständnis die Öffentlichkeit wohl noch zu wenig Voraussetzungen mitbringt, das aber dennoch wegen seiner Wichtigkeit nicht ganz verschwiegen werden darf. Mit »erdgebunden« bezeichnet man die Seelen, welche nach Verlassen des irdischen Körpers aus irgendwelchen Gründen so stark am irdischen Geschehen fixiert bleiben, daß sie versäumen, ihren notwendigen Weg durch die jenseitige Sphäre zu gehen. Ihr einziges Interesse bezieht sich, wie zu Lebzeiten, auf irdische Vorgänge, weshalb sie versuchen, am Körper eines lebenden Menschen zu partizipieren, um so wieder eine eigene Handlungsfähigkeit zu erlangen.

Der Grund für eine solche Erdgebundenheit ist meistens – so eigenartig dies klingen mag – der, daß der betreffende Mensch seinen eigenen Tod nicht bewußt wahrgenommen hat. Voraussetzung für ein solches »Übersehen« des eigenen Todes ist häufig der feste Glaube, daß nach dem Tod alles vorbei sei. Wenn ein Mensch aus dieser Überzeugung plötzlich ums Leben kommt, so ändert sich für ihn subjektiv so wenig, daß er einfach nicht auf den Gedanken kommt, gestorben zu sein. Die einzig wahrnehmbare Veränderung ist die eigene Handlungsunfähigkeit, die dadurch schnell ausgeglichen wird, daß er sich an einen anderen Körper heftet und nun wieder das Gefühl hat, vollen Einfluß auf das irdische Geschehen zu haben.

Andere Gründe für die Erdgebundenheit können gravierende Fehler sein, die jemand nach dem Tod unbedingt noch selbst korrigieren möchte, oder auch ein »Gehaltenwerden« durch trauernde Hinterbliebene, die die Seele des Toten an sich zu ketten versuchen. Ein Lebender kann unter Umständen von mehreren erdgebundenen Seelen besessen sein, wobei man den Begriff »Besessenheit« in diesem Falle nicht mit der dämonischen oder teuflischen Besessenheit verwechseln sollte.

Die erdgebundenen Wesen haben nichts Böses vor, sondern sind selbst in einer bedauernswerten Lage und warten auf Hilfe. Jenseitige Wesenheiten können jedoch diese Hilfe nicht geben, solange diese Seelen sich nicht von dem irdischen Geschehen abwenden und um Hilfe bitten. So bleibt es Aufgabe der Lebenden, den Seelen die notwendige Hilfe zuteil werden zu lassen. Alle ursprünglichen Religionen kennen deshalb auch Rituale der Totenmessen und Fürbitten. Ein eindrucksvolles Dokument hierfür ist das tibetanische Totenbuch, dessen Ritual die Aufgabe hat, die Seelen der Verstorbenen zu geleiten.

Die Besessenheit eines Lebenden durch Seelen kann von leichten Symptomen bis zur Geisteskrankheit reichen. Es spricht vieles dafür, daß die Mehrzahl aller Erkrankungen, die mit dem Begriff der Schizophrenie klassifiziert werden, durch die Anwesenheit erdgebundener Seelen gekennzeichnet ist. In solchen Fällen müssen die gebundenen Seelen, nicht der Patient, behandelt werden, was zur Loslösung der Seelen und damit zur Befreiung des Patienten führt.

Der amerikanische Psychiater Dr. Wickland hat Anfang unseres Jahrhunderts über dreißig Jahre mit dieser Methode erfolgreich Schizophrenie behandelt. Ermöglicht wurde diese nicht ganz einfache Arbeit durch die Begabung seiner Frau, die als hervorragendes Medium ihren Körper in den Therapiesitzungen den erdgebundenen Seelen zur Verfügung stellte, damit diese durch ihn sprechen und sich artikulieren konnten.

Inhalt der Therapie einer Seele ist es, sie über ihren Zustand aufzuklären und ihr nachträglich ihren Tod bewußt zu machen. Die Seele muß begreifen lernen, daß sie keinen eigenen Körper mehr besitzt und die irdischen Belange für sie keine Wichtigkeit mehr haben. Sie muß sich buchstäblich umdrehen, um ihren neuen Weg und die jenseitige Hilfe zu erkennen.

Wir haben in den letzten Jahren damit begonnen, eigene Erfahrungen auf diesem Gebiet zu sammeln. Die Erfahrungen Wicklands ließen sich hierbei bestätigen – aber es zeigte sich auch, mit wie vielen Problemen und Gefahren solche Prozesse anfänglich verbunden sind. Es sei deshalb davor gewarnt, als Laie wild herumzuexperimentieren. Neuerdings zeigen sich bei unserer Arbeit Möglichkeiten, innerhalb der Therapie sogar ohne Medium mit den erdgebundenen Seelen Kontakt aufzunehmen und sie zu therapieren. Dieser Form der Therapie habe ich den Namen »Erlösungstherapie« gegeben, weil eine Seele von ihrer Gebundenheit gelöst und ihrem eigentlichen Weg zugeführt wird.

Eine zentrale Rolle in der Erlösungstherapie fällt dem Gebet zu, um das die Seelen teilweise jammernd bitten. Hier liegt die große Möglichkeit für den Laien, den Seelen zu helfen: beten und Totenmessen lesen zu lassen für Verstorbene – einen besseren Dienst kann man ihnen kaum erweisen. Daraus folgt, daß Hinterbliebene alles unterlassen sollten, um den Toten zu binden oder zurückzurufen. Spiritisten und Tonbandstimmenforscher haben es vor allem mit erdgebundenen Seelen zu tun. Sie sollten sich darüber klarwerden, daß diese Seelen Hilfe brauchen, keinesfalls aber die Lieferanten himmlicher Weisheiten sind.

Wir stehen mit all diesen Arbeiten und Erkenntnissen noch am Anfang, aber bereits die bisherigen Erfahrungen zeigen, daß sich durch Einbezug dieses Problemkreises völlig neue Möglichkeiten der Therapie und Hilfe eröffnen.

Entwicklungsstufen der Seele

Wie lange der Aufenthalt einer Seele im Jenseits dauert, ist im Einzelfall unterschiedlich. Sicher ist jedoch, daß die verbreitete Behauptung, zwischen den einzelnen Inkarnationen lägen mehrere hundert oder tausend Jahre, falsch ist. Es spricht viel dafür, daß in weiterer Vergangenheit Zwischenphasen von ein paar hundert Jahren vorkamen. Zur Zeit liegen jedoch zwischen den Inkarnationen meist weniger als zehn Jahre. Die Verkürzung oder Verlängerung ist der Mechanismus, der die unterschiedlichen Bevölkerungszahlen steuert. Je kürzer die Zwischenphase, um so mehr Menschen leben auf Erden.

Man sollte in diesem Zusammenhang nie vergessen, daß das Menschenreich keine geschlossene Ebene mit einer konstanten Zahl von Seelen ist, sondern so etwas wie eine Durchgangsstation. Vergleicht man die Inkarnationen mit Schulklassen, so könnte man das Menschenreich beispielsweise mit dem Gymnasium vergleichen. So wie es vor und nach dem Gymnasium noch andere Lehrstätten gibt, so durchläuft auch die Seele verschiedene Reiche, bis sie die Reife für das Menschenreich erreicht hat – ist sie vollkommen geworden als Mensch, warten in der unendlichen Hierarchie weitere Aufgaben auf sie, die außerhalb des Menschenreiches liegen.

Man findet in der menschlichen Seele auch Erinnerungen, die bis in das Tier-, Pflanzen- und Mineralreich zurückreichen, aber man sollte dies nicht im engeren Sinne mit Inkarnationen gleichsetzen. Erst mit dem Menschsein beginnt die individuelle seelische Entwicklung, denn im Tierreich herrscht noch die Gruppenseele. Vereinzelt kann jedoch eine »Rückstufung« eines Menschen in eine Tierinkarnation vorkommen, wenn als Mensch Grundformen menschlichen Verhaltens so stark verletzt wurden, daß sie im Tierreich besser gelernt werden können. Solche Rückstufungen dürften sich allerdings auf die Anfangszeit im Menschenreich beziehen und sind keinesfalls die Regel.

Eine häufige Frage ist, ob man im Laufe der Inkarnationen das Geschlecht wechsle oder nicht. Obwohl wir aus Erfahrung wissen, daß ein Wechsel des Geschlechts vorkommt, bleibt die genaue Beantwortung dieses Problems immer noch schwierig, weil wir uns über das Gesetz, das diesen Wechsel steuert, noch nicht im klaren sind. Nach Prüfung vieler Hypothesen sind wir zur Zeit der Meinung, daß eine Seele ein feststehendes Geschlecht besitzt und daß dazu eine gegengeschlechtliche Dualseele existiert. Die Mehrzahl aller Verkörperungen haben das Geschlecht, das die Seele vom Anbeginn hat. Gegengeschlechtliche Inkarnationen werden nur hin und wieder dazwischengeschoben, um bestimmte Erfahrungen zu machen oder Karma einzulösen. Die Seele kommt häufig, aber nicht immer, mit ihrer Dualseele zusammen, da beide in ihrer Entwicklung voneinander abhängig sind.

Das wiederholte Zusammentreffen mit den gleichen Personen durch lange Inkarnationsketten hindurch ist wohl überhaupt eines der erstaunlichsten Phänomene. Liebe und Haß, Anziehung und Abstoßung sind lediglich Überreste aus vergangenen Zeiten. Einlösung von karmischer Schuld geschieht immer an der gleichen Person, an der man sie einst begangen hatte. Es gehört oft zu den erschütterndsten Erfahrungen einer Reinkarnationstherapie, wie ähnlich die Probleme in allen Inkarnationen sind – wie viele Jahrtausende vergehen, ohne daß sich grundsätzliche Verhaltensweisen ändern.

In dieser Erkenntnis mag ein Teil des Erfolges der Therapie wurzeln: Durch das Überschauen von Zeitspannen, die für unser Bewußtsein so groß erscheinen, wird die Struktur der Probleme und Fehlerketten überdeutlich. Reinkarnationstherapie wirkt wie ein Mikroskop, das die Persönlichkeitsstruktur bis in die Details überdeutlich werden läßt.

Durch die Schuldkonfrontation ist man gezwungen, selbst die Verantwortung für sein Schicksal zu übernehmen, das heißt sich selbst zu ändern. Der Patient erwartet ursprünglich allein die Veränderung seiner Symptomatik, übersieht aber, daß diese nur in Verbindung mit einer Veränderung seiner selbst eintreten kann. In der Reinkarnationstherapie lernt der Mensch Sinnhaftigkeit und Gerechtigkeit des Schicksals kennen. Er erkennt, daß er mit jeder Handlung nur erntet, was er einst gesät hat, aber gleichzeitig schon wieder sät, was er einmal ernten muß. Diese Erkenntnis zwingt ihn, bewußt im Hier und Jetzt zu leben. Er erfährt seine Geborgenheit in einem von Sinnhaftigkeit geleiteten Kosmos, dem zu dienen seine einzige Aufgabe ist. Diese Rückverbindung mit dem Urgrund ist re-ligio, letztes Ziel unserer Therapie, denn Heilen ist Sache der Religion.

Religion und Reinkarnation

Unsere Erfahrung zeigt, daß man die religiöse Problematik des Menschen aus einer Psychotherapie gar nicht ausklammern kann. Die Seele erkrankt immer nur am Verlust der Sinnhaftigkeit. Gerade der psychisch Kranke hat bereits eine Wirklichkeit berührt, die dem »ganz normalen Durchschnittsmenschen« meist noch völlig unbekannt ist. Der Neurotiker hat bereits »mehr« gesehen – aber er konnte die Wirklichkeit nicht ertragen –, er erkrankte am Gift der Wahrheit.

Denken wir homöopathisch weiter, so kann er nur allein durch diese Wahrheit, an der er erkrankte, auch wieder geheilt werden. Ziel eines solchen Weges kann es daher niemals sein, den Patienten auf jene Normalität hin zu behandeln, die er vor der Erkrankung innehatte, vielmehr muß der Patient nach einer erfolgreichen Therapie um das gleiche Maß über der Normalität stehen, um das ihn die Neurose in der anderen Richtung von der Normalität wegbrachte.

Begleitet man auf diesem Weg der Individuation einen Patienten, so begegnet man zwangsläufig den Fragen nach Sinn, Gott, Erlösung und so weiter. Diese Themen werden nicht – wie viele behaupten – vom Therapeuten ins Spiel gebracht, sondern von den meisten Therapeuten gewaltsam übergangen.

Therapie ist kein Rahmen für kirchliche Mission. Die Auseinandersetzung mit der religio ist nicht gleichbedeutend mit einer Diskussion für oder wider eine bestimmte Glaubensrichtung oder Konfession. Leider hat das religiöse Bewußtsein der Mehrzahl der Menschen einen stark infantilen Zug. Diese Infantilität in Dingen der Religion ist gleich stark bei Kirchengegnern wie bei Kirchenanhängern. Beide Gruppen begreifen erschreckend selten das Wesentliche der Religion. So klaffen denn auch die Lehren der Religionen und die Lehren ihrer Kirchen sehr weit auseinander – dies war immer so und wird auch immer so bleiben. Auch kirchliche Institutionen sind Menschenwerk und genauso fehleranfällig wie alle Institutionen. Zum Wesen einer Institution gehört die Machtansammlung – aber Macht ist der größte Feind aller Religionen.

So tauchen von Zeit zu Zeit wahre Eingeweihte unter den Menschen auf und verkünden wieder die wahre, unverfälschte, ewig gültige Lehre – aber sie werden immer von den jeweils amtierenden »Schriftgelehrten und Pharisäern« verfolgt und gekreuzigt. Sprechen wir von Religion, so meinen wir immer nur die reine Lehre und nicht die Kirchen und Institutionen. Lernt ein Patient während einer Therapie die Inhalte der Religion verstehen, so bleibt es ihm überlassen, ob er sich zu einer bestimmten Religion oder Konfession hinwendet oder seinen Weg individuell weitergeht. Wer Religion begriffen hat, besitzt auch keine Aggressionen mehr gegen die Fehler der menschlichen Gemeinschaften, sondern benützt sie häufig als rituellen Rahmen seines Weges.

Vor diesem Hintergrund sollte auch die Thematik »Reinkarnation und Christentum« betrachtet werden. Die offizielle christliche Kirche lehnt die Wiederverkörperungslehre ab, mit Ausnahme der Christengemeinschaft, die sich an den Lehren Rudolf Steiners orientiert und ein Beispiel dafür ist, daß die Lehre des Christentums sich sehr wohl mit der Reinkarnation verträgt. Obwohl schwer beweisbar, spricht vieles dafür, daß der Glaube an die Reinkarnation zur Zeit Christi und auch in den ersten Jahrhunderten nach ihm zur absoluten Selbstverständlichkeit gehörte. Erst um das Jahr 533 wurde auf dem ökumenischen Konzil unter Kaiser Justinian die Lehre der Reinkarnation verketzert: »Wer eine fabulöse Präexistenz der Seele und eine monströse Restauration lehrt, der sei verflucht.«

Es wird behauptet, daß gleichzeitig die Heilige Schrift von den entsprechenden Textstellen gesäubert worden sei. Sicherheit über diese Vermutung könnte wohl allein die vatikanische Bibliothek liefern. Dennoch gibt es einige Textstellen in der Bibel, die zwar nicht ausreichen, Reinkarnation als Gegenstand der christlichen Lehre zu bezeichnen, aber eindeutig zeigen, daß der Gedanke der Reinkarnation damals eine Selbstverständlichkeit für die Jünger Christi war. So finden wir bei allen Evangelisten Textstellen über die Frage, ob Johannes der Täufer die Reinkarnation des Elias sei.

Markus 8, 27: »Und Jesus ging mit seinen Jüngern weiter in die Dörfer bei Cäsarea Philippi. Unterwegs fragte er seine Jünger: *Für wen halten mich die Leute?* Sie antworteten ihm: *Für Johannes den Täufer, andere*

für Elia, wieder andere für sonst einen der Propheten.«
Vergleiche hierzu Matthäus 16, 13–16. Weiter finden
wir bei Matthäus 17, Vers 10 folgende Stelle: »Da fragten ihn die Jünger: *Warum sagen denn die Schriftgelehrten, Elia müsse zuerst kommen?* Er antwortete und
sprach: *Gewiß, Elia kommt und wird alles wiederher-
stellen. Ich sage euch aber: Elia ist schon gekommen,
und sie haben ihn nicht erkannt, sondern mit ihm getan,
was sie wollten. So wird auch der Menschensohn durch
sie leiden müssen.* Da verstanden die Jünger, daß er zu
ihnen von Johannes dem Täufer redete.« Vergleiche
Markus 9, 11. Matthäus 11, Vers 13: »Denn alle Propheten und das Gesetz bis zu Johannes hin haben ge-
weissagt, und wenn ihr es annehmen wollt: Er ist Elia,
der kommen soll. Wer Ohren hat, der höre.«

Diese in allen Evangelien belegte Frage nach Elia
wird nur vor dem Hintergrund der Reinkarnation verständlich. Dies gilt im besonderen Maße auch für folgende Stelle im Johannesevangelium 9, Vers 1: »Und
im Vorbeigehen erblickte er einen Menschen, der von
Geburt an blind war. Und seine Jünger fragten ihn:
*Rabbi, wer hat gesündigt, dieser oder seine Eltern, daß
er blind geboren wurde?* Jesus antwortet: *Weder dieser
hat gesündigt, noch seine Eltern, vielmehr sollen die
Werke Gottes an ihm offenbar werden.*« Die Frage, ob
in eigener oder elterlicher Sünde die Verursachung der
seit Geburt bestehenden Blindheit zu suchen wäre, erfordert zwangsläufig die Annahme früherer Inkarnationen. Daran ändert auch nichts die Antwort Jesu, die
ja nicht die Berechtigung der Frage in Zweifel zieht,
sondern lediglich einen dritten, in der Frage nicht ent-
haltenen Aspekt aufzeigt.

Noch zahlreicher und eindeutiger sind die Äußerungen vieler Kirchenväter über das Thema Reinkarnation. K. O. Schmidt hat in seinem Buch »Wir leben nicht nur einmal« viele entsprechende Zitate zusammengestellt, von denen hier einige wiedergegeben seien. So schreibt der große Origenes: »Wenn man wissen will, weshalb die menschliche Seele das eine Mal dem Guten gehorcht, das andere Mal dem Bösen, so hat man die Ursache in einem Leben zu suchen, das dem jetzigen Leben voranging. – Jeder von uns eilt der Vollkommenheit durch eine Aufeinanderfolge von Lebensläufen zu. – Wir sind gebunden, stets neue und bessere Lebensläufe zu führen, sei es auf Erden, sei es in anderen Welten. Unsere Hingabe an Gott, die uns von allem Übel reinigt, bedeutet das Ende unserer Wiedergeburt.« Weitere Kirchenväter, die sich ausdrücklich für die Lehre der Reinkarnation aussprachen, sind: der heilige Hieronymus, Clemens von Alexandrien, Gregor von Nyssa, Ruffinus, der heilige Justinus, der heilige Hilarius, Tertian, Philo, Nemesius und andere.

Der Erzbischof Louis Pasavali schreibt: »Ich bin der Ansicht, daß es einen bedeutsamen Schritt vorwärts bedeuten würde, wenn man den Gedanken der Wiedergeburt öffentlich vertreten dürfte, und zwar der Wiedergeburt auf Erden wie in anderen Welten, denn damit ließen sich viele Rätsel lösen, die heute den Geist und den Verstand der Menschen als undeutliche Nebel bedrücken.«

Alle angeführten Zitate und Namen sollen nicht den Versuch vortäuschen, man könne die Reinkarnation als Bestandteil der christlichen Lehre beweisen. Jeder wird für seine Meinung genügend Textstellen und berühmte Autoritäten finden, um seine eigene Meinung untermauern zu können. Ich glaube nicht daran, daß man den

Streit um die Reinkarnation mit Bibelstellen führen sollte. Sinnvoller erscheint mir die ernstliche Prüfung, ob das christliche Gedankengut und die eigentliche Lehre Christi der Reinkarnationslehre widerspricht oder nicht. Eine vorurteilsfreie Prüfung dieser Frage wird jedoch keinen Widerspruch finden können. Der einzelne ist deshalb nicht vor die Entscheidung gestellt, Christ zu bleiben oder an die Wiederverkörperung zu glauben. Wahres Christentum erforderte schon immer den Mut, abseits der geltenden Ansichten den Weg des eigenen Gewissens zu gehen – daran dürfte sich bis heute noch nichts geändert haben. Die »Schriftgelehrten« gehörten schon damals nicht zum engeren Freundeskreis Christi.

IX.
Das tägliche Leben als Ritual

Der Mensch ist der »grundsätzlich ins Wagnis gesandte«.
Das Scheitern schadet ihm weniger als das vermeintliche
Abgesichertsein.
Gott will nicht Sucher metaphysischer Notausgänge,
sondern Vollender des Menschseins
vom Sinnlichen bis zum Übersinnlichen.
HERBERT FRITSCHE

Da der Vielfalt die Einfalt folgen muß, müssen auch wir versuchen, all unsere Betrachtungen der verschiedensten Teilaspekte wieder zu einen, um den Verlauf unseres Weges erkennen zu können. Bereits ganz am Anfang stand der Hinweis, daß Esoterik ein Weg ist und dieser Weg gegangen werden muß, wenn wir an unser Ziel kommen wollen.

Nach all unseren theoretischen Gedanken wird nun wieder die Frage auftauchen, was wir denn nun konkret tun müssen, um nicht weiterhin in der Starre der bloßen Betrachtung zu verharren, sonden um den esoterischen Weg tatsächlich auch zu gehen. Wer auf diese Frage Rezepte erwartet, wird eine tiefe Enttäuschung erleben; wem jedoch Hinweise genügen, der findet mehr, als er verarbeiten kann. Denn es gibt nichts, was nicht Hinweis wäre auf das Ziel.

Doch so, wie ein kleines Kind noch nicht lesen und deshalb all die vielen geschriebenen Informationen auch nicht assimilieren kann, genauso geht es anfänglich uns Menschen. Auch wir müssen erst lernen, die Buchstaben der Wirklichkeit lesen zu lernen, um zu erkennen, daß alles Sichtbare nur ein Gleichnis, nur eine Chiffre höherer Ideen ist. Diese Art zu lesen und zu denken muß gelernt werden wie das übliche Lesen und Schreiben.

Dieses Buch sollte mit dieser Art der Wirklichkeitsbetrachtung ein wenig vertraut machen. Da es sich um die ersten Schritte bemüht, verzichtet es bewußt auf die Vorstellung aller esoterischen Systeme, zu deren Verständnis und Umgang eine breitere Fachterminologie notwendig wäre.

Gegenstand unserer Betrachtung war einzig und allein das Schicksal – jener Partner aller Menschen, mit dem zu beschäftigen sie gezwungen sind. Dieses eigene Schicksal ist das individuellste, maßgeschneidertste esoterische System, das man je finden kann. Deshalb beginnt der Weg auch damit, sich mit dem eigenen Schicksal auseinanderzusetzen. Ziel dieser Auseinandersetzung ist nicht Reichtum, Glück und Erfolg im üblichen Sinn, sondern eine tiefere Erkenntnis der Wirklichkeit, eine Erweiterung des Bewußtseins, eine Begegnung mit jener Instanz, die der Mensch Gott nennt.

Der esoterische Weg verspricht nicht äußeren Ruhm und Glanz und Ehre, sondern vielmehr Arbeit, Einsamkeit und unaufhörliches Ringen um die Wahrheit. Dieser Weg ist schmal und steinig, aber leider der einzige, der zum engen Tor der Befreiung führt. Die Gefahr, auf diesem Weg zu scheitern und abzustürzen, ist groß; das liegt an der Steilheit dieses Weges. Die Polarität besagt, daß mit der Nützlichkeit auch die Gefährlichkeit proportional zunimmt. Mit einem Messer kann man Brot schneiden *und* einen Menschen umbringen. Gestaltet man das Messer so, daß man damit nicht mehr morden kann, so eignet es sich auch nicht mehr zum Brotschneiden. Eine kleine Batterie ist ungefährlich, aber auch nicht dazu geeignet, eine Stadt mit Elektrizität zu versorgen. Je höher man auf einen Berg hinaufsteigt, um so weiter kann man blicken – und um so tiefer kann man stürzen. Es ist sicherer, unten auf der Ebene zu bleiben, und dort auf allen Vieren zu kriechen – doch die Aussicht ist dementsprechend. Der esoterische Weg will auf den höchsten Gipfel führen und ist deshalb lebensgefährlich. Erlösung und Scheitern liegen genauso dicht beieinander wie Genie und Irrsinn.

Doch der Mensch hat sich nun einmal beim Biß in den paradiesischen Apfel für den Weg der Erkenntnis entschieden, und so muß er ihn jetzt bis zu Ende gehen, will er wieder heimfinden. Es ist der Weg, den Christus vorzeichnete und der immer weiter hinabführt, bis es – »das große Werk« – vollbracht ist und aus der Tiefe das Licht der Erlösung aufleuchtet.

So sei an dieser Stelle bereits auf eines der verschiedenen Stadien des esoterischen Einweihungsweges hingewiesen, das jeder erreicht, wenn er diesen Weg geht: die Einsamkeit. Die Einsamkeit ist eine gesetzmäßige Phase, die jeder durchschreiten muß; sie wird im Tarot durch die neunte Karte »der Eremit« symbolisiert. Diese Einsamkeit ist unabhängig von äußerer Geschäftigkeit; man erlebt sie innerlich, indem man von der Welt nicht mehr verstanden wird. Eine tiefe Schlucht des Nichtverstehens, des Andersseins, tut sich zwischen einem selbst und der Umwelt auf. Der Mensch wird zum Eremiten, auch wenn er von hundert Menschen umgeben ist. Mit der gleichen Sicherheit, mit der jeder diese Phase durchleben muß, wird sie auch wieder durch andere Phasen abgelöst. Auch Einsamkeit ist nur ein Durchgangsstadium, die dem Menschen unter anderem das Schweigen und Lauschen lehren will.

So sollte man bereits vor Antritt des Weges alle Illusionen ablegen. Allzuhäufig ist die eigentliche Motivation für okkulte Beschäftigung der Wunsch, Fähigkeiten und Kräfte zu erwerben, die einen über die anderen hinausheben und mächtiger werden lassen. Wo jedoch – offen oder versteckt – der Machttrieb die Motivation liefert, führt der Weg unausweichlich in jenen Pol, den man »Schwarze Magie« nennt. »Schwarze Magie« ist schlicht jede Betätigung, die dem Zweck des Eigennutzes und der Egodominanz dient. Inhalt der sogenannten »weißen Magie« ist es, das Dunkel zu durchlichten, das »Blei« in »Gold« zu transmutieren, am Erlösungsprozeß unseres Planeten mitzuarbeiten, um dem Lichte zu dienen. Doch »erst der Lichtgewordene kann Licht spenden. Erst der Wiedergeborene kann erwecken« (Fritsche). Wahre Macht zeigt sich erst dort, wo man Macht besitzt, sie jedoch nicht mehr einsetzt. Die Allmacht Christi offenbarte sich am Kreuz darin, daß er der Aufforderung, vom Kreuz hinabzusteigen, nicht folgte. Solange der Mensch noch Macht einsetzt, ist er immer noch Sklave der Macht und ohnmächtig.

Da die Öffentlichkeit diesen Zusammenhang nicht versteht, fordert man ständig von den Okkultisten, ihre Behauptungen zu beweisen, und erwartet die Demonstration sichtbarer Wunder. Wahre Esoterik wird jedoch diesen Erwartungen niemals Folge leisten. Zwar folgert die Öffentlichkeit aus der Verweigerung der »Wunder«, daß es diese Dinge offensichtlich doch nicht gibt – aber dies ist der Irrtum derer, die ihn begehen, und man sollte sich deren Probleme nicht zu eigen machen. Schon der Versucher in der Wüste wollte sichtbare Beweise – und bekam sie nicht, vergleiche Lukas 4, 1–13.

Hier wird nochmals der große Unterschied zwischen Esoterik und Parapsychologie offenbar. Solange der Mensch noch neugierig ist, bleibt ihm die Pforte der Einweihung verschlossen.

Haben wir unsere wahre Motivation hinterfragt und sichergestellt, daß weder Neugier noch Macht die Federn unseres Handelns sind, so können wir beginnen, die ersten Schritte auf dem neuen Pfad zu tun. Doch schon folgt die nächste Warnung: Unterlasse jede Eile!

Manch einer beginnt aus der Begeisterung über das entdeckte Neuland die Geheimnisse der Esoterik im Eiltempo zu erjagen. Doch Erkenntnis und Entwicklung lassen sich nicht beliebig forcieren, sie haben ihren eigenen Rhythmus und entziehen sich jedem Zwang.

Seit Jahren begleitet mich ein warnender Satz von Frater Albertus: »Wenn Suchen zur Sucht wird.« Esoteriksüchtige findet man leider sehr häufig, die unersättlich immer neue Systeme und Wahrheiten begierig und gierig aufsaugen, ohne sie zu verdauen oder umzusetzen. Der Weg verwandelt sich in einen Trip. Fanatismus und Intoleranz sind schließlich die Kennzeichen jener, die versuchen, Gott mit ihrem Übereifer zu einer Gegenleistung zwingen zu wollen. Entwicklung bedarf der Ruhe, wobei Ruhe nicht mit Untätigkeit gleichzusetzen ist. Ruhe entsteht aus der Zuversicht, daß alles, was geschehen soll, zur rechten Zeit geschehen wird. So wie der Bauer die Saat ruhen lassen muß – so muß auch der Mensch das Warten lernen, bis die Zeit reif ist. »Eile mit Weile« lautet die Volksweisheit, die auch auf unserem Gebiet die rechte Mitte zwischen den Extremen aufzeigen kann.

Ich halte es nicht für das wichtigste, nach esoterischen Gesellschaften und Vereinigungen zu suchen oder in Indien nach einem Guru Umschau zu halten. Es gibt zur Zeit eine ständig wachsende Zahl solcher Vereinigungen – mit unterschiedlicher Tradition, unterschiedlicher Größe und unterschiedlicher Zielsetzung. Zählt man noch all die kleinen Gruppen und Zirkel hinzu, wächst deren Zahl ins Unüberschaubare. Deshalb ist es auch unmöglich, ein Pauschalurteil über deren Sinn oder Unsinn zu fällen – dennoch seien einige grundsätzliche Überlegungen zu diesem Thema erlaubt.

Jede Gruppe hat ihre Berechtigung und kann einem Suchenden zu einem bestimmten Zeitpunkt gewisse Anregungen und Impulse geben. Dieser Impuls kann recht unabhängig von der inneren Qualität der Gruppe selbst sein. Nichts in dieser Welt kann so schlecht sein, daß es nicht dem, der bewußt sehen gelernt hat, eine bestimmte Information vermittelt. Der Wert eines Systems oder einer Gemeinschaft ist schwer absolut festzulegen, er richtet sich vielmehr nach dem jeweiligen Bewußtseinsstand des Suchenden. Empfindet jemand zu einer bestimmten Vereinigung eine Affinität, so zeigt dies, daß er offensichtlich von deren Lehren noch profitieren kann; dann wird diese Vereinigung für ihn wertvoll.

Dies kann aber nur in den seltensten Fällen für immer so bleiben. Denn alle Vereinigungen erlangen ab einer gewissen Größe eine bestimmte Trägheit in ihrer Eigenentwicklung, die meist langsamer ist als das Entwicklungstempo eines einzelnen.

So wird der Tag kommen, da diese Gemeinschaft ihren Zweck dem einzelnen gegenüber erfüllt hat; dieser hat eine Affinität für einen weiteren Schritt, für eine neue Erkenntnisstufe erreicht.

Hier liegt der Gefahrenpunkt aller Vereinigungen. Die eigene Lehre, die zwangsläufig meist nur einen Ausschnitt der Wirklichkeit umfaßt, wird zur alleinseligmachenden Wahrheit erhoben, und die Energien werden von der Eigenentwicklung abgezogen zugunsten von Vereinsmeierei, Mission und Rivalität mit Andersdenkenden. Ein System wird zum Selbstzweck und fixiert, statt von Fixierungen zu befreien. Die Gruppe wird zum Fluchtort gegenseitiger Selbstbestätigungen. Eine Jüngerschar bildet sich, deren esoterischer Weg sich im Konsum der Worte des Meisters erschöpft. Hier wird der Weg zur Sackgasse.

Abgesehen von dieser allgemeinen Gefahr aller größeren Gruppierungen lassen sich Vereinigungen auch noch qualitativ nach drei Grundrichtungen aufgliedern:

1. Gruppen mit reinen weißmagischen Absichten,
2. Gruppen mit schwarzmagischen Tendenzen und
3. jene Gruppen, die auf Grund ihrer Harmlosigkeit weder der einen noch der anderen Richtung dienen können.

Sieht man von den letzten, esoterisch völlig uninteressanten Gruppen ab, so bleibt die Frage nach den Merkmalen, an denen man den weißen oder den schwarzen Weg unterscheiden kann. Dabei dienen hier die Begriffe »weißmagisch« und »schwarzmagisch« lediglich als Symbole einer Grundpolarität, die wir unabhängig davon benützen, ob eine beurteilte Gruppe sich selbst mit diesem Begriff der »Magie« jemals in Verbindung bringt.

Die gleiche Polarität kann man auch mit den Worten »linker« oder »rechter« Weg umschreiben. Beide Wege sind Polaritäten und haben deshalb ihre Berechtigung – weshalb es hier nicht darum geht, den »linken« Weg zu verteufeln – er ist als Antagonismus notwendig und macht die Helligkeit des »rechten« Weges erst richtig sichtbar. Doch ist der einzelne, der einen Weg gehen will, vor die Entscheidung gestellt, welche der beiden Richtungen er einschlagen will, den Pfad der Dunkelheit oder den des Lichtes. In dieser Entscheidung ist jeder frei – aber die Konsequenzen dieser Wahl muß ebenfalls jeder selbst vollständig tragen beziehungsweise ertragen. Der »linke« Pfad lockt mit der Macht – der »rechte« Pfad erwartet das Opfer. Vielen scheint die Entscheidung leichtzufallen.

Doch man sollte bedenken, daß alles aus dem Licht geboren wurde und deshalb auch zum Licht zurückkehren muß. Dunkel ist Mangel an Licht. Der »linke«, der dunkle Pfad führt deshalb zu keinem eigentlichen Zielpunkt, sondern ist lediglich ein weiter Umweg, der jedoch schließlich auch einmal im Licht enden wird. Nicht umsonst werden seit alten Zeiten Wahrheit, Erkenntnis, Erlösung, Erleuchtung mit Licht assoziiert, Lüge, Betrug, Irrtum, Krankheit und Leid mit dem Dunkel. Entscheiden muß jeder selbst, doch sei hier festgehalten, daß wir mit dem esoterischen Weg immer den lichten Weg meinen, denn der dunkle Weg ist letztlich kein Weg, sondern dessen Schatten.

Es gibt sehr viele Organisationen und Gemeinschaften, die dem dunklen Pfad dienen, jedoch nur die wenigsten bekennen sich offiziell dazu. Deshalb sollte man eine Gemeinschaft vor einem Beitritt nach einigen Merkmalen hin überprüfen. Typische Kennzeichen für den linken, dunklen Pol sind: alle Machtbestrebungen – seien es äußere Größe, Mission oder ähnliches –, jeder Versuch, einen Menschen an die Organisation zu binden, so daß ein späterer Austritt schwierig oder unmöglich wird; alle Arten von Drogenkonsum.

Wahre Esoterik, soweit diese überhaupt in organisierter Form vorkommt, will lediglich dem Suchenden helfen und wird ihm dienend zur Verfügung stehen, solange er sie braucht und um Rat und Hilfe bittet. Wahre Esoterik zeigt den Weg in die Freiheit und führt niemals in eine Abhängigkeit. Wahre Esoterik läßt sich schwer organisieren, weshalb man sie auch nicht unbedingt in großen Organisationen suchen sollte. Den Weg muß letztlich jeder allein gehen. Benötigt hierbei jemand Hilfe, so wird die Hilfe zu ihm kommen – ohne daß er auf die Suche gehen muß. Um Hilfe zu bekommen, genügt es, die Hilfe wirklich zu brauchen.

Vom Sinn okkulter Techniken

Es gibt eine große Anzahl sogenannter okkulter Übungen und Techniken unterschiedlicher Wirksamkeit und Gefährlichkeit. Auch hier gilt es, Mäßigkeit zu üben und nicht durch den gleichzeitigen Einsatz vieler Techniken den eigenen Fortschritt übermäßig beschleunigen zu wollen. Der Wert der meisten Übungen liegt mehr darin, daß man regelmäßig etwas Bestimmtes tut als im Ablauf der Übung selbst. Es kommt nicht so sehr darauf an, ob man auf dem Kopf steht, den Atem anhält oder Kartoffeln schält – der Grad der Bewußtheit entscheidet vielmehr über den Erfolg.

So können die besten und geheimsten Techniken völlig wirkungslos bleiben, wenn man sie, isoliert vom übrigen Verhalten, fleißig übt, aber ihren Gleichnischarakter nicht begreift und sie deshalb nicht ins Leben übertragen kann. So sagt schon Goethe: »Was nützt denn schon der Stein des Weisen, wenn dem Stein der Weise fehlt?« Umgekehrt gibt es aber die Möglichkeit, jede Tätigkeit, und sei sie noch so einfach oder banal, dadurch zu heiligen, daß man sie bewußt tut und ihr damit einen Sinn verleiht.

Ein Ritual ist die bewußte mikrokosmische Nachbildung einer makrokosmischen Wirklichkeit. So sehe ich die anspruchsvollste esoterische Übung darin, das tägliche Leben zum Ritual zu erheben. Wollen wir die Polarität überwinden, so müssen wir zuerst die Trennung zwischen »esoterischen Übungen« und »normalem Leben« aufheben – sonst degradiert Esoterik zur Freizeitbeschäftigung. Ziel dieser Anstrengung ist es, einen jeden Handgriff, jedes Wort, jedes Tun zum Gottesdienst zu erheben. Die Blume auf dem Feld, die ihre Blütenpracht und ihren Duft selbstlos verströmt – tut sie denn etwas anderes, als ununterbrochen ihren Schöpfer zu preisen? Ist denn das Lied des Vogels und das Rauschen des Meeres etwas anderes als ständiger Gottesdienst? Nur wir Menschen glauben, stets wichtigere Dinge zu tun zu haben, und begründen den Sinn unseres Tuns in sich selbst.

Esoterik und Weltflucht

Wer das tägliche Leben zum Ritual erhebt, kann nicht in die Gefahr kommen, daß Esoterik ihm zur Weltflucht dient. Esoterik soll nicht von dieser irdischen Welt wegführen, sondern sie will helfen, den irdischen Daseinsbereich zu durchlichten und zu erlösen. Einen gefährlichen Weg betreten jene, die alles, was dem Bereich des Unten, des Irdischen, des Materiellen angehört, verachten und als unrein, dunkel und schmutzig peinlichst vermeiden – um sich dem Oben, dem Himmlischen und Reinen zuzuwenden.

In diesem Falle wird Esoterik zur Flucht vor dem Bereich, den der Betreffende nicht mehr meistern kann. Leider übt die Esoterik gerade auf diejenigen eine große

Faszination aus, die mit dem täglichen Leben und den Problemen dieser materiellen Welt nicht zurechtkommen – wodurch in den Kreisen, die sich mit Esoterik beschäftigen, das Verhältnis zwischen Eingeweihten und vor der Welt fliehenden Neurotikern ein recht ungleiches ist.

Dion Fortune formuliert dieses Problem präzis in folgenden Worten: »Der Mystiker muß die Bedingungen auf der Ebene der Formen erfüllen, bevor er sich aus dem Bereich des Gestalteten zurückziehen darf. Wenn er überstürzt den mystischen Pfad beschreitet, geht er ins Reich des Chaos ein, nicht ins Reich des Lichts. Wer von Natur aus zum mystischen Pfad tendiert, dem ist die Disziplin der Form zuwider, und es ist eine große Versuchung, den Kampf mit dem Leben auf der Ebene der Form aufzugeben und sich auf die höheren Ebenen zurückzuziehen, bevor man dazu reif ist. Die Form ist ein Gefäß, das das flüssige Bewußtsein umgibt, bis es so weit geformt ist, daß es nicht mehr zerlaufen kann. Wird das Gefäß zu früh zerbrochen, dann zerfällt das Bewußtsein ins Formlose, so wie der Lehm zu Brei zerläuft, wenn man die Gußform zu früh zerbricht. Treten bei einem Mystiker Zerfallserscheinungen auf, so wissen wir, daß die Gußform zu früh zerbrochen wurde, und daß er zur Disziplin der Form zurückkehren muß, bis er die Lektion der Form gelernt hat.«

Diese Lektion der Form läßt sich sehr gut erlernen, wenn man beginnt, das eigene Schicksal nach den Regeln der esoterischen Gesetze zu hinterfragen. Dieser Übung sollte primär dieses Buch gelten, und wir wollen deshalb die Grundstruktur dieser Gedanken noch einmal umreißen.

Ziel aller Bemühungen ist es, den Schlafenden aufzuwecken und ihn dadurch sehend zu machen für die Wirklichkeit. Läßt sich jemand aus seinem Bewußtseinsschlaf aufwecken und lernt nun, die Augen zu öffnen, so entdeckt er schrittweise immer neue Dimensionen dieser Wirklichkeit, von der er als Schlafender nichts wußte. Der Wunsch, diese Wirklichkeit immer vollständiger zu erkennen, zwingt ihn, sein Bewußtsein ständig zu erweitern, um immer mehr Aspekte der Wirklichkeit zu assimilieren.

Als großes Problem auf diesem Weg entpuppt sich die Erscheinung, daß die Wirklichkeit aufgespalten in Polaritäten unserem Bewußtsein entgegenkommt. Der Mensch findet sich hineingestellt in lauter Gegensätze – spürt aber in sich eine tiefe Sehnsucht nach einer Einheit. Will er diese Einheit jemals erringen, muß er lernen, scheinbare Gegensätze in sich zu einen, damit sie für ihn zur Stufenleiter der Entwicklung werden. Der Mensch erlebt sich selbst als ein begrenztes Bewußtsein, das er »Ich« nennt – ihm gegenüber steht die Außenwelt, die er als »Nicht-Ich« empfindet.

Die Weisen behaupten, daß der Mensch als Mikrokosmos in der Analogie dem Makrokosmos entsprechen würde – so wird das »Außen« zum Spiegelbild des »Innen«. Selbsterkenntnis muß demnach zur Welterkenntnis führen, Welterkenntnis zur Selbsterkenntnis. Auf dieser Stufe muß der Mensch lernen, daß er nicht, wie er immer glauben wollte, ein Opfer der Außenumstände ist, sondern daß er selbst durch sein So-Sein seine eigene Umwelt erschafft.

So lernt er, das Gesetz der Resonanz bewußt einzusetzen, um sich durch Eigenveränderung schrittweise für das reif zu machen, was er in der Außenwelt wahrnehmen und erleben will. So söhnt er sich zwangsläufig aus mit allem, was ist, und entdeckt, daß alles, was ist, gut ist.

Doch mit dem Aussöhnen eröffnen sich plötzlich neue Dimensionen, neue Zusammenhänge, die zu entdecken dem verwehrt sind, der auf Widerstand steht mit der Wirklichkeit. Der Mensch löst seinen Blick von der waagerechten Einteilung der Welt in Ebenen und entdeckt, daß diese Ebenen von senkrechten Prinzipienketten durchzogen werden. Da jede Erscheinung lediglich ein bestimmter Ausdruck eines Urprinzips ist, wird die gesamte Erscheinungswelt auf einmal zum Gleichnis dieser höheren Wirklichkeit – und man beginnt zu verstehen, was Hermes Trismegistos mit den Worten ausdrücken wollte: »Das, was oben ist, ist auch das, was unten ist.«

Wohin wir auch blicken, nirgends ist Stillstand, alles fließt, verändert sich, ist in Wandlung begriffen; da diese unaufhörliche Veränderung zielgerichtet zu sein scheint, nennen wir sie Entwicklung oder Evolution. Entwicklung kann aber nur durch Lernprozesse zustande kommen – Lernprozesse sind aber wiederum an Problemlösungen gebunden. So entdecken wir in Problemen den eigentlichen Motor aller Entwicklungen und begreifen, daß jedes Problem nur eine Herausforderung ist, es handelnd zu durchleben, um es zu lösen und zu erlösen.

Die Heimkehr

Das anonyme Schicksal, von dessen blinder Zufälligkeit die Menschheit sich bedroht fühlt, offenbart nun langsam dem Suchenden sein innerstes Gesetz: Schicksal ist jene Instanz, die dafür sorgt, daß der einzelne seine vorgeschriebene Bahn zieht. Aus dem vermeintlichen Feind Schicksal wird ein Partner, der verhindert, daß wir aus eigener Trägheit uns selbst aus der Evolution ausklammern. Je mehr ein Mensch sich weigert, bestimmte Probleme lernend zu erlösen, je mehr er auf Widerstand mit seinem Schicksal geht, um so mehr wird er nur den negativen Aspekt des Schicksals, das Leid, kennenlernen.

Leid ist lediglich die Reibung, die aus der gesetzmäßigen, vorgeschriebenen Bahn und der Bewegungsrichtung des einzelnen entsteht. Leid läßt sich nur dadurch überflüssig machen, daß man sich bemüht, immer besser die eigene Bahn zu entdecken und sich in diese Bahn freiwillig einzufügen. Nur wer lernt, sich unter das Gesetz zu stellen, wird dessen Existenz nicht mehr als Zwang erleben. Totale Freiheit erwächst nur dem, der sich in die Ordnung dieses Kosmos einfügt, so daß er selbst mit dem Gesetz verschmilzt.

Dies allerdings erfordert die Überwindung des Machtanspruches des Ego. Der Machtwille ist wohl der größte Feind des Menschen; er verpuppt sich in immer raffiniertere Gewänder.

Der Gegenpol der Macht heißt Demut oder Liebe. Auf allen Ebenen des Seins ist es allein die Liebe, welche die Polarität von Ich und Nicht-Ich überwinden kann. Nur die Kraft der Liebe verwandelt wirklich Niederes in Höheres, kann transmutieren und somit verändern. Kampf erzeugt immer Kampf, Haß immer Haß, Druck erzeugt Gegendruck. In der Liebe zeigt sich, daß der Schwache der wirklich Kräftige, der Demütige der wirklich Mächtige ist.

So bildet in den zweiundzwanzig Arkana des Tarot die elfte Karte das Zentrum; ihr Titel lautet »die Stärke« und zeigt eine mit Rosen umwundene, zarte Frau, die mit ihren bloßen Händen einem wilden Löwen das Maul aufhält. Diese Karte symbolisiert die Stärke und die Kraft der Liebe, die durch keine äußere Macht der Welt überwunden werden kann.

Wer die große Macht des Dienens und der Demut zu verwirklichen gelernt hat, hat einen großen Schritt auf seinem Weg getan. Liebe will die Polarität der Gegensätze überwinden und den Menschen zurückführen in jene Einheit des Bewußtseins, aus der er einst durch die paradiesische Sünde stürzte.

Der Mensch, als androgynes Wesen noch vollkommen in der paradiesischen Einheit, folgte der Einflüsterung der Schlange und wollte die Erkenntnis erlangen, was gut und böse ist. Er löste sich von der Einheit und – nun weiß er, was gut und böse ist.

Die Erkenntnis wurde ihm zum Gift – weshalb ihm auch nur die Erkenntnis zum Heilmittel werden kann – denn »similia similibus curantur«. Der Mensch krankt an der Polarität der Erkenntnis und hofft auf Heilung. Das Kranksein macht das Menschsein aus. Die Krankheit ist die Chance des Menschen – denn nur weil er krank ist, ist er auch heilbar – heiligungsfähig. Krankheit ist der mikrokosmische Sündenfall und immer ein Zerwürfnis mit Gott – Heilung ist die Aussöhnung mit Gott. Alle äußeren Maßnahmen der Heilung können immer nur formale Bedingungen für dieses Geschehen liefern.

Krankheit und Leid sind deshalb nicht unliebsame Störungen im Leben des Menschen, die zu vermeiden höchstes Ziel sein sollte, sondern sind nur die Vorstufen der Befreiung, die durchlebt und durchlitten werden müssen, um in der Tiefe das Licht zu finden. So wie der unpersönliche Aspekt des Krankseins die Urschuld ist, so nennen wir den persönlichen Aspekt das Karma.

Bewußtes Leben sollte versuchen, immer mehr Karma einzulösen und abzutragen, ohne gleichzeitig neues Karma zu setzen. Der persönliche und der unpersönliche Aspekt der Schuld bildet jenen Umschlagpunkt, an dem Krankheit sich in Heilung wandelt.

Erst wenn der Mensch bereit ist, die gesamte Verantwortung für alles, was er erlebt und was ihm geschieht, zu übernehmen, entdeckt er die Sinnhaftigkeit des Lebens. Die Krankheit unserer Zeit ist die Sinnlosigkeit, die den Menschen aus dem Kosmos entwurzelt hat. Die Sinnlosigkeit ist der Preis, den die Menschheit zahlen mußte für den Versuch, Verantwortung abzugeben. Die Zeichen der Zeit sprechen dafür, daß diese kollektive Krankheit sich in Heilung wandelt und immer mehr Menschen ausziehen, um den Sinn zurückzugewinnen.

Wer bereit ist, die Verantwortung für sein Schicksal zu übernehmen, erlebt sich eingeordnet in die Gesetzmäßigkeiten dieses Universums und verliert alle Angst – weil er die Rückbindung an seinen Urgrund wiedergefunden hat. Allein diese Rückbindung ist der Inhalt wahrer religio. Erst aus dem Wissen um den Ursprung kann der Mensch sein Ziel erkennen. Das Ziel ist Vollkommenheit. Vollkommenheit ist Ausdruck der Einheit. Die Einheit nennen wir Gott.

Anhang

Literaturhinweise

Ich möchte auf eine ausführliche Bibliographie verzichten und statt dessen einige Bücher empfehlen, die mir geeignet erscheinen, auf dem skizzierten Weg weiterzuführen. Die esoterische Literatur ist sehr umfangreich, wobei die Auswahl für den, der neu in dieses Gebiet einsteigt, recht schwierig zu treffen ist. Die Mehrzahl aller Werke ist stark spezialisiert und für den Anfänger ungeeignet. Außerdem gibt es so viele »Richtungen«, daß der Anschein erweckt wird, die Esoterik sei ein Sammelbecken gegensätzlicher Schulrichtungen.

Wie überall ist es auch hier recht schwierig, die Spreu vom Weizen zu trennen. Ich möchte im folgenden versuchen, auf mir besonders wertvoll scheinende Bücher aufmerksam zu machen, die einerseits nicht spezifisches Fachwissen voraussetzen, andererseits auch tief im esoterischen Wissen verankert sind. Dabei läßt es sich nicht vermeiden, daß ich auch Bücher erwähne, die längst vergriffen sind. Doch wer lernt, mit Büchern richtig umzugehen, weiß, daß jedes Buch zu einem findet, wenn man es wirklich braucht und bewußt sucht.

Meine ersten Empfehlungen für jeden, der sich für Esoterik interessiert, sind – meist zu dessen großem Erstaunen – Romane. Dabei denke ich an die zahlreichen Werke von *Gustav Meyrink*. Die meisten seiner Bücher

sind zur Zeit erhältlich und sie gehören zum Besten, was
man in der esoterischen Literatur finden kann:

Das Grüne Gesicht	Hermann Bauer Verlag
Golem	Langen-Müller Verlag
Der weiße Dominikaner	Langen-Müller Verlag
Walpurgisnacht	Langen-Müller Verlag
Der Engel vom westlichen Fenster	Langen-Müller Verlag
Das Haus zur letzten Laterne	Langen-Müller Verlag

Ganz besonders empfehlen möchte ich auch den Roman
»Die drei Lichter der kleinen Veronika« von *Manfred
Kyber*, Drei Eichen Verlag. Der stark intellektuell ori-
entierte Leser lasse sich nicht von der fast märchenhaft
anmutenden Sprache dieses Buches abhalten, es zu lesen. Viele Themenkreise, die im vorliegenden Buch
theoretisch abgehandelt werden, erwachen in Kybers
Buch zu anschaulicher Lebendigkeit.

Bevor wir die Romane verlassen, sei noch auf einen
Klassiker esoterischer Literatur hingewiesen: »Zanoni«
von *Edward Robert Bulwer-Lytton*, zur Zeit vergriffen.

Für stille Stunden eignen sich die Gedichte von *Manfred Kyber*, »Genius Astri« und »Der Sang des Ewigen« von *Hans Sterneder*; beide Büchlein sind im Drei
Eichen Verlag erschienen.

Wenden wir uns nun den Sachbüchern zu, so steht an
oberster Stelle meiner Empfehlungen der Name Dr.
Herbert Fritsche. Leider ist von seinen vielen Werken
zur Zeit nur ein Büchlein greifbar; »Der große Holun-
derbaum«, Osiris Verlag Erich Sopp, dessen inhaltli-
ches Niveau den bescheidenen Untertitel »Eine Einfüh-

rung in die Esoterik« überragt. Nach den anderen Werken von Fritsche muß man vorläufig noch in den Antiquariaten stöbern: »Iatrosophia«, »Kleines Lehrbuch der weißen Magie«, »Hahnemann, die Idee der Homöopathie«, »Erlösung durch die Schlange«, »Der Erstgeborene«, »Tierseele« und viele andere.

Medizinern und Psychologen sei *Hans Blüher*, »Traktat über die Heilkunde«, Klett-Verlag, zur Zeit vergriffen, noch besonders ans Herz gelegt. Ein weiterer Name, den man sich merken sollte, ist *Papus*. Unter diesem Pseudonym erschienen die Werke des großen französischen Okkultisten Dr. *Gérard Encausse* (1865–1916). Zwei seiner wichtigsten Werke kann man in deutscher Sprache als Nachdruck vom Ansata-Verlag erhalten, »Die Grundlagen der okkulten Wissenschaft« und »Die Kabbalah«. Papus wird häufig als Schüler von *Eliphas Levi* bezeichnet, dessen gesammelte Werke nun wieder nach und nach vom Sphinx-Verlag neu herausgegeben werden, so die beiden Bände »Transzendentale Magie« und »Die Geschichte der Magie«. Um die Werke von Eliphas Levi mit dem gebührenden Genuß lesen zu können, sollte man schon etwas auf dem Gebiet der Esoterik bewandert sein. Eine brauchbare Hinführung zu seinem Werk mag das Buch von *R. H. Laarss*, »Eliphas Levi«, Verlag J. Couvreur, Den Haag, Holland, sein.

Etwas schwierig ist es, Empfehlungen für den Bereich der Astrologie auszusprechen. Zwar gibt es gerade hier eine besonders große Zahl von Publikationen, die jedoch meist alle mehr oder weniger die funktionale Technik der Astrologie in den Vordergrund stellen. Aus esoterischer Sicht kann man fast nur die beiden Bände »Astrosophie« von *Arthur Schult*, Turm-Verlag, mit gutem Gewissen empfehlen. Das praktische Erlernen der Astrologie sollte man ohnehin nicht allein aus Büchern versuchen, sondern Kurse und persönlichen Unterricht vorziehen.

Wer speziell über das Thema »Reinkarnation« mehr lesen möchte, kann zu folgenden Werken greifen: *Joan Grant und Denys Kelsey*, »Wiedergeburt und Heilung«, Edition Bergh, *Jeffrey Iverson*, »Leben wir öfter als einmal«, Hirthammer-Verlag, *H. K. Challoner,* »Das Rad der Wieder-Geburt«, Hirthammer-Verlag, *Weden/ Spindler,* »Ägyptische Einweihung«, Fischer-Verlag. Im Urachhaus-Verlag sind zwei Werke über den Problemkreis Reinkarnation und Christentum erschienen, *Rudolf Bubner,* »Evolution – Reinkarnation – Christentum«, und *Rudolf Frieling,* »Christentum und Wiederverkörperung«. Vielleicht sollte man bei der reichen Flut von Neuerscheinungen über dieses Thema einen »Klassiker« nicht vergessen: *Platon,* »Phaidon, oder von der Unsterblichkeit der Seele«, Reclam.

Hiermit möchte ich meine Literaturhinweise beenden. Es sollten bewußt nur »Hinweise« sein, und sie erheben keinerlei Anspruch auf Vollständigkeit. Diese Auswahl ist subjektiv und soll demjenigen, der den Anregungen dieses Buches nachgehen will, die ersten Schritte erleichtern. Sind die ersten Schritte getan, findet man von selbst jene Bücher und Menschen, die man braucht.

Thorwald DETHLEFSEN

Das Erlebnis der Wiedergeburt

Heilung durch Reinkarnation

Band Nr. 11749

Bitte beachten Sie die Leseprobe aus diesem Band
auf den folgenden Seiten.

Das Experiment im Kreuzverhör

> »Ich bin gewiß, so wie Sie mich hier sehen,
> schon tausendmal dagewesen, und ich hoffe,
> noch tausendmal wiederzukehren.«
> Goethe zu Falk

Ich sprach bisher immer von »Vorleben«, »Erinnerungen an frühere Leben«, »Reinkarnation« – Begriffe, die in unserem bestehenden Weltbild bei weitem keine Selbstverständlichkeiten sind. Die Anführungsstriche, in denen diese Begriffe bisher standen, sollen die hypothetische Vorläufigkeit andeuten, denn erst jetzt, nachdem wir die phänomenologische Seite des Experiments näher kennengelernt haben, können wir uns der genauen Untersuchung des Experiments zuwenden.

Erzählt oder beschreibt man ein solches Experiment einem Menschen, der bisher mit diesem Themenbereich noch nichts zu tun hatte, so kann man in der Mehrzahl aller Fälle nicht viel mehr als Entrüstung oder ein mitleidiges Lächeln über so viel Phantasterei (oder deutlicher: Spinnerei) erwarten. Wesentlich unsicherer reagieren Personen, die Gelegenheit hatten, diese Experimente als Beobachter selbst mitzuerleben. Am leichtesten gestaltet sich die Überzeugung bei der Versuchsperson selbst, denn was man erlebt hat, braucht man nicht mehr zu glauben – das weiß man.

Daß meine Behauptung, es gäbe Reinkarnation und ich könne experimentell bei einem jeden Menschen diese »Vorleben« erfahren und ihm bewußtmachen, auf einen überaus starken Widerstand in der Öffentlichkeit stößt, ist nicht sonderlich überraschend. Alles Neue, was die gewohnte Denkrichtung verläßt, stieß schon immer auf Widerstand. Jeder Mensch ist ja darauf angewiesen, neue Informationen in sein vorhandenes Raster einzugliedern. Dieses vorhandene Raster ist aber nichts anderes als die Summe seiner bisherigen Informationen bzw. seine Lerngeschichte. Erhält man nun eine Information, die sich in dieses Raster nicht einordnen läßt, so entsteht Angst als Ausdruck des Widerspruchs zwischen dem Wunsch, jede Information eingliedern zu können und der offensichtlichen Unmöglichkeit, dies in einem speziellen Falle tun zu können. Um nun die drohende Angst zu eliminieren, versucht der Mensch, die Information so lange umzugestalten, bis sie in sein Raster paßt; die Veränderung wird fast immer an der Information vorgenommen, da das Raster als gesamte Lerngeschichte nicht wegen einer neuen Information in Frage gestellt wird.

Ein einfaches, schematisiertes Beispiel möge das Gesagte veranschaulichen. Man stelle sich vor, jemand ist nachts allein in einer großen Wohnung. Plötzlich hört er ein dumpfes Geräusch. Dieses Geräusch ist eine neue Information, die blitzschnell Angst auslöst. Der Betreffende wird sofort nach Möglichkeiten suchen, die Information, in diesem Falle das Geräusch, sinnvoll einzuordnen. Das Bewußtsein versucht, das Geräusch mit allen bisherigen Lernerfahrungen zu vergleichen, um es schließlich nach dem Gesetz der Ähnlichkeit einzuordnen. In diesem Falle werden alle Möglichkeiten vom Donner bis zum Einbrecher geprüft, bis schließlich die Wahl auf die Hypothese fällt: »Die Katze hat bestimmt wieder den Briefordner vom Schreibtisch gestoßen.« Im selben Moment löst sich die Spannung, die Angst verschwindet, denn die Information ist eingeordnet. Ob die getroffene Zuordnung von Geräusch und Ereignis der Wirklichkeit entspricht oder nicht, ist völlig gleichgültig.

Dieser Mechanismus dient dem Lernvorgang des Menschen, denn ohne das Prinzip der Einordnung, der

Zuordnung, des Vergleichens und des Wiedererkennens gäbe es keinen Lernfortschritt – der Mensch müßte bei jeder Information wie ein Kind ganz von vorne anfangen. Doch leider ist dieser sehr sinnvolle Mechanismus auch Ursache für viele Vorurteile, Meinungen und Hypothesen. Deshalb sollten wir uns diesen Vorgang, der größtenteils unbewußt und blitzschnell vor sich geht, auch vor Augen halten, wenn wir versuchen, die Experimente sachlich und möglichst vorurteilslos zu betrachten, ohne sie unbedingt mit Gewalt in die vorhandenen Raster und Klischees hineinzuzwängen. Denn jeder Fortschritt, jede Entwicklung und jede Erfindung entsteht nur dort, wo jemand etwas für grundsätzlich möglich hält, was bisher außerhalb der Lernerfahrung liegt. Hätte nie jemand den Mut gehabt, es für möglich zu halten, daß der Mensch fliegen kann, so hätten wir heute keine Flugzeuge. Heute ist dies eine Selbstverständlichkeit, doch die ersten, die diese Gedanken wagten, wurden als Verrückte verlacht.

Nun ist zwar der Gedanke der Reinkarnation keineswegs neu, aber er paßt nicht in das Denkraster unseres heutigen materialistisch-naturwissenschaftlichen Weltbildes. Die Wissenschaft behauptet, Bewußtsein gäbe es nur in Verbindung mit Materie. Doch dies ist eben eine Behauptung, ein Axiom, das nur so lange Anspruch auf Gültigkeit erheben kann, bis das Gegenteil bewiesen ist. Um dieses Gegenteil zu beweisen, wollen wir zuerst einmal prüfen, ob meine Experimente mit dem herkömmlichen Denkmodell zu erklären sind, und wieviel Gewalt man anwenden muß, um sie in das vorhandene Raster hineinzuzwängen.

Ich habe meine Experimente in der Zwischenzeit vielen Leuten gezeigt, Journalisten, Laien, Wissenschaftlern. Ich habe sie um ihre Meinung gefragt, darüber gesprochen, diskutiert. All die vielfältigen Einwände, Erklärungsversuche und Hypothesen lassen sich letztlich in vier ernstzunehmende Hypothesen zusammenfassen.

Dabei sind nicht die Einwände miteingerechnet, die alles als reinen, vorsätzlichen Betrug abtun. Sich gegen den Vorwurf des Betruges ernsthaft zu verteidigen, halte ich für sinnlos; möge diese Behauptung ruhig als letztes Refugium bestehen bleiben, für diejenigen, die keine andere Wirklichkeit außerhalb ihrer selbstgebastelten Realität ertragen können.

Hier die vier Kategorien, in denen man nach möglichen Erklärungen suchen kann:

1. Die Suggestions-Hypothese vermutet die Möglichkeit, daß der besondere Zustand der Hypnose es eventuell dem Hypnotiseur ermöglicht, in der Suggestion bereits die Antwort der Versuchsperson unterzuschieben. Diese Hypothese läßt sich wohl am einfachsten widerlegen, denn ein aufmerksames Lesen der Protokolle zeigt, daß fast alle Fragen sehr knapp und kurz formuliert sind und dabei nicht der geringste Versuch unternommen wird, die Antwort bereits in der Frage zu verpacken. Dagegen streue ich regelmäßig einige bewußt suggestive Fangfragen, indem ich nach Autotypen, modernen Geräten wie Fernsehen, Telefon, oder zeitgenössischen Personen frage. Es kam noch kein einziges Mal vor, daß eine Versuchsperson auf einen solchen modernen Begriff eingegangen wäre, selbst wenn ich suggestiv insistierte (»Ihr habt doch ganz bestimmt ein Fernsehgerät!«). Hingegen fragt die Versuchsperson jedesmal ganz überrascht nach, was denn das für ein Wort sei. Als ich einmal bei einer Sitzung recht häufig moderne Begriffe einstreute, reagierte meine Versuchsperson sogar sehr ärgerlich und beschwerte sich, daß ich immer so ein »komisches Zeug« rede. Als ich einmal an einer passenden Stelle von einer »Tüte Milch« sprach, brach meine Versuchsperson in schallendes Gelächter aus – eine »Tüte Milch« war ihr eine unvorstellbare Zusammenstellung. Alles in

allem ergibt sich kein Hinweis, daß man durch die Art der Fragestellung oder durch eine suggestive Formulierung eine Antwort forcieren könnte.

2. Als zweite Erklärungshypothese hört man überraschend häufig die Vermutung, ich übertrage die erwünschten Antworten nicht über meine Wortwahl, sondern benutze als Hilfsmittel die Telepathie. Für den materialistisch-naturwissenschaftlich denkenden Menschen ist die Telepathie wohl nicht gerade die wahrscheinlichste Erklärung, da auch die Telepathie trotz der Versuche, sie statistisch zu beweisen, noch keinen Platz in seinem Weltbild gefunden hat. Dennoch wird ihre Existenz in immer breiteren Kreisen salonfähig, so daß sehr viele Parapsychologen bemüht sind, auch alle anderen »paranormalen Phänomene« auf die Telepathie zu reduzieren.

Mag es nun grundsätzlich sehr gut möglich sein, die Telepathie als ein der Sprache adäquates Kommunikationsmittel auszubauen, so freut man sich in unseren Tagen meistens doch schon sehr, wenn es gelingt, wenigstens ein paar Bilder oder geometrische Figuren auf diesem Wege zu übertragen. Im Hinblick auf diese heute üblichen Leistungen auf dem Gebiete der Telepathie fühle ich mich jedesmal sehr geehrt, wenn man mir ernsthaft zutraut, meinen Versuchspersonen ganze Romane telepathisch zu übermitteln. Könnte ich dies, so würde ich wohl eher ausschließlich Daten übermitteln, die leicht, rasch und sicher nachprüfbar sind. (Diesen Punkt übersehen auch all diejenigen, die einen vorsätzlichen Betrug vermuten!)

Allen, die nun immer noch vermuten, ich würde die Information telepathisch übertragen, ohne daß dies mir selbst bewußt ist, kann ich versichern, daß ich schon häufig ganz bestimmte Antworten erwartet habe, die gegebenen Antworten jedoch ganz anders ausfielen. Auch der Verdacht, daß meine Versuchspersonen mich telepathisch anzapfen, hat daher recht wenig Wahrscheinlichkeit, zumal ich historisch recht ungebildet bin.

In eine ähnliche Richtung zielen die Hypothesen, die vom »wandernden Hellsehen« oder vom »Lesen in der Akasha-Chronik« sprechen. In beiden Fällen wird vermutet, daß eine Person in dem besonderen Zustand der Hypnose die Möglichkeit hat, Informationen zu erhalten, die außerhalb der persönlichen Erfahrung und außerhalb der Zeit- und Ortsbeschränkung liegen. Zwar wissen wir, daß diese Phänomene möglich sind, über ihre genauen Gesetzmäßigkeiten wissen wir jedoch noch zu wenig, als daß man sicher mit diesen Begriffen hantieren könnte. Ich möchte sie deshalb in unserem Falle vorerst etwas vernachlässigen, denn es ergibt keinen sehr großen Gewinn, wenn man etwas Unbekanntes mit etwas anderem Unbekannten erklärt. Später, wenn ich auf die therapeutische Wirksamkeit meiner Experimente zu sprechen komme, werden wir sehen, daß die Annahme, es handele sich bei unseren Experimenten um persönliches Material, mehr Wahrscheinlichkeit zeigt als die Hypothese einer Wahrnehmungserweiterung in kollektive Bereiche.

3. Die »Erbgedächtnis-Hypothese« möchte ich jenen Erklärungsversuch nennen, der die Reinkarnation ablehnt und dafür annimmt, daß die Erfahrungen und Erlebnisse der Vorfahren mittels eines genetischen Codes auf die Nachkommenschaft übertragen wird. Man stellt sich vor, daß alles, was ein Mensch erlebt, ja sogar alles, was er sieht und erfährt, in ihm gespeichert wird. Bei der Zeugung eines Kindes treffen jedoch nicht nur die »Lernerfahrungen« der beiden Eltern, sondern sogar die Lerngeschichten sämtlicher Vorfahren zusammen und werden durch

den genetischen Code weitergegeben. Bei jeder Zeugung potenziert sich die Information, es geht nichts verloren. Jeder Mensch könnte demnach aus einem riesigen Reservoir von historischen Informationen schöpfen, das zeitlich so weit zurückgeht, wie die menschliche Entwicklungsgeschichte reicht.

Aus wissenschaftlicher Sicht ist man sich heute längst noch nicht einig, ob es möglich ist, Lernerfahrungen zu vererben. Doch selbst wenn es sich anhand von Tierversuchen zeigen sollte, daß Erlerntes vererbbar ist, so scheidet die Erbgedächtnishypothese als Erklärung für unsere Experimente trotzdem aus, und zwar aus folgenden Gründen: Wir erhalten in unseren Experimenten Schilderungen von ganz klar abgegrenzten Leben und kein Potpourri von irgendwelchen Erinnerungen. Jedes Leben zeigt markante Züge einer ganz bestimmten Persönlichkeit und ist in ihrem inneren Zusammenhang jedesmal ein Ganzes. Selbst wenn man diese Leistung einem Erbgedächtnis zubilligt, müßten diese »Leben« sich ausschließlich mit denen der Vorfahren einer Versuchsperson decken — gerade aber dies ist fast niemals der Fall. Hinzu kommt, daß man in den Schilderungen naheliegenderweise auch die einschneidenden Erlebnisse der eigenen Eltern finden müßte – auch dies zeigte sich niemals. Gänzlich versagt diese Hypothese in bezug auf die Nachtodschilderungen meiner Versuchspersonen. Im Zusammenhang mit der nächsten Hypothese werden wir noch auf eine Anzahl von Besonderheiten zu sprechen kommen, die ebenfalls mit dem Erbgedächtnis nicht erklärt werden können.

Sollten all diese Einwände letztlich zur Widerlegung nicht genügen, so könnte man bestimmt durch ein Zwillingsexperiment letzte Klarheit schaffen. Denn Zwillinge, selbst schon Geschwister, müßten denselben genetischen Erinnerungscode besitzen und folglich etwa die selben Aussagen liefern. Ich hatte noch keine Gelegenheit, mit Zwillingen zu experimentieren, aber ich halte diese Hypothese auch ohne dieses Experiment für unhaltbar.

4. Bleibt uns noch zuletzt die häufigste Hypothese, die ich zusammenfassend »Phantasie-Hypothese« nennen möchte. Sie ist für die meisten Personen die zweifellos naheliegendste Erklärung. Sie zu widerlegen scheint zudem schwierig zu sein. Hinter der Phantasie-Hypothese verbirgt sich die Annahme, daß die Berichte vom »früheren Leben« nichts anderes als eine phantastische Verarbeitung von Daten seien, die in diesem Leben irgendwann einmal eingespeichert wurden. Es würden in der Hypnose und der damit vorhandenen Hypermnesie (gesteigerte Erinnerungsfähigkeit) frühere Erzählungen, Geschichten, Romane und ähnliches zu einem neuen Ganzen verdichtet und als Selbsterlebtes ausgegeben. Damit unterschiebt man der Versuchsperson keineswegs betrügerische Absichten, denn dieser Vorgang würde sich unbewußt abspielen können, motiviert durch den Wunsch, dem Hypnotiseur gegenüber gefällig zu sein und bestimmten Forderungen zu entsprechen.

Wenn man von Phantasie spricht, muß Verdichtung von eingespeichertem Informationsmaterial angenommen werden, denn »reine Phantasie« ist ohne Verwendung bekannter Daten unmöglich. Auch in der Phantasie können nur bekannte Informationen bewußt, niemals jedoch etwas absolut Neues hervorgebracht werden. So kann man sich beispielsweise in der Phantasie einen roten Elefanten vorstellen, wie er gerade durch die Lüfte fliegt. Diese Vorstellung ist aber nur deshalb denkbar, da uns alle Einzelheiten dieses Bildes aus Erfahrung bekannt sind: Elefant, die rote Farbe und der Vorgang des Fliegens. Das Phantastische besteht lediglich in der neuen Kombination. Dagegen ist es unmöglich, sich. in der Phantasie ein »Krakilbastus« vorzustellen, einfach deshalb, weil wir keine hierzu passende Lernerfahrung besitzen. Man sollte also beim Umgang mit dem Phantasiebegriff niemals vergessen, daß es sich immer um eingespeichertes Material handeln muß.

Trotz allem bleibt zu klären, ob es sich bei unseren Experimenten nur um persönliches Erlebnismaterial handelt oder nicht. Für diese Annahme spricht die Erfahrung der experimentellen Tagtraumtechnik, heute unter dem Namen »katathymes Bilderleben« bzw. »Symboldrama« bekannt. Bei dieser psychotherapeutischen Technik erlebt der Patient in einem hypnoseähnlichen Zustand Situationen, die für ihn im Moment des Erlebens einen sehr hohen Realitätswert erhalten können und dennoch lediglich die symbolische Verarbeitung seiner Lebensprobleme, ähnlich wie beim nächtlichen Traum, darstellen. Im psychoanalytischen Erfahrungsbereich wäre eine solche symbolische Verarbeitung eines inhaltlichen Problems durchaus nichts Neues. Selbst die therapeutische Wirksamkeit eines solchen »Symboldramas« wäre psychodynamisch erklärbar.

Aus all diesen Gründen erscheint tatsächlich die Erklärung am naheliegendsten, daß die Berichte über die angeblichen Vorleben letztlich nichts anderes sind als geschickt verarbeitete Einzelinformationen, die über verschiedene Wege in diesem Leben eingespeichert wurden.

Gibt es nun doch noch Fakten, die von dieser Hypothese nicht voll abgesichert werden? Überschaut man eine größere Serie von Experimenten mit den verschiedensten Versuchspersonen, so verliert diese Hypothese immer mehr an Wahrscheinlichkeit. Zuerst ist es die Art und

Weise, wie die Versuchsperson bestimmte Ereignisse wiedererlebt – es ist eben kein bloßes Wiedererinnern, kein Erzählen oder Aneinanderreihen von irgendwelchen einzelnen Fakten, sondern die Versuchspersonen erleben mit ihrem ganzen Körper und mit allen Emotionen ihre »Erlebnisse« durch. Gerade diese Intensität des Erlebens läßt sich schriftlich leider nicht wiedergeben, man muß persönlich eine solche Sitzung miterlebt haben, um einigermaßen abwägen zu können, ob die Art der Reproduktion mehr einem Fabulieren oder eher einer Wiedervergegenwärtigung früherer Erfahrungen entspricht. Fast alle Personen, die Gelegenheit hatten, persönlich als Zeuge einer Sitzung beizuwohnen, bestätigten bisher den Eindruck, den Prof. Dr. Rainer Fuchs einmal so formulierte:

»Die Reproduktion des Materials zeigte deutlich die Verlaufsform des Wiedererinnerns und des Zurückversetzens in Erlebtes und Erfahrenes. Es wurden nicht nur Situationen *erinnert*, sondern es kam auch zu einer Reaktivierung der situationsbezogenen Neigungen und Abneigungen, Strebungen und Widerstrebungen. Zudem war die Lebensgeschichte in erstaunlichem Maße in sich stimmig und in stimmiger Weise mit dem historisch-soziologischen Rahmen verknüpft.«

Dieses Wiedererleben ist so intensiv, daß es in manchen Situationen den ganzen Körper ergreift und sich nicht nur die physiologischen Funktionen wie Atmung, Herzfrequenz, Puls und EEG signifikant verändern, sondern auch der ganze Körper hin und her geworfen wird, sich einzelne Gliedmaßen verkrampfen und ähnliches mehr.

Bezeichnend ist ebenfalls, daß in den verschiedenen Vorleben sich jedesmal ganz bestimmte, in sich geschlossene Charaktere manifestieren, die oftmals sehr wenig Ähnlichkeit mit dem Charakter und Verhaltensmuster der Versuchsperson haben. In vielen Fällen ändert sich sogar die Stimme so stark, daß sie nicht mehr die geringste Ähnlichkeit mit der »normalen Stimme« der Versuchsperson hat. Ich habe Tonbandaufnahmen, auf denen eine fast sechzigjährige Patientin gerade die Kindheit ihres Vorlebens nacherlebt, nachträglich verschiedenen Leuten vorgespielt mit der Frage, wie alt wohl die Besitzerin dieser Stimme sein könnte. Alle schätzten auf ein fünfzehn- bis zwanzigjähriges Mädchen. Aus der zarten Stimme einer jungen Patientin wurde auch einmal während der Sitzung eine tiefe, rauhe Männerstimme.

Besonders interessant war folgender Fall: Ein Patient erlebte sein letztes Leben, in dem er als deutscher Soldat im Ersten Weltkrieg bei der Stürmung einer französischen Festung von einem Soldaten mit dem Bajonett in die linke Hüfte gestochen wurde und an dieser Verwundung starb. Bei der nächsten Konsultation erzählte mir dieser Patient, daß er seit der Geburt an der linken Hüfte eine Hautveränderung habe, die auf den ersten Blick wie eine verheilte Narbe aussehe, in Wirklichkeit aber auf eine andere Pigmentierung der Haut zurückzuführen sei. Erst zu Hause, als er sein Erlebnis seiner Frau erzählte, bemerkten beide die Identität von früherer Einstichstelle und dieser Hautveränderung, für die in diesem Leben keinerlei Verursachung vorhanden ist. Ein solcher Einzelfall dürfte für viele keine große Beweiskraft besitzen und wie üblich als »Zufall« abgetan werden. Doch schon vor zehn Jahren veröffentlichte der amerikanische Reinkarnationsforscher Prof. Jan Stevenson mehrere Fälle, in denen er nachwies, daß Narben offensichtlich ihre Ursache in früheren Inkarnationen haben können.

Es gibt noch mehr Phänomene, die nach meiner Meinung durch die bisherigen Hypothesen nicht gut erklärt werden können. Es ist möglich, in der Sitzung die Versuchsperson schreiben zu lassen. Hierbei zeigt sich nicht nur eine Veränderung der Handschrift, sondern wir erhalten je nach Epoche auch ganz andere Schriften, die in der Sitzung trotz der geschlossenen Augen flüssig niedergeschrieben werden.

Eindrucksvoll sind auch die Proben, die eine zwanzigjährige Sekretärin schrieb, als sie ihre Inkarnation im alten Ägypten, im 20. Jahre des Pharaos, wiedererlebte. Hier drängt sich spätestens die Frage auf, ob denn die Versuchsperson auch die alten Sprachen sprechen könne. Sie kann es tatsächlich! Zwar führen wir die ganze Sitzung in deutscher Sprache durch, um eine ständige Verbindung zu garantieren. Dieses Verstehen meiner Fragen und das Beantworten in derselben Sprache wird bei der Einleitung des Experiments von mir suggestiv festgelegt, da bei Abbruch der Kommunikation zwischen mir und der Versuchsperson auch der Rapport verlorengehen würde. Innerhalb der Sitzung kann ich jedoch die Versuchsperson auffordern, ganz bestimmte Antworten in der »Originalsprache« zu geben. Diese Aufforderung wird meist befolgt, wobei diese fremde Sprache auf Anhieb nicht ganz so flüssig und sicher beherrscht wird. Doch kann man durch weitere Sitzungen eine Verbesserung der Leistungen erreichen.

Bisher fehlte mir leider die Zeit, eine alte Sprache durch eine Serie von Übungssitzungen so vollständig bewußtzumachen, daß man sie als regelrechte Fremdsprache dem jetzigen Wachbewußtsein angliedern kann. Solche Experimente sind jedoch für die nächste Zeit geplant, nicht nur in bezug auf Sprachen, sondern auch in Hinblick auf andere Fähigkeiten wie Klavier spielen o. ä.

Öffentliche Vorträge auf Kassette:

Astrologie und Schicksal

Selbsterkenntnis — der Weg zur Bewußtwerdung

Die esoterische Bedeutung von Weihnachten

Krankheitsbilder und ihre Be-Deutung
(2 Kassetten Teil I A und B)

Homöopathie als Urprinzip

Polarität und Einheit

Krankheit als Weg (Vortrag 1983)

Gedanken zum Ostermysterium (1985)

Esoterik — der Weg zur Selbstfindung

Prometheus — Schuld und Sünde im menschlichen Dasein

Meditations-Kassetten:

Meditation I (Wiese-Baum)

Körper & Chakren meditation

Anfragen und Bestellungen richten Sie bitte direkt an:

Hermetische Truhe

Kurfürstenstraße 45 · D-8000 München 40
☎ 089 / 271 0650

Goldmann
Taschenbücher

Allgemeine Reihe
Unterhaltung und Literatur
Blitz · Jubelbände · Cartoon
Bücher zu Film und Fernsehen
Großschriftreihe
Ausgewählte Texte
Meisterwerke der Weltliteratur
Klassiker mit Erläuterungen
Werkausgaben
Goldmann Classics (in englischer Sprache)
Rote Krimi
Meisterwerke der Kriminalliteratur
Fantasy · Science Fiction
Ratgeber
Psychologie · Gesundheit · Ernährung · Astrologie
Farbige Ratgeber
Sachbuch
Politik und Gesellschaft
Esoterik · Kulturkritik · New Age

Goldmann Verlag · Neumarkter Str. 18 · 8000 München 80

Bitte
senden Sie
mir das neue
Gesamtverzeichnis.

Name: _____

Straße: _____

PLZ/Ort: _____